浙江省哲学社会科学重点研究基地

U0621772

海洋资源—科教—经济的城际差异与协同提升：以长江三角洲滨海城市为例

马仁锋 王腾飞 吴丹丹／著

City Differentiation and Synergistic Upgrading Marine
Resources, Marine Technology Research and
Education, and Marine Economy

中国财经出版传媒集团

经济科学出版社
Economic Science Press

图书在版编目（CIP）数据

海洋资源—科教—经济的城际差异与协同提升：以长江三角洲滨海城市为例／马仁锋，王腾飞，吴丹丹著． —北京：经济科学出版社，2017.2

ISBN 978 - 7 - 5141 - 7835 - 7

Ⅰ. ①海… Ⅱ. ①马…②王…③吴… Ⅲ. ①长江三角洲 - 城市经济 - 研究 Ⅳ. ①F299.275

中国版本图书馆 CIP 数据核字（2017）第 048202 号

责任编辑：刘　莎
责任校对：郑淑艳
责任印制：邱　天

海洋资源—科教—经济的城际差异与协同提升
——以长江三角洲滨海城市为例
马仁锋　王腾飞　吴丹丹　著
经济科学出版社出版、发行　新华书店经销
社址：北京市海淀区阜成路甲 28 号　邮编：100142
总编部电话：010 - 88191217　发行部电话：010 - 88191522
网址：www. esp. com. cn
电子邮件：esp@ esp. com. cn
天猫网店：经济科学出版社旗舰店
网址：http://jjkxcbs. tmall. com
固安华明印业有限公司印装
710×1000　16 开　16. 25 印张　250000 字
2017 年 2 月第 1 版　2017 年 2 月第 1 次印刷
ISBN 978 - 7 - 5141 - 7835 - 7　定价：48. 00 元
（图书出现印装问题，本社负责调换。电话：010 - 88191510）
（版权所有　侵权必究　举报电话：010 - 88191586
电子邮箱：dbts@ esp. com. cn）

前　　言

在市场经济条件下，区域经济协调发展是一个永恒的主题，也是一个全球各国都会面临的世界性难题。受历史惯性和国家海洋战略变革过程地方政府博弈作用，中国沿海城市或省份海洋经济同样面临协调发展问题。长江三角洲地区，先后经过"九五"至"十二五"的快速发展阶段后，陆域经济既进入中高速增长的新常态，又面临日益脆弱的全球经济与趋紧的资源环境约束。海洋经济，旋即成为长三角地区持续发展的发力点和新增长板块。位于长江经济带和21世纪海上丝绸之路交汇点的长三角滨海城市，既同享国家海洋战略带来的机遇和便利，也面临海洋国土被工业化、城市化带来的海洋资源环境恶化、海洋科技创新乏力、海洋经济增长不均衡等新的挑战。

因此，在国家海洋战略与海上丝绸之路实施进程中推进海洋经济合作建设，协调长三角滨海城市之间海洋资源、海洋科教、海洋经济的可持续发展与协调发展，既是长三角地区响应国家战略转型发展的必然要求，也是落实"党的十八届六中全会精神，推进长三角海洋经济健康发展"的必然举措，还是统筹长三角地区陆海经济发展，推动"人—海"

和谐发展的重要机遇。

对于长三角地区滨海城市发展海洋经济而言，快速转型的海洋经济发展方式和嵌入全球生产网络之中的新兴海洋产业，必须要有合理和有序的海洋资源与海洋科教及其布局模式作为支撑。加强海洋资源的集约利用和海洋科教驱动效率的协同，促进城市之间的海洋资源—科教—经济的协调发展，是提升长三角地区国际竞争力和城市群规划亟待破解的关键和核心问题之一，也是人文—经济地理学和海洋性城市群研究需要加以解决的前沿课题和重大理论问题之一。目前，国家正在着手实施"十三五"和"一带一路""舟山江海联运服务中心"战略，这将有助于促推长三角区域经济协调进程进一步加速。但是，这并不意味着区域和城市之间海洋经济协调发展机理的轮廓已经清晰。

2015 年 12 月至 2016 年 12 月，作者在长江三角洲城市经济协调会办公室和宁波市人民政府经济合作局及长三角沿海其他城市发改委或经合办的大力支持和帮助下，主持完成了 2016 年度长三角城市经济协调会研究课题——"长三角海洋经济合作机制研究"的专题研究。本书正是在上述专题研究基础上经浙江省海洋文化与经济研究中心 2016 年浙江省社科规划项目（编号：16JDGH044）资助下进一步系统化研究而得以付梓。

全书共分为四个部分：第一部分（第一章）详细回顾与梳理了海洋资源—科教—经济的相关研究动态、基础理论，架构了本书研究思路与方法体系；第二部分（第二至第五章）对长三角海洋经济发展现状与合作历程、主要海洋要素的合作实践及其问题和解决途径进行了案例分析和实证研究；第三部分（第六章）采用定量方法刻画海洋资源—海洋经济的省际协调度演变和海洋资源—科教—经济的城际不协调现象，并探索性解析了不协调根源及其合作机制设计启示；第四部分（第七章）为长三角海洋经济合作机制的目标、思路、重点领域与实现路径及行为主体举措研究，与本书前面各章既有内在联系，又有拓展对有关问题认识的深度与广度，并提高其在长三角海洋经济规划与城市群经济发展中的实用价值，因而起到相得益彰的作用。本书系统地总结了作者基于经济地理学透视海洋国土空间治理研究方面的心得，对城市群海洋经济的区域合作相关目标、总体思路、重点领域和实现路径进行了全面探讨，并在海洋资源—科教—经济的系统协同演化路径方面作了创新性探索。

本书由马仁锋负责提纲拟定、撰写与统稿等工作，宁波大学人文地理学专业硕士研究生王腾飞、吴丹丹、候勃参与了相关章节撰写工作。感谢研究过程中张殿发教授、李加林教授给予的帮助。

本书以海洋科技区域治理和海洋经济系统的要素耦合与空间协同为科学问题，是一个全新的学科领域，加之作者的水平有限，书中难免有不足之处，敬请从事这一领域的专家、学者和广大读者及时给予指正。

马仁锋

2017 年 1 月 2 日

目　　录

第一章　绪　论

一、海洋资源—科教—经济协调视角下 海洋经济合作研究框架

（一）核心概念界定

1. 海洋资源

海洋资源是指海洋中的资源，实质上即为海洋国土资源，其范围既包括领海范围内的一切海洋自然资源，也包括 200 海里专属经济区和大陆架等属于本国可管辖范围内的一切海洋自然资源。海洋资源的概念分为狭义和广义两种，其中狭义层面，海洋资源是指海水中存在的生物（包括人工养殖）；溶解于海水中的化学元素和淡水；海水运动（如波浪、潮汐、海流等）所产生的能量；海水中储存的热量；海底蕴藏的资源，特别是海底的矿产资源以及在深层海水中所形成的压力差、海水与淡水之间所具有的浓度差等。总之，海洋资源指的是与海水水体本身有着直接关系的物质和能量。广义层面，海洋资源除上述所指的物质和能量之外，还包括水产资源的加工，海洋上空的风，海底的地热，乃至于港湾，沟通地球各大陆的海上航运，在海上建设的工厂、城市、海底隧道、海底电缆、海底储（油、气）液灌、海滨浴场、海洋娱乐场所（潜水、钓鱼）、海上公园、水下观光设施、海上飞机场、海中通信等。总之，无论是水体本身还是空间利用，凡是可以创造物质财富的物质和能量以及设施、活动，都可以称之为海洋资源①。

另外，根据我国海域各类资源的性质、特点以及存在形态和分布

---

① 张耀光. 中国海洋经济地理学［M］. 南京：东南大学出版社，2015.

区域、位置，可以形成两种分类方案。一是按照资源的性质和特点存在形态可以分成：海洋生物资源、海底矿产资源、海洋空间资源、海水资源、海洋新能源、海洋旅游资源；二是根据资源所处的海域地理位置可以分成：海岸带资源、海岛资源以及极地资源。本书中的海洋资源指第一类中的海洋空间资源（港口）以及第二类中的海岸带资源，其中，海洋港口资源主要借助《中国港口年鉴》（2015）统计长三角①滨海城市（如连云港、盐城、南通、上海、嘉兴、绍兴、宁波、舟山、台州和温州）的港口分布及合作情况，借助《长江三角洲城市年鉴》（2014）统计了长三角滨海城市的海洋岸线资源数据。

2. 海洋科教

海洋科教是指开发、利用和保护海洋过程中所涉及的海洋科研、教育、管理及服务水平，主要包括大学、研究机构、政府海洋科技局、企业研发部门等。省域层面，由于各省所包含城市的海洋科教水平差距较大，需要从多个角度刻画其海洋科教水平，因此，本书主要从海洋人力资源（海洋科研机构数量、技术人员数量、海洋专业在校生人数）、海洋科技投入（海洋科研机构经费投入总额、科研费用占海洋生产总值的权重）以及海洋科技成就（海洋类科研课题数、发表论文数、受理专利数以及授权专利数）三个层面以及 9 个指标来反映长三角省域层面的海洋科技能力。另外，由于城市尺度的海洋科教水平与海洋科教人才有直接联系，因此，本书在衡量各沿海城市

---

①　长江三角洲地区，本书后简称"长三角地区"或"长三角"；长江三角洲城市经济协调会包括上海市、江苏省、浙江省全境以及安徽省部分城市：上海、江苏（南京、无锡、苏州、常州、镇江、扬州、南通、泰州、连云港、徐州、盐城、淮安、宿迁）、浙江（杭州、宁波、舟山、嘉兴、绍兴、湖州、温州、台州、金华、丽水、衢州）、安徽（合肥、马鞍山、芜湖、滁州、淮南）；本书重点关注长三角滨海城市，如连云港、盐城、南通、上海、嘉兴、绍兴、宁波、舟山、台州和温州，如无特别指出，均指长三角滨海城市。

的科教水平时，主要选用海洋专业相关的研究生（包括学术/专业型硕士研究生、博士研究生）为主要统计对象，一些没有海洋专业研究生的城市则以代表性的海洋研究院所内的在职人数作为统计对象，然后以此为统计口径，通过查询长三角沿海城市政府官方网站统计各沿海城市的海洋科教人才，进而反映出海洋科教水平。

3. 海洋经济

中国海洋经济研究起步较晚，直到 1978 年"海洋经济学"才作为一门独立的学科建立起来。2003 年，国务院《全国海洋经济发展规划纲要》首次以政府文件的形式对海洋经济作出定义，"海洋经济是指开发利用海洋的各类产业及其相关活动的总和"[①]。本书认为海洋经济是人类从事海洋经济活动产生的一类经济效益，其中，海洋经济活动是指人类利用海洋资源所进行的生产和服务活动。由此可见，厘清海洋经济含义的重点是搞清楚海洋经济活动的内涵。海洋经济活动的内容，从海洋产业角度观察，包括海洋第一产业，如海洋农业（海水灌溉农业）和海洋渔业等；海洋第二产业，如船舶制造业、海洋油气开采业、海水淡化、海洋药物以及盐与盐化工业、海洋能源产业等；海洋第三产业，如海洋运输与仓储和贸易、海洋旅游与娱乐、旅馆与餐饮等。按《中国海洋统计年鉴》（2014）中的海洋产业分类，还要增加海洋服务业，如海洋金融、教育、科学研究、信息业、咨询业等。

海洋经济主要包括海洋产业和海洋相关产业两大类，其中，主要海洋产业 12 个，海洋科研教育管理服务业 9 个和海洋相关产业 6 个，共分为 2 个门类、29 个大类，106 个中类和 390 个小类。由于各类海洋产业统计值仅统计到省域层面，城市层面相对缺乏，因此，本书主

---

① 徐丛春，董伟. 海洋经济统计指标体系研究 [J]. 海洋经济，2012，2（4）：13 - 19.

要从长三角各沿海城市的海洋经济"十三五"发展规划中对海洋生产总值进行统计，作为衡量各城市海洋经济发展实力的指标。

4. 海洋经济合作

由于计划经济时期受行政分割影响，加上该阶段海洋资源作为海洋经济的主要驱动力，我国各城市海洋经济处于无序竞争状态。随着海洋资源的匮乏以及国家经济环境的转变，我国海洋经济开始由竞争转向合作发展。根据学界认识，海洋经济合作主要是在优化海洋经济效益以及提高竞争力的目的下相关海洋产业内容及空间层面进行的联合行为。其具体内涵主要包括三方面：（1）生产要素的流动性、海水流动、创新要素（人才与专利）的流动是海洋经济合作的核心动力；另外，各地区根据自身资源禀赋做强相应产业的意识较强。（2）在实践探索层面，由于各城市海洋企业在经济合作方面缺少相应的规划指导，企业无序竞争、科研成果低效等问题突出，产业政策成为推动海洋经济要素流动以及提升海洋经济效益的重要力量。（3）政府与市场成为推动海洋经济合作的重要主体。由于海洋经济合作包含地理空间和产业内容两大板块，相应的主体行为是政府层面的合作规划和企业层面的主动探索，其中政府主要责任是统一的市场环境与重大技术的攻关，为海洋经济合作提供稳定的环境，属于他组织行为；企业主要是本着取长补短，错位发展理念积极寻找合作伙伴，强化产品和科研创新合作，并且注重保护知识产权和核心技术，属于自组织行为。本书海洋经济合作主要指海洋岸线港口合作以及海洋渔业合作，并从长三角各沿海城市政府的官方网站查询主要的海洋经济合作案例进行剖析，作为构建长三角海洋经济合作机制的指南与参考。

（二）研究思路

本书在科学指导长三角地区抢抓"海上丝绸之路"机遇，充分发挥各方优势，通过海洋资源—科技—经济的城际协同配置提升长三角海洋经济国际核心竞争力，实现长三角海洋经济转型升级，逐步实现海洋产业中高端化发展，从而实现长三角海洋经济创新发展。

本书在分析长三角滨海城市带海洋经济发展现状的基础上，梳理海涂海域利用与海洋渔业发展、岸线港口利用、海洋减灾防灾的合作历程，量化分析长三角海洋科技与海洋经济、海洋资源—科教—经济的协调性及其区域差异，诊断区域一体化进程中长三角滨海城市海洋经济合作的问题与根源，提出长三角海洋经济合作的总体思路与重点领域，最终从区域合作视角提出在进一步促进长三角海洋经济合作的路径、政策建议，有层次、有重点地谋划长三角地区海洋经济合作发展。具体研究思路如图 1-1 所示。

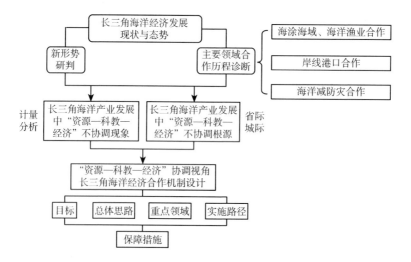

图 1-1 海洋资源—科教—经济协调视角下长三角海洋经济合作研究思路

（三）本书具体研究方法

本书借助 Citespace 软件对海洋岸线港口合作、海洋减灾防灾合作以及海洋资源—科教—经济协调等三方面的国内研究动态进行了计量分析，然后，借助博弈论模型分析了长三角港口群合作效益稳定性趋势，并对港口主体作出一定的行为启示，并借助构建协调度模型对长三角省市尺度的海洋资源—科教—经济的协调性进行评估，如表1-1所示。

表1-1　　　　　　　　研究方法、内容及数据来源

研究内容	研究方法	数据源	主要公式
文献述评	Citespace	中国知网	软件操作
港口群合作	单总体演化博弈模型	2015年中国港口年鉴、2014年长江三角洲城市年鉴	$\Delta E = E(R_2, (1-m)R_1 + mR_2) - E(R_1, (1-m)R_1 + mR_2)$
省域尺度海洋资源—科教—经济协调性	协调度模型	长三角沿海城市政府及相关高校官网、海洋经济"十三五"发展规划	$C(T_n, E_n) = e^{-(E_{score} - E'_{score})^2/S^2}$ $D = \min[C(E_n/T_n), C(T_n/E_n)]/\max[C(E_n/T_n), C(T_n/E_n)]$
城市尺度海洋资源—科教—经济协调性	协调度模型	长三角沿海城市政府及相关高校官网、海洋经济"十三五"发展规划	$C_A = [(F_1 \times F_2 \times F_3) \div (F_1 + F_2 + F_3)^3]^{1/3}$ $C_B = [(F_1 \times F_2) \div (F_1 + F_2)^2]^{1/2}$ $C_C = [(F_1 \times F_3) \div (F_1 + F_3)^2]^{1/2}$

1. 博弈论模型评述

本书通过梳理经典博弈模型对港口群合作分析的适用性及弊端如表1-2所示，并结合演化博弈以"有限理性为起点，把群体竞争看作动态过程，个体具有学习、模仿能力"等特征，拟构建基于价格导向的单总体演化博弈模型。这是一种动态演化博弈类型，指从博弈群体中抽取两个个体进行两两博弈，根据其博弈结果来预测总体的博弈参与者的策略选择。当然，需要指出这种博弈模型也并非分析港口群复杂竞合关系的最佳方法，而是旨在进一步优化经典博弈模型，情景化模拟长三角港口群合作效益趋势，并对港口主体行为选择模式做

出启示。

表 1 - 2   经典模型应用港口群合作分析的适用性及弊端

经典博弈模型	适用性	弊端
古诺模型	寡头垄断性市场	要求产品同质，同时独立做出决策
伯川德模型	价格决策影响收益	要求产品同质，同时独立做出决策
豪泰林模型	价格及区位对竞争产生影响	市场上只有两个寡头企业提供同质产品，同时独立做出决策
斯诺克伯格模型	不同时间做出价格决策	要求决策方完全理性状态

2. 省域尺度协调模型

（1）正向和负向指标计算方法依次为：

$$X'_{ij} = (X_{ij} - minX_{ij}) / (maxX_{ij} - minX_{ij}) \qquad (1)$$

$$X'_{ij} = (maxX_{ij} - X_{ij}) / (maxX_{ij} - minX_{ij}) \qquad (2)$$

（2）指标权重 w_j 计算：

$$e_j = - k \sum_{i=1}^{m} (Y_{ij} \times lnY_{ij})$$

$$(Y_{ij} = X'_{ij} \Big/ \sum_{i=1}^{m} X'_{ij}; k = 1/lnm; 0 \leqslant e_j \leqslant 1) \qquad (3)$$

$$w_j = (1 - e_j) \Big/ \sum_{j=1}^{n} (1 - e_j) \qquad (4)$$

（3）综合实力得分 T_{score} 为：

$$T_{score} = \sum_{j=1}^{n} W_{ij} \times X'_{ij} \qquad (5)$$

其中，$maxX_{ij}$ 和 $minX_{ij}$ 表示指标的最大值和最小值。m 为研究区数量，n 为指标数。

海洋科技能力综合得分为 T_{score}；同理可得，海洋经济发展综合得分 E_{score}。

（4）建立协调度函数 D：

$$C(T_n, E_n) = e^{-(E_{score} - E'_{score})^2 / S^2} \tag{6}$$

$$D = \min\left[\, C(E_n / T_n), C(T_n / E_n) \,\right] / \max\left[\, C(E_n / T_n), C(T_n / E_n) \,\right]$$

$C(T_n, E_n)$ 表示 H_n 系统相对于 E_n 系统的协调度状态，E'_{score} 表示 H_n 系统对 E_n 系统要求的协调值，S^2 表示 H_n 系统的实际方差。两个因素决定 E'_{score} 的大小：一是 T_{score} 的大小，二是两个系统之间综合得分的比例关系。两系统关系 E'_{score} 可通过线性回归模型 $Y = a + bX$（a、b 为拟合模型的参数）模拟，同理可得 T'_{score}。

3. 城市尺度协调度模型

$$C_A = \left[\, (F_1 \times F_2 \times F_3) \div (F_1 + F_2 + F_3)^3 \,\right]^{1/3} \text{或}$$

$$C_B = \left[\, (F_1 \times F_2) \div (F_1 + F_2)^2 \,\right]^{1/2} \text{或}$$

$$C_C = \left[\, (F_1 \times F_3) \div (F_1 + F_3)^2 \,\right]^{1/2}$$

其中，F_1 代表海洋经济系统发展水平，F_2 代表海洋资源系统发展水平，F_3 代表海洋科教发展水平。C 为协调度，取值在 [0，1），当 C 趋向 1 时，耦合度最大，系统将趋向新的有序结构；当 C = 0 时，耦合度极小，系统之间或系统内部要素之间处于互相无关状态，系统将向无序发展。

二、区域海洋经济合作发展总体趋势与动态

（一）区域海洋资源—科教—经济协调发展相关研究剖析

1. 长三角海洋资源与海洋经济研究进展

（1）海洋资源是推动长三角海洋经济发展的物质基础。长三角

地区濒临东海、黄海，其本身拥有辽阔海域，丰富的自然资源。海洋空间资源（包括岸线、港口、航道、管线和滩涂、浅海等）、海洋生物资源、海洋矿产和能源以及滨海旅游资源等是与长三角海洋经济活动密切相关的海洋资源。向云波①运用熵值法对沿海主要经济区的海洋经济综合实力进行测度，发现丰富的海洋生物资源、海洋空间资源、海洋矿产和海洋能源以及滨海旅游资源是推动长三角海洋经济发展的物质基础。长三角较强的海洋经济综合实力主要得力于其优越的海洋资源禀赋，完备的海洋产业、丰富的海洋科技资源以及陆海经济之间的良性互动。李彬认为，区域海洋经济的发展是建立在以海洋资源与海洋环境消耗为代价基础上的，因此，海洋资源与海洋环境不仅决定了区域海洋经济发展的基本条件，而且海洋资源与海洋环境的利用水平也决定了区域海洋经济发展水平的高低②。

（2）长三角海洋经济的持续健康发展有赖于海洋资源的合理开发与利用。随着沿海地区经济的高速增长以及对海洋开发广度与深度的不断拓展，海洋资源的无偿、无序、无度利用现象时有发生，导致了海洋资源短缺的日益严重化，海洋环境日趋恶化。传统与粗放型的海洋经济发展方式导致的海洋资源消耗强度大、废弃排放物多、海洋生态环境负荷过载等问题也越来越严重。程娜③将可持续发展思想引入海洋经济领域，立足于"海洋—经济—社会"协调系统，构建海洋资源有效保护与可持续利用的长效机制，并以制度变迁为推动力，从国家资源战略和国家利益的高度出发提高海洋经济综合水平。

综上所述，虽然海洋资源是海洋经济发展不可或缺的物质基础，但由于海洋规划的不科学、海洋科技水平的有限、涉海制度体系的不

---

① 向云波，彭秀芬，张勇. 长三角海洋经济发育现状及其综合实力测度 [J]. 热带地理，2010，30（6）：644－649.

② 李彬. 资源与环境视角下的我国区域海洋经济发展比较研究 [D]. 青岛：中国海洋大学，2011.

③ 程娜. 可持续发展视阈下中国海洋经济发展研究 [D]. 长春：吉林大学，2013.

健全，导致中国的海洋开发过程中诸多影响海洋经济可持续发展的问题纷纷出现。基于可持续的资源观，研究长三角海洋资源与经济问题是未来关注的焦点之一。

2. 长三角海洋科教与海洋经济研究进展

（1）海洋科技是海洋产业转型升级与优化的助推器。国家海洋局发布的《2016 年中国海洋经济统计公报》中显示，2015 年全国海洋生产总值 64669 亿元，比 2014 年增长 7.0%，海洋生产总值占国内生产总值的 9.6%。我国的海洋产业结构正从以传统海洋产业为主，向海洋高新技术产业与传统海洋产业升级方向发展，我国的海洋产业正处于成长期，科技是海洋高新技术产业的孵化器，更是海洋产业转型升级与优化的助推器[1]。谢子远[2]对我国沿海 11 个省市的海洋科技发展水平进行了评价，并通过秩相关分析发现，海洋科技可以显著提高海洋劳动生产率，且有利于降低海洋第一产业的比重，提升海洋第二、第三产业比重，从而推动海洋产业结构升级，同时发现，海洋科技与海洋经济发展之间的联系正变得越来越紧密。杜军利用三轴图、聚类分析法、主成分模型揭示海洋产业结构的演化规律，发现在海洋资源丰富区域，传统海洋产业依托海洋科技仍将保持区域优势产业的地位，同时，新兴海洋产业将主导海洋经济[3]。

（2）海洋科技与海洋经济的协调发展是当前研究的热点。殷克东[4]通过构建海洋科学技术与海洋经济可持续发展的评价指标体系，

---

① 王艾敏. 海洋科技与海洋经济协调互动机制研究 [J]. 中国软科学，2016（8）：40－49.

② 谢子远. 沿海省市海洋科技创新水平差异及其对海洋经济发展的影响 [J]. 科学管理研究，2014（3）：76－79.

③ 杜军，鄢波. 基于"三轴图"分析法的我国海洋产业结构演进及优化分析 [J]. 生态经济（中文版），2014，30（1）：132－136.

④ 殷克东，王伟，冯晓波. 海洋科技与海洋经济的协调发展关系研究 [J]. 海洋开发与管理，2009（2）：107－112.

运用主成分分析方法分别对海洋科学技术与海洋经济可持续发展的综合水平进行了测度与评价，并构建了海洋科学技术和海洋经济可持续发展的协调关系模型，表明海洋科学技术与海洋经济可持续发展的内在关联性及其互动关系研究，为沿海地区制定海洋科技与海洋经济发展规划提供了科学的理论依据；王泽宇[①]运用层次分析、综合指数法对我国沿海地区海洋科技创新能力和海洋经济发展协调性进行了评价，运用协调度模型，对海洋科技创新能力与海洋经济发展的协调度进行了度量。翟仁祥[②]根据海洋经济双对数生产函数模型，对我国11个沿海地区2001~2011年海洋经济面板数据的计量分析表明，海洋资本对海洋经济增长的贡献度最大，而海洋科技的经济增长贡献度最小，我国沿海地区海洋经济增长仍然表现为资本、劳动双要素投入驱动型。

综上所述，可以发现现有研究主要基于静态的分析，对于科技与海洋经济之间的动态及它们之间的互动关系几乎没有涉猎，且大多数文献注重定性分析，实证研究较为缺乏。因此，分析海洋经济与科技间互动机制，从动态的角度全面系统地分析长三角海洋经济与科技间的互动关系，可为我国沿海地区促进海洋科技创新与海洋经济协调发展提供参考。另外，科技资源的配置尤其是空间分布方式的不同会造成不同的投入产出，即决定着科技能力的强弱，由此将直接影响到海洋经济的发展问题。因此，优化配置海洋科技资源，对于提高长三角海洋经济效益，实施海洋经济可持续发展也具有重大意义。

3. 长三角海洋资源、科教、经济的协同合作研究进展

（1）海洋资源开发合作的必要性相关研究。①海洋经济发展自

---

① 王泽宇，刘凤朝. 我国海洋科技创新能力与海洋经济发展的协调性分析 [J]. 科学学与科学技术管理，2011（5）：42 –47.

② 翟仁祥. 海洋科技投入与海洋经济增长：中国沿海地区面板数据实证研究 [J]. 数学的实践与认识，2014（2）：75 –80.

身要求合作。海洋是一个多层次、复合型的立体自然生态系统和经济
系统，具有连通性、资源整体复合性、流动性、区域性和开发利用的
共享性等特点，在开发利用中既存在一致的利益，又存在利益的冲
突，同时，海洋环境多变，开发利用难度大，技术要求高且复杂，投
资大、风险高也使得开发、利用和保护非某一部门、行业或区域能达
到的，需要开展广泛的交流与合作。②海洋开发中存在问题呼唤合
作。各行业争占海域使用权，急功近利，布局凌乱；污染加剧，生态
链被一定程度破坏，生态环境恶化；预警预报、环境监测机构设施仍
有不足等，所有这一切，都有待于加强管理和区域合作逐步加以解
决。③传统的计划体制、经济管理体制导致区域间缺乏合作的体制。
按行政区划、行政手段管理经济。区域政府作为一级行政单位，有其
明确的地域管辖范围，不能超出，造成条块分割、地区封锁，使区域
分工缺乏必要的条件和保证。以至于不合理的行政干预、计划管理扭
曲了开放、公平的市场竞争关系，增加了摩擦成本，阻碍了区域合作
的发展①。

（2）不同尺度下海洋资源—科教—经济区域合作研究。①国际
层面。针对跨界共有海洋资源，许多学者提出"共同开发"模式、
地中海沿岸国"公约—附加议定书"模式等，并提出建立高层会议
协商等对策建议（Hance D Smith，2000；Hunt Colin，2003）。②区
域层面。陈本良②认为，海洋开发应注重生态环境的合作、科技人才
的合作、产业的合作等方面的合作，建立区域间海洋经济发展的政府
合作协调机构，并创新海洋经济管理的相关制度和手段。沈超③认
为，区域合作应以海洋资源的开发利用为出发点，立足于区域各自的

---

① 陈本良. 论海洋开发与区域合作 [J]. 广东海洋大学学报，2000，20（1）：45 –
48.

② 陈本良. 论我国海洋资源产业建设 [J]. 国土与自然资源研究，2002（1）：11 –
12.

③ 沈超. 借力粤桂琼合作推动广东海洋经济发展 [J]. 南方论刊，2016（5）：21 –23.

资源禀赋及整个区域经济社会发展需要，制定区域海洋经济发展指导性的政策文件，统筹考虑需要发展的海洋产业，坚持协调发展和错位发展。③省（市）域层面。向云波在对江苏、浙江、上海海洋经济研究的基础上，提出应从制度、文化等方面构建平台，以加快长三角区域海洋经济一体化进程，加强区域分工与合作，如江苏的滩涂养殖业，上海的海洋装备制造业、海洋生物医药产业和海洋服务业，浙江的海洋渔业、海洋运输业等①。省（市）域合作应在区域合作的基础上，注重各自统辖行政区内的实际情况，将海洋经济科技合作落到实处。

4. 长三角海洋科教、资源与海洋经济发展研究展望

（1）资源丰富、科技水平高的沿海地区，其海洋经济的发展水平一般较好。反之，海洋资源匮乏，且海洋科技水平落后的地区，其海洋经济的发展水平相对较差。那么，当海洋资源丰富，而海洋科技水平落后的地区，海洋经济的发展属于资源驱动型，其发展水平主要取决于其产业的取向：若选择滨海旅游业等第三产业，也会推动当地经济的发展；若没有合理有效的利用天然海洋资源，地区的发展会受到科技水平的制约；当海洋资源匮乏，海洋科技水平较高，海洋科技就是推动当地海洋经济发展的引擎。故协调科教与资源的发展是促进区域经济发展的重要抓手。

（2）基于目前针对长三角海洋经济方面的研究，对于海洋资源与海洋经济的关系研究，海洋科技对海洋经济的影响以及海洋灾害对海洋经济的破坏等方面的研究较多，而从海陆一体化视角研究海洋资源、科技与海洋经济发展的关系研究较少，且很少考虑海洋灾害这一存在因素。故在考虑海洋灾害的情况下，分析长三角海洋经济发展过程中的资源、科技、产业等瓶颈及其不协调问题，诊断长三角海洋经

---

① 向云波，彭秀芬，张勇. 长三角海洋经济发育现状及其综合实力测度 [J]. 热带地理，2010，30（6）：644–649.

济合作发展的阻力根源，是亟待研究的重点问题之一。

（3）重点聚焦于长三角滨海城市发展海洋经济的合作短板，诊断与评估长三角城市海洋经济发展的状态与合作基础，构建陆海统筹一体化的城市海洋经济合作发展的空间策略，优化长三角城市海洋产业间的合作模式，顶层设计长三角城市海洋经济合作发展的机制与实施路径，为全面提升长三角海洋经济国际综合竞争力奠定扎实的基础。

（二）区域海洋资源—科教—经济协调发展的合作理论

1. 区域一体化与区域合作理论

首先对"区域一体化"和"区域合作"现有研究进行梳理。

科学知识图谱，是以科学知识为计量研究对象，显示科学知识的发展进程与结构关系，用数学方程式表达科学发展规律。美国德雷塞尔大学（Drexel University）陈超美教授开发了基于 Java 的信息可视化分析软件 CiteSpace，把对科学前沿的知识计量和知识管理研究推进到以知识图谱与知识可视化为辅助决策手段的新阶段。鉴于中国知网是目前国内最优秀和最可靠的文献数据库，以中国知网数据库为数据源，以"区域一体化"和"区域合作"为主题词，运行可视化软件 Citespace，对现有研究进行图表结果分析。有关"区域一体化"和"区域合作"的研究机构，主要是复旦大学国际关系与公共事务学院、吉林大学东北研究院、华东政法大学政治学与公共管理学院、中国国际问题研究院、辽宁大学经济学院等。研究主题在地域上偏向于"中国""日本""东亚""东北亚""东盟"以及"长三角"，近两年更加关注"中韩自贸区"和"东亚共同体"。在研究方向上偏向于"城市群""区域协调""区域经济一体化""区域经济"和"区域发展"等。

从作者合作知识图谱中可以看出，汪伟全、刘均胜、罗小龙、陈玉刚、王玉主、陈淑梅、赵亮、马仁锋等对区域合作与区域一体化进行了较多的研究。作者之间的合作关系初步形成，但仍未构建紧密的联系关系。

区域即地区范围，是指通过选择某个或某几个特定指标在地球表面划分出具有一定范围、连续而不分离的空间单位。地理学把"区域"作为地球表面的一个地理单元。一体化是指多个原来相互独立的主权实体通过某种方式逐步结合成为一个单一实体的过程。区域一体化最早指的是区域经济一体化。最初国外学者认为，区域经济一体化是各国经济之间的贸易合作达到一个更大的区域的过程。运用贸易创造效应和贸易转移效应对区域经济一体化的福利效应进行系统的理论分析，开创了区域经济一体化理论研究。首次提出"经济一体化"的概念，即经济一体化就是将有关阻碍经济有效运行的人为因素加以消除，通过相互协作与统一，创造最适宜的国际经济组织，同时将经济一体化分为消极一体化和积极一体化。将一体化定义为既是一种过程，又是一种状态，认为区域经济一体化是指产品和要素的移动不受到政府的任何歧视和限制，消除各国经济单位之间的差别待遇的种种举措。随着国际区域经济一体化的发展，一些学者运用经济学的理论及模型对区域经济一体化的相关理论给予完善和发展。

随着区域一体化的进一步发展，原来的区域经济一体化概念已经不能完全涵盖区域一体化的全部内涵，一体化过程不仅发生在经济领域，更体现在制度合作方面。同时，国际区域经济一体化理论主要是针对国家之间的区域一体化问题，对同一国家内部的某一区域内部的一体化研究较少，而在我国，长三角、珠三角、环渤海等区域联系十分密切，区域一体化合作紧密，对于一个国家内区域一体化的理论研究十分必要。

区域合作是以区域一体化为前提，区域一体化为区域合作奠定基础。区域合作是指在一个区域范围内、区域之间或跨区域的国家、个人或群体等国际政治行为体之间基于相似的认知，为达到彼此的目标，通过协调或配合等方式而采取的共同行动。区域合作是以横向经济联系为纽带，在自愿的基础上，按照互利互惠、共同发展的原则，区域之间不同行为主体在某些领域突破某种封锁进行联合的一种组织行为和经济行为。近年来，在国外空间结构体系、创新扩散框架下的城市体系与地区联系过程等研究的基础上，国内学者从不同的角度对我国各地的区域合作问题进行了研究：如从政治经济学与制度经济学角度的研究；对区域产业合作与经济发展相关性的研究，以及新区域主义视角的研究。但是这些学者基本上是围绕区域均衡发展与非均衡发展主线来关注相关的区域合作问题。

长三角一体化研究。国内关于长三角一体化的研究也比较全面，刘志彪认为是长江三角洲经济一体化的重要动力是协调竞争，国际化和市场化是一体化推进的重要手段。陆玉麒提出长江三角洲的空间方面的一体化合作；陈铭提出长江三角洲的信息方面的一体化发展；顾孟迪等指出长江三角洲的一体化在农业方面存在突破口；马斌探讨了长江三角洲一体化中的区域政府合作机制的构建；王偕勇对长三角交通体系的一体化建设提出对策建议；李森对长江三角洲人才政策的一体化发展展开了一定的研究；郁鸿胜提出长三角区域制度合作是区域一体化的核心[1]。沈玉芳[2]认为当前长三角区域合作和区域一体化发展态势良好，区际重大交通基础设施的一体化建设获得突破性进展，工商、金融和信息服务平台一体化建设正在加速，政府间合作联动的动作比较多，区域市场一体化建设已经取得了一定的进展，长三角一体化发展相关的体制机制建设也获得了重要进展。

---

[1] 张岩. 区域一体化背景下的长江三角洲地区城镇化发展机制与路径研究 [D]. 上海华东师范大学，2012.

[2] 沈玉芳. 长江三角洲一体化进展态势和产业发展的前景预测 [J]. 上海综合经济，2003 (11)：43–46.

2. 区域创新体系理论

区域创新体系的创新主体由企业、高校、科研机构、地方政府和中介机构组成，它们以各自不同的功能和优势，对区域创新体系的完善和发展发挥着巨大的作用。区域创新体系的主体要素有地方政府、企业、科研机构、高校和中介机构，它们是参与创新活动的行为主体。其中，企业是直接参与创新活动最主要的创新主体，处于区域创新体系网络的中心位置；高校和科研机构也直接参与创新，但创新成果主要是通过企业进行转化并实现；中介机构和地方政府主要是为直接的创新主体提供良好的创新环境和服务条件。

区域创新体系是创新主体良性互动，制度、政策与环境相互协调，各创新要素协同作用，开放配置资源的网络系统。国内外学界都对区域创新进行了不同视角探究如表 1-3 所示，现有研究表明高校、科研机构和企业通过三者之间的资源共享与合理分工，中介机构和地方政府的桥梁、纽带及支撑作用，能有效地完成区域创新体系建设的战略目标。

表 1-3 　　　　　　　　国内外区域创新体系研究进展

地区	代表人物	年份	研究内容
国外	Cooke	1992	认为区域创新体系是一个区域内有特色的、与地区资源相关联的、推进创新的制度组织网络
	Asheim	2002	区域创新体系是由支撑机构围绕的区域集群①
	Chrys Gunasekara	2006	提出了一个基于三重螺旋模型（大学 - 企业 - 政府）的概念框架，对在区域创新系统发展中大学扮演的多重角色进行了分析：如知识传播、人才培养、科技研究、网络沟通等

① Asheim, A. I. Regional Innovation Systems: The Integration of Local "Sticky" and Global "Ubiquitous" Knowledge [J]. The Journal of Technology Transfer, 2002 (1): 77 - 86.

地区	代表人物	年份	研究内容
国外	Paul Benneworth	2009	分析了围绕三个不同部门（政府、企业、研发机构）的衔接，瑞典兰德大学各种技术知识交融是如何进行的，以及区域创新能力新结构如何形成①
	Frank Beckenbach	2007	在已有文献的基础上，运用区域创新活动终端需求的代理模型，在部门层次用投入—产出表描述了区域互动的因素，并在此基础上提出了 RIS 构成要素分析模型
	Hajkova、托伊瓦宁和 Jin 等	2012	从区域创新系统要素结构的角度出发，探讨了影响系统能力发挥的系统特征、组织结构
国内	王缉慈	2002	经济的创新绩效不只取决于企业个体的创新绩效，而且决定于企业间以及企业与其他机构之间互动的方式。创新性企业需要知识基础结构②
	梁凯	2005	根据国外区域创新体系建设的经验借鉴，分析了区域创新体系行为主体及其各自所起的作用，提出对各行为主体的角色定位可以有助于区域创新体系的建设，使体系建设符合本地区经济发展的要求，更好地促进经济发展③
	陈德宁、沈玉芳	2005	区域创新系统形态划分：①政府管理与区域创新系统；②网络组织的区域创新系统；③国家计划控制的区域创新系统；④本土主义的区域创新系统与商业创新相互影响的区域创新系统。区域创新网络是区域创新的主要形式④

---

① Paul Benneworth, Lars Coenen, Jerker Moodysson & Bjorn Asheim. Exploring the Multiple Roles of Lund University in Strengthening Scania's Regional Innovation System: Towards Institutional Learning? [J]. European Planning Studies, 2009, 17 (11): 1645 - 1664.

② 王缉慈. 创新及其相关概念的跟踪观察——返璞归真、认识进化和前沿发现 [J]. 中国软科学, 2002 (12): 31 - 35.

③ 梁凯. 区域创新体系行为主体的分析研究 [J]. 苏州大学学报, 2005 (4): 114 - 118.

④ 陈德宁, 沈玉芳. 区域创新系统理论研究综述 [J]. 理论参考, 2005 (9): 71 - 73.

续表

地区	代表人物	年份	研究内容
国内	颜慧超	2007	研究了科技中介在区域创新体系中连接创新主体，促进科技成果转化，优化配置资源，完善区域创新环境，完成知识传播，推动区域创新体系建设，提高区域创新能力和综合竞争力等功能和作用①
	曾小彬、包叶群	2008	较全面地研究了高等院校与科研机构、企业、信息中介服务机构、地方政府等四大创新主体在区域创新中的地位和作用②
	王东武、张俊	2008	从分析高校与区域经济发展的关系入手，分析了高校融入区域经济创新体系过程中存在的制约因素，提出要有针对性地采取具体应对措施③
	章文光、王晨	2014	从区域创新系统的视角分析外资研发对本土创新能力的影响，认为外资研发与区域创新系统互动的机制，主要包括自然介入互动、知识创新互动、技术创新互动、人力资本互动、政府政策互动和中介服务互动六个方面④

区域创新系统理论研究是从 20 世纪 90 年代开始的，这些研究有以下几个特点：一是区域创新系统的一些基本概念仍存在较多的争议，尚没有形成比较完整的理论体系；二是研究方法上，以表层的描述和分析为主，没有深入系统内部进行综合性的定性和定量研究；三是在中国，国外理论引进与吸收，理论与实践的结合仍值得进一步探讨。

---

① 颜慧超. 科技中介组织在区域创新体系中的作用 [J]. 统计与决策, 2007 (17): 124 – 126.

② 曾小彬, 包叶群. 试论区域创新主体及其能力体系 [J]. 国际经贸探索, 2008, 24 (6): 12 – 16.

③ 王东武, 张俊. 高校融入区域创新体系建设探析 [J]. 武汉理工大学学报, 2008 (4): 583 – 585.

④ 章文光, 王晨. 外资研发与区域创新系统互动——机制分析和实证检验 [J]. 北京师范大学学报, 2014 (2): 147 – 156.

3. 新区域主义理论

新区域主义是经济地理学在理论上的"制度转向"向政策领域进一步扩展，并逐步形成了"新区域主义"的区域发展理论与政策主张①。

新区域主义具有以下特征：第一，基于历史与经验的观点，主张区域正在成为经济发展的"熔炉"，因此应成为经济政策的主要焦点。第二，赞成自下而上的、针对区域的、长期的和基于多元行动主体的、能够动员内生发展潜力的政策行动。第三，政策的关键在于增强"合作网络"和集体的认识、行动与反应能力。第四，超越国家和市场的多种自主组织及中间管制形式应作为政策的重要内容。"新区域主义"认为，"凯恩斯主义"和"新自由主义"的发展理论和政策，对"劣势区域"的发展仅仅是在"依赖发展"或"不发展"之间进行选择。层级（政府、企业）对市场、公共对私人等并没有穷尽资源动员的所有组织形式，"网络"或"合作经济"、地方经济的强烈相互依赖性、组织和劳动力市场的"弹性"、基于集聚的学习创新等，均具有强烈的区域性，并在区域经济发展中起到关键的作用。因此，与传统理论的个人主义方法相对照，"新区域主义"更强调经济行为的社会基础和区域化特征。

新区域主义具有鲜明的政策导向，如表1-4所示。新区域主义试图超越国家干预与市场调节的两难选择，将区域政策的重点放在区域财富积累的基础上，放在区域内部力量的动员和竞争优势的培育上。由此，如何改进区域发展的经济、制度和社会基础，培育区域的持续发展能力，积累区域财富，就成为新区域主义关心的主要政策方向。

---

① 苗长虹，魏也华，吕拉昌. 新经济地理学［M］. 北京：科学出版社，2011.

表1-4　　　　　　　　　　　新区域主义的政策导向

政策导向方式	主要内容
集群与地方经济合作	认为发展扎根于区域技能基础上的相关产业的集群，不仅可以培育富有意义的国际竞争优势，也可以充分利用专业化、外部经济和递增收益的好处。同时，群聚产业竞争优势的获取，非常依赖于围绕该产业而形成的各种水平的、垂直的相互依赖网络——地方合作经济、企业创新文化的培育、企业之间的学习与互惠关系的培育、部门专业组织与其他支持组织的组建及相互之间协同关系的培育等，对合作经济的形成特别重要
学习与调整能力	学习被新区域主义看作后福特主义时代决定区域竞争力的核心因素和动态竞争优势的根本来源。富有"学习能力"的区域，能够及早对多变的商业环境进行预期并积极主动的进行自我调整。在区域政策制定中，因地制宜推广日本的"精益生产"模式，加强"产学研"之间的有机连接，促进合作网络与合作经济中信息与知识"尤其是非正式的、不能编码的"的流动，加强网络的开放性，培育赋予创新与变化的网络文化等，均应作为提高学习与调整能力的重要内容
地方的制度基础	新区域主义将制度看作"社会资本"。在市场风险扩大，竞争日趋激烈的全球经济发展中，以民主、信任、互惠等为核心的社会资本供给，既能够促进合作经济的形成和区域学习能力的提高，又能及早预见和抵御市场风险。因此，社会资本与其他资本相比，更是高度稀缺的资源。而社会资本的形成与积累，既依赖于区域发展自主权的扩大，地方决策的透明化、分散化和民主化，民主政治对精英政治的取代，政府与迅速发展的非政府组织之间多元公共空间的形成等正规制度的变革，同时也依赖于区域包容性和认同感的加强
社会经济的动员	一个富有学习能力和地方制度基础的区域，能够通过个人和多种社会团体潜力的发挥来实现经济的创造性。区域发展政策的重点，不应是仅仅鼓励区域的企业家精神，而应是同社会的排斥性斗争。对长期面临结构性失业和企业家精神颓废的区域来讲，建立能够满足地方真实需求的福利制度，减少中央政府和地方行政的直接干预，激发各种行为主体的创新精神和区域认同意识，充分动员地方经济发展的各种潜在资源，将社会发展计划同区域经济竞争力的提升有机结合等，是区域重建和复兴的政策建议

4. 区域理论对海洋经济—科教—资源合作发展的启示

在海洋经济的发展中，鉴于海洋资源本身的流动性，以及海洋科技人才的流动性，区域合作就具有了重要意义。区域一体化是区域合作的前提和基础，在此基础上构建海洋经济区域创新系统，积极推动各个区域地方政府、企业科研机构、高校和中介机构之间的合作：一是构建以企业为主体的技术创新体系，牢固确立企业在区域创新体系建设的主体地位；二是构建以高校、科研机构为重点的技术源生产体系，充分释放高校和科研院所的创新能量，发挥高校在区域创新中的基础和生力军作用，发挥科研机构在区域创新中的骨干和引领作用；三是构建以中介机构为核心的科技服务体系，发挥中介机构桥梁与纽带作用，推动中介机构的发展；四是构建以政府为导向的宏观管理战略体系，全面加强政府对科技工作的引导和管理职能①。充分发挥创新主体在区域创新体系建设中的重要作用。实现以区域创新系统推动海洋资源—科教—经济合作发展。

在长三角地区，随着区域一体化的发展，大量的区域性公共问题随之产生。这些区域性公共问题，是传统的单一地方政府管理模式所无法解决的。在当代中国特殊的发展背景下，地方政府将在相当长时期内仍然肩负地区经济发展的重要使命。因此，通过寻求协调相关地方政府间关系为主要内容的泛珠江三角洲区域合作就成为理所当然的选择。从长三角区域合作实践来看，它通过确立区域合作的宗旨、原则与主要领域、建立区域政府间合作制度、发展区域政府间的频繁互动等策略过程，在一定程度上促进了区域发展。而新区域主义意味着区域合作与治理的根本性转型，它强调区域治理是通过政策的相关行动者间的稳定网络关系来达成的，因为政府和非政府组织单独都没有

---

① 赵喜仓，李冉，吴继英．创新主体与区域创新体系的关联机制研究［J］．江苏大学学报，2009，11（2）：68－72.

足够的能力去解决区域性问题。从新区域主义的视野来看，区域治理应该是区域内多元利益主体的多元互动与参与，正是区域内多元利益主体的互动与参与，才使得关键的区域性公共性问题不仅能够被表达，而且也易于解决。因此，在长三角地区实现新区域主义视野下的区域治理，应该成为在逐步完善区域地方政府合作制度后的进一步选择，即从区域政府管理走向区域治理。为长三角地区海洋经济合作打好顶层设计的基础。

目前有关区域合作的研究主要聚焦于陆域空间，对陆域区域合作的相关案例进行梳理，为海洋区域合作寻找契合点。根据罗小龙的研究，长三角的陆域合作案例主要有三种形式：科层的合作、自发的合作和混合式合作。

（1）不成功的科层合作案例——苏锡常区域合作案例。

1978年改革开放以来，长三角的核心地区——苏锡常地区经历了快速的发展。与此同时，区域中的城市对资金、产业、基础设施的竞争也愈演愈烈。为了缓解和消除日益加剧的城市竞争，江苏省政府制定了《苏锡常都市圈规划》，尝试通过规划的政策手段促进苏锡常三市的合作和协调。在发起机制上，苏锡常都市圈规划类似于柏林—勃兰登堡联合发展项目和柏林都市圈联合发展规划，由上级政府发起，是一种科层式的合作（或 Arndt 等所称的垂直的政策协作）。

这种由上级政府通过行政手段发起的城市合作和城市协调规划更多的是上级政府意志的反应，而不是城市之间自发达成的合作和协作共识。在规划编制过程中，主要是由规划编制单位听取苏锡常三市的想法与意见，而被协调城市之间缺乏充分的信息交流和互动，因此在城市间很难形成合作的共识。规划不成功主要有四个原因，包括城市竞争、缺乏必要的协作机制、规划内容难以实施和政府间的利益冲突。

（2）自发的城市合作——长江三角洲城市经济协调会。

城市经济协调会是以经济为纽带的区域性城市合作组织。与苏锡常都市圈规划相比，该城市论坛是一个自发的城市合作组织，并在长三角的城市合作中发挥着极大的作用。总体而言，城市经济协调会主导的城市合作主要经历了信息交流、专题合作和共同市场建设三个阶段，这三个阶段也是自发城市合作区别于科层城市合作的主要特征。其中专题合作阶段包括：旅游合作——发展和促销的合作，交通合作——协调的合作，人力资源的合作——基于资源的合作。

（3）混合式的城市合作——江阴经济开发区靖江园区。

江阴靖江园区是由江阴和靖江两市合作共建的工业园区，规划面积60平方千米。园区地处靖江，但由江阴管辖。因为这一城市合作由地方政府发起，并且上级政府积极参与其中，所以江阴靖江园区在本书中被视作混合式的城市合作。两地的合作发起于企业的跨界发展，而非政府。江阴靖江园区的发展可以分为三个阶段：第一，江阴—靖江沿江开发促进会和口岸合作。促进会成立以后，两市在口岸合作上进行了专题合作。通过口岸合作，将地方港靖江港的开放和管理纳入国家级江阴港，以便靖江港共享江阴国家一类开放口岸的优惠政策和设施。口岸合作受到了时任省委书记回良玉的关注和鼓励。自此省政府开始积极地介入两岸合作，省政府的相关部门就口岸合作问题进行了现场办公。第二，园区建设领导小组的成立和联动开发。第三，江苏省沿江开发会议的召开和开发区管委会的成立。由此可见，当江阴靖江园区符合江苏省高层新的发展思维——江苏省沿江开发战略时，园区建设加速。在沿江开发会议以后，省政府在项目审批、土地利用等方面赋予园区多项优惠政策，以支持园区发展。开发区管委会也正式成立，负责园区的建设和事务管理①。

科层式的城市合作是指上级政府通过行政命令发起的，旨在下级政府间建立伙伴关系的城市合作。与科层式的城市合作相比，自发式

---

① 罗小龙，沈建法．长江三角洲城市合作模式及其理论框架分析［J］．地理学报，2007，62（2）：115－126.

的城市合作更尊重成员城市的利益，因此此种类型的合作更加有效。混合式的城市合作由地方政府发起，上级政府在伙伴关系建立中也存在自身利益。此种合作处于自发式和科层式两种城市合作之间，因此同时具有自发式和科层式两种城市合作的特征。与其他两种城市合作相比，混合式的城市合作更容易成功，且合作更为紧密。因此，这种混合式的城市合作更加有效。也是最值得借鉴的合作范式。

海洋经济的区域合作在借鉴陆域合作经验的基础上，亦要走出自己的合作发展之路。在海洋经济的发展中，鉴于海洋资源本身的流动性，以及海洋科技人才的流动性，区域合作就具有了重要意义。区域一体化是区域合作的前提和基础，在此基础上构建海洋经济区域创新系统，积极推动各个区域地方政府、企业科研机构、高校和中介机构之间的合作：第一，构建以企业为主体的技术创新体系，牢固确立企业在区域创新体系建设的主体地位。第二，构建以高校、科研机构为重点的技术源生产体系，充分释放高校和科研院所的创新能量，发挥高校在区域创新中的基础和生力军作用，发挥科研机构在区域创新中的骨干和引领作用。第三，构建以中介机构为核心的科技服务体系，发挥中介机构桥梁与纽带作用，推动中介机构的发展。第四，构建以政府为导向的宏观管理战略体系，全面加强政府对科技工作的引导和管理职能[①]。充分发挥创新主体在区域创新体系建设中的重要作用。实现以区域创新系统推动海洋资源—科教—经济合作发展。

在长三角地区，随着区域一体化的发展，大量的区域性公共问题随之产生。这些区域性公共问题，是传统的单一地方政府管理模式所无法解决的。在当代中国特殊的发展背景下，地方政府将在相当长时期内仍然肩负地区经济发展的重要使命。因此，通过寻求协调相关地方政府间关系为主要内容的泛珠江三角洲区域合作就成为理所当然的

---

① 赵喜仓，李冉，吴继英. 创新主体与区域创新体系的关联机制研究 [J]. 江苏大学学报，2009，11（2）：68－72.

选择。从长三角区域合作实践来看，它通过确立区域合作的宗旨、原则与主要领域、建立区域政府间合作制度、发展区域政府间的频繁互动等策略过程，在一定程度上促进了区域发展。而新区域主义意味着区域合作与治理的根本性转型，它强调区域治理是通过政策的相关行动者间的稳定网络关系来达成的，因为政府和非政府组织单独都没有足够的能力去解决区域性问题。从新区域主义的视野来看，区域治理应该是区域内多元利益主体的多元互动与参与。正是区域内多元利益主体的互动与参与，才使得关键的区域性公共性问题不仅能够被表达，而且也易于解决。因此，在长三角地区实现新区域主义视野下的区域治理，应该成为在逐步完善区域地方政府合作制度后的进一步选择，即从区域政府管理走向区域治理。为长三角地区海洋经济合作打好顶层设计的基础。

（三）海洋资源—科教—经济的协调与空间协同事关长三角海洋经济全域创新

国家海洋战略持续聚焦长三角的舟山、宁波和上海，国家期望对长三角滨海城市海洋事业与海洋经济建设提出了新高度，着眼于通过发挥市场机制优化配置海洋资源、海洋科教全面提升区域海洋经济国际竞争力。显然，如何整合、优化长三角海洋资源、科教机构实现海洋科技创新流动提升海洋资源综合利用效率，成为促推长三角海洋经济整体提升的瓶颈。

资源、科教、经济是区域合作过程中的重要因素，同时也是区域不协调性最突出的因素。然而，这种不协调性也为实现优势互补的城市合作发展带来可能。因此，不仅要认识到长三角城市间资源—科教—经济的不协调问题，更要意识到城市间不协调的资源—科教—经济是一种矛盾体，是长三角海洋经济一体化发展的动力来源。这预示着海洋经济合作将成为长三角参与全球竞争的新制高点。谁抢抓海洋资源—科教—经济的协调与区域合作先机，谁就将在未来处于战略竞争优势地位。长三角经过多年的区域合作与实践探索，区域合作已经进入新阶段，积极探索海洋经济合作，尤其是以海洋科技合作为核心的滨海城市海洋资源—科教—经济的协同与整体提升，实践国家海洋战略与海上丝绸之路战略，探索创新驱动海洋经济发展之路，任重道远。

三、长三角一体化进程中海洋经济合作实践

（一）合作实践的探索

1. 长三角海洋合作始于 1997 年岸线港口合作，总体滞后于陆域经济合作

中央政府为了整顿长三角地区港口群的发展问题，进一步发挥港口的优势互补，于 1997 年由国务院交通部主导促成上海市、浙江省、江苏省参加成立了"上海组合港管理委员会"（以下简称"上海组合港"），主要是负责长三角地区深水海、河岸线货柜港口的规划、营运和分工协调，避免港口间重复建设、无序性的价格竞争问题不断扩大；随后中央陆续推出相关有利于长三角港口合作的政策措施，包括《长江三角洲地区现代化公路水路交通规划纲要》《全国沿海港口布局规划》等，以推动港口业务合作及功能分工。

2002 年 8 月，苏州市政府的推动下将太仓港、常熟港及张家港合而为一，建立了"苏州港"，是一种地方内港口的合并整合模式，将原本三个港区合理分工和错位发展，并以整并后的新港口"苏州港"作为统一对外的港口品牌象征。自 2006 年 1 月 1 日起，宁波港与舟山港将正式启用"宁波—舟山港"名称，原"宁波港"和

"舟山港"名称不再使用。同时,"宁波—舟山港"管理委员会正式启动运作,这标志着浙江省政府加快推进宁波、舟山港口一体化进程实施的重大举措。2015年9月浙江省以宁波港集团、舟山港集团为核心组建浙江省海港集团,基本实现以资产为纽带的两港实质性一体化。

2. 海洋部门主导的海洋污染合作治理构成长三角海洋经济合作第二阵地

自20世纪80年代以来,长三角工业化、城市化加速推进,成长为中国重要的经济中心之一。与此同时,长三角海域也成为各地方政府发展经济的公共"污水盆",加强陆源污染治理显然是提升海洋环境质量的关键所在,但是两省一市的环保标准不一,同一个项目在三地所受的环境制约不同①。早在2001年江苏省、浙江省、上海市就确定了几个合作专题,其中环保专题提出进行长三角近海海洋生态建设合作。自2002年10月,由国家海洋局东海分局牵头,江苏省、浙江省、上海市三方海洋主管部门首次就长三角海洋生态环境保护合作事宜进行协商以来,出台了一系列合作协议,如2005年三地海洋部门达成《长三角海洋生态环境保护与建设合作协议》、2007年三地政府修订完成《长三角近海海洋生态环境建设行动计划纲要》、2008年三地主要领导座谈会上制订了《长三角两省一市环境合作平台建设工作计划》、2007年上海市科委与浙江省科技厅联合申报的国家"十一五"863项目——"重大海洋赤潮灾害实时监测与预警系统研发"通过科技部认定,开启海洋治污科技先行。但由于种种原因,时至今日三地联合治理海洋的规划项目尚未正式启动,成效寥寥。

---

① 陈莉莉. 论长三角海域生态合作治理:缘起及策略 [J]. 生态经济, 2011 (4): 168 – 171.

3. 海洋减灾防灾亟待打通海洋直属业务部门与地方政府合作及跨界协调

长三角海洋减灾防灾行政体系向上涉及国家层面与东海区层面，向下涉及江浙沪的滨海市与县/区，总体可归为公务运行机构——预报减灾司/处/科，相应的事业机构——国家/海区海洋环境监测中心与预报中心、省与市海洋环境信息中心等，形成了国家海洋局及其垂直管理的相关事业编制单位负责海洋灾害观测、预报、应急处置等体系；以及滨海地级市——县/市的海洋资源环境与海洋经济活动行政机构。显然，海洋灾害处置过程中，中央政府利用国家海洋局海区分局的直属事业机构监测/预报能力和国家海洋局海洋减灾中心互动，形成海洋防灾减灾、海洋应急指挥平台运行管理。然而，省及以下地方海洋渔业管理部门，未能高效嵌入海洋减灾防灾的预警体系之中，只承担中央政府海洋灾害预报的宣传、应急处置及相关海洋灾害救援的组织实施。

（二）合作实践存在的问题

长三角海洋经济合作在虽然取得了阶段性突破，如政府主导的港口群分工体系与集团化发展、海洋污染治理等，但实践中仍存在一些亟待解决的问题。

1. 海洋经济合作重视物质领域，忽视制度领域的藩篱

长三角海洋经济合作始于外贸经济发展亟须的海洋交通运输业基础——岸线港口合作与竞争，然后是海域污染整治合作，以及应对自然灾害的海洋减灾防灾领域。然而，诸多现有合作领域均从末端治理，未能溯及源头和全生命周期。如浙江省、江苏省和上海市对编制海域使用论证报告书规定的用海项目范围、渔政检查人员工作资格规定、国有水域和滩涂养殖使用权转让问题等方面都存在差异，不利于长三角地区政府之间的统一协调管理。

发展海洋经济，既需要海洋国土，如滩涂、海域和海岛，又需要招商引资和对产业链的全程监管。长三角滨海城市过去30多年的海洋经济合作实践整体停留在重点海洋产业或海洋事务的某一个环节，如海洋治污重视赤潮、绿潮的跨区联合处置，却未实施统一的陆源排海监控标准体系；重视海洋灾害的统一预警，却忽视海洋灾害处置基础设施建设与救援体系；重视海洋水产品质量安全，却忽视滩涂、近海养殖过程的抽查与跨区冷链物流的检疫等。

2. 海洋经济合作亟待破除地方本位主义和地方利益制度化倾向

目前长三角在不同程度上仍然存在海洋经济割据的现象，尚未形成符合海洋经济发展需要的共同市场、共同法律规则。浙江省、江苏省以及上海市都会各自以有利于自身海洋经济发展的实际情况为出发点来制定相应的法规、政策以及规章制度，各地本位主义的存在必然导致各地法规的差异冲突。

地方利益法制化倾向体现为地方政府发布的行政措施、决定、命令等政策性规范以及地方性法规和地方性规章对于利益的规定均倾向于本地区。在中国现行法律体系下，地方人大在和上位法不相抵触的前提下，可以制定有利于本地海洋经济发展和海洋环境保护的相关法规及规章制度，加上省与省之间实际情况的不同和地方利益法制化倾向的存在，导致区域海洋法规之间的差异冲突。

3. 海洋经济合作进程中市场主体、政府业务部门与全社会的协同参与不够

长三角海洋经济合作涉及政府、企业、科教、中介等群体，长三角各地政府的各个部门需要改变九龙治海、各自为政的状况，同时接受企业组织、社会组织等利益相关者的监督与参与，强调海洋经济合作需要政府—社会之间、公私之间的外部参与和合作，在海洋新兴产业及其研发投入中亟待创新全政府和社会资本合作（PPP）试点。

四、长三角海洋经济合作发展的新形势

（一）长三角海洋经济发展的驱动力变迁

1. 海洋经济资源驱动阶段及其特征

海洋自然资源具有地域性，因而海洋自然资源的分布是不均匀的，当然这种不均匀性既包括数量层面，也包括质量层面。其中，长三角区域的岸线资源大约占到我国 1.8 万多千米海岸线的 17%，岸线质量也比较优良；另外长三角区域分布着许多港口资源，并且拥有上海港、宁波港等国际性港口资源，这些港口岸线等海洋自然资源优势保证了长三角区域早期可以实现资源驱动海洋经济发展。例如，江苏省拥有良好的滩涂资源和海水养殖条件，从而使得江苏省早期的海洋经济主要以海水养殖和做大水产品粗加工产业为主，其次江苏省拥有连云港等优良港口资源，也在一定程度上促进江苏海洋经济的发展，另外南通市拥有良好的滩涂资源并拥有我国四大渔场之一；浙江省的海洋自然资源更是丰富，保证了浙江省海洋渔业一直以来是长三角产值最高的地区，海水养殖、海洋捕捞量占据长三角首位。可见，长三角早期海洋经济主要是资源驱动型，并且资源的丰裕度以及质量优劣程度对一些中小城市的海洋经济起到至关重要的作用①。

在资源驱动海洋经济发展的阶段，长三角海洋经济主要呈现以下

---

① 李彬. 资源与环境视角下的我国区域海洋经济发展比较研究 [D]. 青岛：中国海洋大学，2011.

特征：第一，区域性明显，产业分布不均衡。资源型海洋经济主要是依托各区域的资源禀赋情况，资源丰富区域海洋经济发展良好，资源匮乏区域海洋经济发展滞后，进而资源的不均衡性导致海洋经济的不平衡性，形成一种区域性分布特征。第二，产业附加值较低，海洋经济发展质量不高。资源型海洋经济主要依赖海洋资源的丰裕度，并且仅对其进行初加工甚至不加工直接交易，从而导致海洋资源大量消耗，而海洋经济效益却没有得到相应回报；另外，资源型海洋经济也会对海洋生态环境带来较大的威胁，进而由于海洋污染治理再次减少海洋资源的经济收益。第三，海洋经济同构现象明显，产业间竞争较大，海洋经济主体间合作交流过程较少。资源型海洋经济依托要素单一，导致海洋产业类型基本都处在海洋经济第一产业以及海洋经济第二产业（科技含量低）；另外，相关海洋企业都处于粗加工阶段，海洋经济主体之间没有技术交流的需要，形成一种各自发展状态，行为主体间的合作交流匮乏。第四，海洋经济发展的无序性和短视性。资源驱动阶段，各地方政府缺乏海洋经济的指导，具有一种盲目趋利的特征，没有将海洋经济的可持续性发展作为城市规划重点，缺乏一种长远性战略思维，因此，该阶段的海洋经济呈现一种混乱状态，仅以眼前利益为主。

2. 海洋经济科技驱动阶段及其特征

自20世纪90年代以来，随着我国海洋经济的迅猛发展，海洋资源退化和海洋环境恶化已成为制约海洋经济可持续发展的"瓶颈"，海洋经济发展模式面临转型[①]。1995年，江泽民同志在全国科技大会上提出了科教兴国战略，强调实现国民经济持续、快速、健康发展，必须依靠科技进步，以解决好产业结构不合理、技术水平落后、劳动生产率

---

① 刘明. 我国海洋经济发展潜力分析 [J]. 中国人口资源与环境, 2010, 20 (6): 151 – 154.

低、经济增长质量不高等问题；2005 年胡锦涛同志又提出可持续发展思想，积极转变产业发展模式，努力建设资源节约型与环境友好型社会；自党的十八大以来，我国政府又主张创新驱动发展，大力推进产学研结合和技术成果转化。可见，科技创新已成为我国经济发展的主要动力，同时国民经济中所占比重越来越大的海洋经济也经历着由资源驱动向科技驱动的转变。长三角区域作为我国重要的海洋经济圈之一，其发展驱动力的转型更应该走在排头。例如，一些以海洋渔业捕捞以及渔业粗加工等资源驱动海洋经济发展的地区，开始借助新的科学技术向高技术、高附加值方向转型，发展渔业精加工、海洋生物医药、新能源等领域；海洋经济规划文本将其作为重要内容进行规划：构建海洋经济创新平台体系，推动海洋科技成果产业化，鼓励科技型涉海企业发展等。

在科技驱动海洋经济发展的阶段，长三角海洋经济主要呈现以下特征：第一，产业集聚性高，且趋向大城市。科技驱动型的海洋经济在省域尺度上已形成集聚分布状态，在城市尺度层面，海洋产业倾向于布局在较为发达的沿海城市，如上海市，并且产业区位选择所考虑的主要因素已不再是海洋自然资源状况，而是城市的海洋科技水平、研发能力以及企业网络等，突破了传统区位论的限制。第二，产业政策及规划作用明显。我国正处在产业转型时期，中央及地方政府都将会对一些新兴海洋产业、高科技海洋产业进行扶持和鼓励，从而会吸引大量相关企业落脚；另外，政府部门越来越注重产业空间布局，根据科技型海洋产业的区位选择特征，制定相应的规划方案，避免产业间的恶性竞争。第三，产业合作交流现象普遍。由于科技型海洋产业技术含量高，产品更新以及市场变动速度快，单个企业很难适应这种高要求，企业间技术交流与合作成为克服难题的有效途径，可见科技型海洋产业通过知识溢出效应可以实现产业间的共赢局面，也有利于科技研发网络的构建，从而强化竞争力。第四，产业附加值较高。科技型海洋产业相对于资源型海洋产业最大不同点就是海洋资源的单位效益实现了飞跃，借助科技提升海洋产品的价值；另外，科技也间接地扩大了长三角海洋资源存量，一定程度上解决了海洋资源短缺问题，有利于海洋经济的可持续性发展。

3. 驱动力变迁的动因及启示

海洋经济驱动力由资源转向科技表现了产业周期的转换，即从产业的初级阶段发展到现在的成熟阶段，其作用机制是内外力共同决定的。其中，根据产业周期理论，其内力主要表现在海洋产业发展到一定阶段会受到阻碍，海洋资源净收益逐渐收缩，部分企业由于无法适应新的市场环境，遭到淘汰命运；而一些其他企业迫于市场压力，开始探索新的产业技术，提升海洋资源开发能力，进而海洋产业逐渐形成资源型产业衰退，科技型产业崛起态势。该过程，第一，国家经济体制由计划经济转向了市场经济体制，国内经济环境比较自由，为企业间的合作交流提供了优越的环境。第二，由于长三角前期海洋资源开发过快，海洋生态环境遭到破坏，政府部门本着可持续发展思想开始规划海洋经济发展，淘汰粗放型海洋产业，大力支持高科技型海洋产业，对海洋产业驱动力的转换起到外部推动作用。

由海洋经济驱动力的变迁可以得到以下启示：第一，注重海洋科技人才的引进及培育。科技人才是科技型海洋经济的重点，其中科技创新主体为海洋相关的科学家、发明家、工程师、技术专家以及科技研发人员和科技的共同体，这类群体的多少可以基本上反映海洋经济的发展状况[1]。第二，加强海洋科技产业的扶持力度以及规划能力。海洋科技型产业当前还处于成长阶段，其自组织能力还不成熟，缺乏一定的长远发展目标，并且在科技创新之处就需要面临较大的风险压力以及科研驱动资金短缺压力等，因此政府部门给予该类产业一定的资金支持以及发展规划方案有助于地方海洋经济的转型及长期发展。

---

① 孟庆武. 海洋科技创新基本理论与对策研究［J］. 海洋开发与管理，2013，30（2）：40－43.

第三，创新地方海洋科技环境。地方的科技创新程度与地方开放包容程度有一定的关系，主要从地方制度厚度、经济发展水平、基础设施建设、社会资本等角度进行完善，从而促进地方科技创新环境的提升。首先，需要注意的是，科技力量并不应该对传统海洋产业完全否定，而是将传统海洋产业中存在的不合理、不科学过程进行科技转换，一些优秀的手工艺应该以另一种方式留存下来，作为海洋产业文化遗产的重要组成部分。其次，这些海洋产业遗产可以借助科技手段展现其现代化的一面，发展成为海洋现代服务业，并成为海洋经济中的重要一部分。因此，在面对新科技带来的新潮流时，不能一味地排斥传统海洋产业，辩证地看待海洋科技，要传统海洋产业工作人员的再次就业问题考虑到海洋经济科技驱动转型中。无论海洋产业怎么转型，它都是一个完整的技术体系，只有保持其完整性才能发挥海洋科技最大价值。

（二）不同要素驱动阶段海洋经济合作的差异性

1. 资源驱动阶段长三角区域合作匮乏

资源驱动海洋经济阶段，长三角区域合作行为较少，且主要是城市内部海洋产业间的合作。该阶段海洋经济主体在传统的计划体制、经济管理体制上，习惯于按行政区划、行政手段管理经济。区域政府作为一级行政单位，有其明确的地域管辖范围，不能超出，造成条块分割、地区封锁，使区域分工缺乏必要的条件和保证。受传统管理体制影响，在建立社会主义市场经济体制中，区域中的政府作为一级经济利益主体，面对不同的利益目标和同一（或共享）的资源条件，也必然会发生区域间的利益冲突，以至于不合理的行政干预、计划管理扭曲了开放、公平的市场竞争关系，增加了摩擦成本，阻碍了区域合作的发展①。另外，海洋经济发展早期各海洋企业的科技含量不高，都处在粗加工阶段，企业间的技术交流需求较低；海洋捕捞也主要以近海捕捞为主，远海资源开发不足，造成近海不良竞争普遍，资源效益低下。因此，在资源驱动海洋经济发展阶段，长三角区域的海洋经济主要以近海渔业、海产品粗加工以及海洋运输为主，城市间缺乏技术交流、分工合作的需求，仅城市内部存在少量海洋企业合作行为，且合作效益不明显，没有形成一定规模。

2. 科技驱动阶段长三角区域合作态势良好

科技驱动海洋经济阶段，长三角区域合作行为增多，海洋产业合作的空间尺度涉及城市之间、省域之间。究其原因主要有以下方面：海洋是一个多层次、复合型的立体自然生态系统和经济系统，具有连通性、资源整体复合性、流动性、区域性和开发利用的共享性等特点，在开发利用中既存在一致的利益，又存在利益的冲突，同时，海洋环境多变，开发利用难度大，技术要求高且复杂，投资大、风险高也使得开发、利用和保护非某一部门、行业或区域能达到的，需要开展广泛的交流与合作。另外，随生产力发展和技术进步，又会突破旧的分工格局，新的分工布局、合作依存关系产生，从而实现沿海地带经济的一体化。例如，城市层面，上海港与宁波港的合作就是典型案例，上海港缺乏深水岸线，而海洋科教资源丰富，然而宁波拥有丰富的深水岸线，海洋科教资源却一般，两者的合作正好弥补了双方的缺点，共同提高长三角海洋经济的发展。

另外，长三角地方政府在规划文本中也强调深化合作，促进科技创新，促进海洋经济发展。如上海海洋经济"十三五"规划中提到：提升长三角地区合作水平，积极拓展合作领域，加强交通、能源、信息、科技、环保、信用、人社、金融、涉外服务、城市合

---

① 陈本良. 论海洋开发与区域合作 [J]. 广东海洋大学学报，2000，20（1）：45-48.

作、产业、食品安全等领域合作；以共建长三角世界级城市群为目标，加快形成互联互通的基础设施、联防联控的生态环境、共建共享的公共服务和统一开放的市场体系，打造区域创新网络和科技交流合作平台，完善跨界污染防治制度和生态保护修复机制，加强大气、水环境等重点领域联合防治；完善三级运作、统分结合的区域合作协调机制，建立健全多层次、全方位的区域合作体系。可见，科技要素驱动海洋经济发展阶段，政府力量在区域合作中发挥了重要的促进与指导作用。

3. 区域合作与驱动要素的关系

驱动要素为自然资源等初级资源时，由于该类要素的经济效益外溢性以及规模效应较低，产业间的合作交流意向不高，并且受到我国特有的行政区划阻碍，区域合作与驱动要素没有较大的相关性；随着科技进步以及海洋自然资源面临的枯竭困境，海洋经济到了必须转型的地步，区域内的传统海洋企业开始寻求新的发展道路，试图与已经转型的科技型海洋企业进行技术交流及学习；另外，一些新的海洋科技产业紧随市场需求，依托政府政策以及知识外溢效应，开始集聚在大城市中，并积极与其他科技型海洋企业形成分工合作网络，可见，科技驱动要素对区域合作具有一定的促进作用，但是城市的科技水平与其合作强度并没有很明显的关系。如锁利铭在研究科技创新、府际协议与合作区地方政府间合作时得出：区域合作网络中经济科技实力的城市在合作区内科技创新府际合作的表现较为异常，其经济科技实力与其在整个合作区内的地位极不相符，其活跃程度和网络中心性均较低。并认为区域层次的合作机制与该城市科技创新水平关系不大，科技创新合作的活跃程度与发展水平有关，同时与城镇化水平、R&D 投入占 GDP 的比重之间潜在相关性关系较大①。综上所述，宏观层面，海洋科技进步一定程度上促进了区域海洋经济合作；然而，中观城市层面，海洋科技水平较高的城市的与低水平城市间的合作意向不高，从而导致高海洋科技水平的城市身份与其合作强度不符；在微观企业层面，科技型海洋产业合作强度较传统资源型海洋产业合作强度高。

---

① 锁利铭，张朱峰. 科技创新、府际协议与合作区地方政府间合作——基于成都平原经济区的案例研究 [J]. 上海交通大学学报（哲学社会科学版），2016，24（4）：61－71.

第二章　长三角海洋经济发展
现状及态势研判

一、长三角海洋经济空间特征

　　海洋经济是指开发、利用和保护海洋的各类产业活动，以及与之相关联活动的总和。为开发、利用和保护海洋资源和海洋空间而进行的生产活动，以及直接或间接为开发、利用和保护海洋资源及海洋空间的相关服务活动，这样一些产业活动形成的经济集合被笼统地称为海洋经济①。海洋是人类生命的摇篮，人类的生存、社会的进化和发展都与海洋有着难解难分的紧密关系。农业文明向工业文明的转变以及新的科学技术的迅猛发展，使得辽阔的海洋愈益显示出它对于社会经济发展的巨大价值，海洋经济日益成为一个令人瞩目的具有重要战略地位的经济开发领域②。

　　长三角是我国三大海洋经济集聚区之一。在全国海洋经济中占有极其重要的地位和作用。近十年来，长三角海洋经济在全国海洋经济中所占的比重一直保持持续上升的态势。2013 年，长三角主要海洋产业从业人员占全国主要海洋产业从业人员的40%以上，海洋经济产值占全国海洋经济总值的35%。其中，海水利用、海洋电力、海洋交通运输业、海洋船舶工业以及滨海旅游业从业人员均占全国海洋相应海洋产业从业人员的25%以上，滨海砂矿、海洋船舶工业和海洋交通运输业的产值占全国相应海洋产业总值的35%以上，海洋工程、滨海旅游、海洋电力、海洋药物等海洋产业也在全国占重要的地位。

---

　　① 殷克东，王伟，冯晓波. 海洋科技与海洋经济的协调发展关系研究［J］. 海洋开发与管理，2009（2）：107－112.

　　② 冯晓波. 海洋科学技术与海洋经济可持续发展的关系研究［D］. 中国海洋大学，2008.

（一）海洋经济的增长速度高于同期国民经济增长速度

近年来，长三角海洋经济保持持续高速增长的发展态势，海洋经济增长速度明显高于同期国民经济增长速度。依据长三角海洋经济增长指数的变化，如图 2 - 1 所示，可以将长三角海洋经济的发展，划分为两个阶段：一是 2000 ~ 2003 年，长三角海洋经济增长速度与国内生产总值的增长速度相当；二是 2003 ~ 2013 年，长三角海洋经济发展呈现出高速增长的发展态势，其增长速度远高于国内生产总值的增长速度。

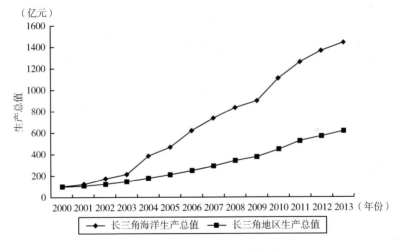

图 2 - 1　长三角海洋经济指数

资料来源：2002 ~ 2014 年中国海洋统计年鉴；2002 ~ 2014 年中国统计年鉴。

（二）海洋经济已经成为长三角国民经济重要组成部分和新的增长点

进入 21 世纪以来，海洋经济的发展迅速。海洋经济生产总值[①]，

---

① 长三角海洋经济相关统计数据均为上海、江苏、浙江三省市数据之和。

主要分为两个阶段：一是 2000～2003 年稳步上升阶段，由 2000 年的 1124.94 亿元，上升至 2003 年的 2477.27 亿元，按不变价格计算，增长了 2 倍多，海洋经济占长三角国内生产总值的比重，则由 2000 年的 5.98% 上升至 2003 年的 8.81%，提高了 3 个多百分点；二是 2004～2013 年，海洋经济快速增长，海洋经济由 2004 年的 4447.7 亿元上升至 2013 年的 16484.80 亿元，按不变价格计算，增长了 4 倍多，海洋经济占长三角国内生产总值的比重，则由 2004 年的 12.81% 上升至 2013 年的 13.93%，相比于 2000 年提高了 8 个多百分点，业已成为长三角国民经济的重要组成部分和新的经济增长点，如表 2-1 所示。

表 2-1 　　　　　　　　　　长三角海洋经济与国内生产总值

年　　份	海洋经济/亿元	生产总值/亿元	海洋经济占 GDP 的比重/%
2000	1146.94	19170.22	5.98
2001	1400.23	21210.90	6.60
2002	2026.22	23836.51	8.50
2003	2477.27	28106.64	8.81
2004	4447.70	34725.13	12.81
2005	5334.78	40897.70	13.04
2006	7131.70	47753.96	14.93
2007	8439.30	56710.44	14.88
2008	9584.00	65497.68	14.63
2009	10314.50	72494.10	14.23
2010	12658.90	86313.77	14.67
2011	14408.40	100624.81	14.32
2012	15616.70	108905.27	14.34
2013	16484.80	118332.36	13.93

资料来源：中国海洋统计年鉴（2002～2014 年）；中国统计年鉴（2002～2014 年）。

（三）长三角海洋经济与珠三角和环渤海地区的比较

自 2000 年以来，长三角、环渤海和珠三角地区海洋产业总值保持稳步持续增长态势。长三角地区海洋产业总值由 2000 年的 1147.94 亿元上升至 2013 年的 16484.8 亿元；环渤海地区海洋经济由 2000 年的 1202.97 亿元上升至 2013 年的 17992.2 亿元，珠三角地区由 2000 年的 1114.57 亿元上升至 2013 年的 11283.6 亿元。三个地区的整体概况：一是 2000～2013 年长三角和环渤海地区海洋经济发展轨迹相对集中、海洋经济发展水平呈较强一致性。只是 2003～2008 年长三角地区海洋经济略高于环渤海地区，而 2009～2013 年环渤海地区赶超长三角地区，并有继续领先长三角地区的发展态势。二是 2000～2005 年，珠三角沿海地区海洋仅仅稍稍落后于长三角和环渤海地区，而 2005 年之后珠三角沿海地区海洋经济的发展落后于长三角和珠三角地区一大截，如图 2－2 所示。

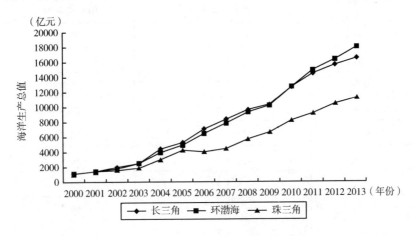

图 2－2　三大经济区海洋经济发展态势

资料来源：中国海洋统计年鉴（2002～2014 年）。

（四）沿海主要城市海洋经济地位比较

从各市海洋经济总值占全国海洋产业总值的比重来看，如表2－2所示，上海海洋产业总值占全国海洋产业总值的9.6%，居全国首位；其次为宁波，其海洋产业总值占全国海洋产业总值的4.1%；江苏海洋产业总值仅占全国海洋产业总值的0.7%，居第12位。从各市海洋经济占本市地方生产总值的比重来看，舟山市海洋经济在地方生产总值中所占的比重最高，且高达66.7%，远远高于其他城市；其次为宁波，海洋产业总值占地方生产总值的33.1%；连云港位居第三，海洋经济总值占地方生产总值的30.1%。杭州海洋生产总值占地方生产总值的10.4%，如图2－3所示。

表2－2　　　　　　　沿海主要城市海洋经济占比情况

沿海主要城市	各市海洋经济占全国海洋生产总值比重/%	海洋经济占各市GDP比重/%
南通	2.6	27.4
连云港	1.0	30.1
苏州	1.6	7.2
上海	9.6	24.9
嘉兴	0.8	14.2
杭州	1.6	10.4
宁波	4.1	33.1
舟山	1.4	66.7
温州	1.3	18.4
台州	0.7	12.5
绍兴	1.3	18.4

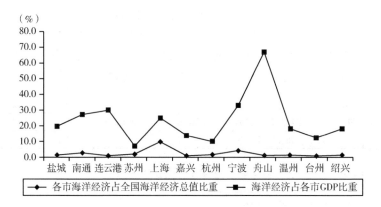

图 2 – 3　沿海主要城市海洋经济地位比较

二、长三角海洋产业结构变迁分析

从海洋产业构成角度分析，长三角内部海洋产业的产业梯度明显。海洋运输业、滨海旅游业等第三产业以及海洋船舶工业多集中在沪、浙两地。海洋渔业、海洋化工、海水利用等第一、第二产业多集中在苏、浙两地，其中海洋盐业、海滨砂矿、海洋油气产业分别集中江、浙、沪①。

（一）长三角海洋资源支撑性产业发展静态分析

海洋资源是海洋中可以被人类利用的物质、能量和空间，海洋资源禀赋是区域海洋产业发展的基础支撑。长三角由于其自然资源以及空间资源的分布不同，其资源支撑性海洋产业发展特点以及发展重点也有所不同，如表 2 – 3 和表 2 – 4 所示。

---

① 袁象，孙玉美. 基于产业联动理论的长三角海洋产业发展研究 ［J］. 现代管理科学，2016（4）：78 – 80.

表2-3　　　　　　　　长三角海洋空间资源分布情况

地区	确权海域面积（公顷）	大陆海岸线长度（km）	岛屿个数（个）	岛屿岸线长度（km）	海水养殖面积（km²）	浅海滩涂海湾可养殖面积（103hm²）	自然港址数量（个）
江苏	41602.05	1039.7	26	29.8	160089	139.0	2
浙江	9839	2253.7	5971	4068.2	196139	101.5	14
上海	340.02	167.8	44	5.8	0	3.22	1

表2-4　　　　　　　　长三角2012年主要海洋产业产量

地区	海洋捕捞产量（万吨）	海水养殖产量（万吨）	远洋捕捞量（万吨）	海洋天然气产量（万立方米）	海洋矿业产量（万吨）	海盐产量（万吨）	海洋化工品产量（万吨）	造船完工量（万综合吨）	沿海货物吞吐量（万吨）	城市国内旅游人数（万人）
江苏	56.61	90.5	1.38	—	—	78.10	209.06	2154.58	20504	5090
浙江	316.02	86.14	29.01	—	2726.9	10.88	100.12	307.06	92760	30574
上海	2.04		11.02	88044	—	—		1045.5	63740	25094

　　江苏海域面积以及海水、海湾面积比较辽阔，其海水养殖产量及矿产、海盐等产业发展优势明显。浙江拥有全国最大渔场，海洋渔业资源丰富，其海洋渔业发展一直处于优势，特别是海洋捕捞产量远远超过江苏和上海，且浙江拥有世界级港口宁波—舟山港，交通运输发展也很迅猛。上海有天然气产量优势，海洋油气业发展相对稳定，海洋渔业发展基本消失殆尽，但上海凭借其国际航运中的地位以及上海港的世界级港口优势，海洋船舶工业、交通运输业发展一直处于全国领先水平。滨海旅游方面，浙江、上海滨海旅游开发明显优于江苏。

（二）长三角海洋产业发展动态分析

　　由表2-5可知，2002~2012年，长三角海洋产业结构发生了巨大变化，特别是江苏和浙江。从整体来看，江苏、浙江、上海海洋产业结构逐步向"三二一"方向发展，海洋第一产业发展大幅萎缩，截至2012年，江苏、浙江海洋第一产业比重降到个位数，而上海几乎为零，海洋第二产业，江苏、浙江、上海都有大幅提高，海洋第三产业，除江苏有大的增幅，浙江和上海发展相对稳定。

表 2 - 5 长三角 2002 年和 2012 年海洋三次产业产值比重 单位：%

	第一产业比重		第二产业比重		第三产业比重	
	2002 年	2012 年	2002 年	2012 年	2002 年	2012 年
江苏	66.67	4.67	24.98	51.65	8.31	43.69
浙江	35.32	7.47	9.03	44.07	55.65	48.46
上海	1.78	0.07	13.77	37.81	84.45	62.12

分区域来看，江苏省 2002 年之前海洋产业主要以第一产业为主，第二、第三产业发展相对迟缓，但到 2012 年，江苏海洋产业结构发生质的变化，海洋一次产业发展下降幅度达 13.28 倍，海洋二三次产业发展迅速，特别是第三产业增幅约 4.26 倍，海洋第二产业成为其主导产业，主要是因为江苏海洋盐业与化工业产量丰富，政府也加大了对海洋电力以及船舶工业的支持力度；浙江省在新阶段二三次产业发展均衡，第三产业相对有所下降，说明浙江省海洋结构调整的重点在于第二、第三产业，希望第二产业有所突破；上海海洋三次产业发展一直处于"三二一"的发展格局，第三产业在十几年的时间里长久不衰，一是国际航运中心逐渐东移，上海交通运输业发展迅速，二是上海滨海旅游资源以及海洋文化底蕴丰富，近年国内、国际入境旅游人数增幅优于江苏和浙江。然而，近年来上海市海洋产业结构发展比较稳定，相关海洋产业结构调整力度较弱，另外，上海海洋战略的重点不是海洋产业结构的升级，而是新兴海洋产业、海洋高科技产业以及海洋高端服务业的发展。

就海洋产业而言，长三角地区在海洋渔业、海洋船舶工业、海洋交通运输业，滨海旅游业四大产业具有相对优势。这四大产业在长三角地区海洋产业总产值的 80% 左右。但从最近几年的发展趋势看，海洋渔业、海洋运输业等传统产业占海洋主产业的比重呈现逐渐下降，而滨海旅游业、海洋风能等新兴产业的比重呈现逐渐上升的趋势。目前，长三角地区在海洋产业方面已经形成了如下的产业格局：

江苏省以海洋能源、海洋化工、船舶，海洋生物医药等海洋产业为主产业。浙江省以海洋风力发电、船舶修造为主产业。上海的海洋产业主要集中在海洋运输、船舶制造、海洋渔业和滨海旅游等，其中海洋交通运输业和滨海旅游业约占全国相应产业总产值的1/3①。

综上所述，由于长三角海洋产业发展在前期变动明显，后期各区域海洋产业结构相对稳定。海洋三次产业以及各主要海洋产业于2012年基本形成集聚态势，产业专业化程度明显提升②。区域相关海洋产业调整政策在一定时间段内实施效果显著，产业结构得到优化升级。其中，海洋第一产业逐渐萎缩，尤其是江苏、上海地区；海洋第二产业依然占据海洋经济主导地位，但是产业内部科技含量不高；海洋第三产业发展迅速，逐渐成为海洋经济的主导力量之一。

三、长三角海洋经济合作政府作为回顾与反思

1982年，改革开放的号角刚刚吹响，国家领导人就提出"以上海为中心建立长三角经济圈"。当时的长三角经济圈包括上海、南京、宁波、苏州、杭州。1986年，长三角经济圈的概念进一步扩大到五省一市，即上海、江苏、浙江、安徽、福建、江西。1992年由上海、无锡、宁波、舟山、苏州、扬州、杭州、绍兴、南京、南通、常州、湖州、嘉兴、镇江（按城市笔画为序）14个市经协委（办）发起、组织，成立长江三角洲城市协作办（委）主任联系会③。1997年，上述14个城市的市政府与新成立的泰州市共15个城市通过平等

---

① 袁象，孙玉美．基于产业联动理论的长三角海洋产业发展研究［J］．现代管理科学，2016（4）：78－80.

② 杨成骏，时平．长三角区域海洋产业发展变动对比研究——以苏浙沪为中心［J］．科技与经济，2015，28（3）：96－100.

③ 刘志菲，张勋．长三角20年浮沉史［J］．中国投资，2003（7）：46－48.

协商，自愿组成新的经济协调会组织——长江三角洲城市经济协调会
（下文简写为"长协会"）。截至 2015 年，长协会共举办了十五次，
如表 2 - 6 所示，由历次长江三角洲城市经济协调会举办地点及时间
可以看出，十五次会议分别在江苏、上海、浙江以及安徽三省一市的
十五个城市举办，基本上一至两年举办一次。会议主题由最初的旅游
和商贸合作扩展到城市及区域发展的方方面面，不仅积极响应中央政
府的宏观决策，而且积极与国际前沿接轨，参会城市逐年增加。然
而，仅就长三角海洋经济合作而言，长协会有一定的不足之处。具体
而言，长协会在 2011 年举办的第十一次会议上才增添"上海'两个
中心'建设背景下长三角港口发展""长三角城市知识产权协作机
制""探索建立长三角地区产业转移与承接利益分享机制"等专题，
直到长协会第十二次会议上正式提出"陆海联动，共赢发展——长
三角城市经济合作"主题。可见，长协会对海洋经济合作的关注起
步较晚，且具有间断性，缺乏具体的操作指南。此外，"十三五"时
期长三角各沿海城市政府针对海洋经济做了相应规划，如表 2 - 7 所
示，对各自城市海洋经济发展方向做出展望。

表 2 - 6　　历届长江三角洲城市经济协调会主要会议内容简介

长协会	时间	地点	会议主题	主要成果
第一次会议	1997 年 4 月	江苏扬州	杭州市牵头的旅游专题和由上海市牵头的商贸专题	《长江三角洲城市经济协调会章程》《长江三角洲城市简介》
第二次会议	1999 年 5 月	浙江杭州	加强区域科技合作、推进国企改革和资产重组、研究筹建国内合作信息网和旅游商贸专题进一步深化	
第三次会议	2001 年 4 月	浙江绍兴	深化专题合作，完善运作机制；研究区域发展课题，引导合作方向；加强沟通协调，扩大联合	组织了专题报告会和旅游研讨会

续表

长协会	时间	地点	会议主题	主要成果
第四次 会议	2003 年 8 月	江苏 南京	世博经济与长江三角洲联动发展	通过《关于以承办世博会为契机，加快长江三角洲城市联动发展的意见》《关于接纳台州市加入长江三角洲城市经济协调会的决定》，组织了"世博经济与长江三角洲经济联动发展"的专题报告会；还举行了长江三角洲合作项目的签约仪式
第五次 会议	2004 年 11 月	上海	完善协调机制，深化区域合作	通过了《关于设立长江三角洲城市经济协调会专项资金的提案》《关于设立信息、规划、科技、产权、旅游、协作专题工作的提案》。会议通过了《长江三角洲城市经济协调会章程修正案》；签署《城市合作协议》
第六次 会议	2005 年 10 月	江苏 南通	促进区域物流一体化，提升长三角综合竞争力	签署了《长江三角洲地区城市合作（南通）协议》
第七次 会议	2006 年 11 月	江苏 泰州	研究区域发展规划，提升长三角国际竞争力	《长江三角洲地区城市合作（泰州）协议》
第八次 会议	2007 年 12 月	江苏 常州	落实上海、江苏、浙江主要领导座谈会精神，推进"长三角协调发展"的主题和完善区域合作机制	签署了《长江三角洲地区城市合作（常州）协议》
第九次 会议	2009 年 3 月	浙江 湖州	贯彻国务院关于进一步推动长江三角洲地区改革开放和经济社会发展的指导意见精神，共同应对金融危机，务实推进长三角城市合作	签署了《长三角城市合作（湖州）协议》

续表

长协会	时间	地点	会议主题	主要成果
第十次会议	2010 年 3 月	浙江嘉兴	用好世博机遇、放大世博效应，推进长三角城市群科学发展	同意吸收合肥市、盐城市、马鞍山市、金华市、淮安市、衢州市 6 个城市为协调会会员，签署了《长江三角洲地区城市合作（嘉兴）协议》
第十一次会议	2011 年 3 月	江苏镇江	高铁时代的长三角城市合作	通过了长三角协调会 2010 年度工作报告、财务决算和《长三角城市合作（镇江）协议》，增添"上海'两个中心'建设背景下长三角港口发展""长三角城市知识产权协作机制""探索建立长三角地区产业转移与承接利益分享机制"等 9 个专题
第十二次会议	2012 年 4 月	浙江台州	陆海联动，共赢发展——长三角城市经济合作	通过了《长江三角洲城市经济协调会 2011 年度工作报告》《长江三角洲城市经济协调会 2011 年度财务决算报告》《长江三角洲地区城市合作（台州）协议》等有关事项，批准新设了《长三角地区专利运用合作体系建设》等 10 个课题
第十三次会议	2013 年 4 月	安徽合肥	长三角城市群一体化发展新红利——创新、绿色、融合	决定将长三角协调会成员城市从此前的"15＋1"变为目前的 22 市，此次又有芜湖、连云港、徐州、滁州、淮南、丽水、宿迁、温州等 8 市
第十四次会议	2014 年 3 月	江苏盐城	新起点、新征程、新机遇——共推长三角城市转型升级	成立了长三角城市经济协调会新型城镇化建设、品牌建设等专业委员会，签署《长江三角洲地区城市合作（盐城）协议》
第十五次会议	2015 年 3 月	安徽马鞍山	适应新常态、把握新机遇——共推长三角城市新型城镇化	成立长三角协调会健康服务业专业委员会，设立长三角城市群实施国家"一带一路"战略研究等七个专题，签署了《长江三角洲地区城市合作（马鞍山）协议》

表2-7　　　长三角重要沿海城市海洋经济"十三五"规划

市	海洋经济"十三五"规划内容
上海	主动服务、积极作为，与江苏、浙江、安徽三省深化合作，在新的起点共同促进长三角地区率先发展、一体化发展。提升长三角地区合作水平。积极拓展合作领域，加强交通、能源、信息、科技、环保、信用、人社、金融、涉外服务、城市合作、产业、食品安全等领域合作。以共建长三角世界级城市群为目标，加快形成互联互通的基础设施、联防联控的生态环境、共建共享的公共服务和统一开放的市场体系，打造区域创新网络和科技交流合作平台，完善跨界污染防治制度和生态保护修复机制，加强大气、水环境等重点领域联合防治。完善三级运作、统分结合的区域合作协调机制，建立健全多层次、全方位的区域合作体系。主动服务、积极作为，与江苏、浙江、安徽三省深化合作，在新的起点共同促进长三角地区率先发展、一体化发展。提升长三角地区合作水平。积极拓展合作领域，加强交通、能源、信息、科技、环保、信用、人社、金融、涉外服务、城市合作、产业、食品安全等领域合作。以共建长三角世界级城市群为目标，加快形成互联互通的基础设施、联防联控的生态环境、共建共享的公共服务和统一开放的市场体系，打造区域创新网络和科技交流合作平台，完善跨界污染防治制度和生态保护修复机制，加强大气、水环境等重点领域联合防治。完善三级运作、统分结合的区域合作协调机制，建立健全多层次、全方位的区域合作体系
宁波	海洋经济三次产业结构优化调整为7：41：52；海洋高技术产业增加值年均增长12%。海洋传统产业转型成效明显，海洋工程建筑业和海洋渔业均实现5%的平均增长。海洋新兴产业和海洋服务业不断壮大，争取海洋生物医药和滨海旅游业分别实现年均15%的增速。海洋产业核心竞争力进一步增强，现代海洋产业体系初步建立。优化海洋经济发展空间：坚持"一核"引领、大力发展湾区经济、加快重点区块建设、加强海岛科学开发；重点发展海洋优势产业；培育壮大海洋新兴产业：海洋生物医药业、海洋新材料产业、海洋新能源产业；提升发展海洋传统产业：高效生态渔业、海洋工程建筑业、临港大工业；创新改革推动海洋经济发展
舟山	加快转型升级步伐，全面打造海洋产业集聚岛：紧紧围绕"互联网＋""中国制造2025"等国家产业发展战略，全面落实浙江省七大万亿产业、特色小镇、"四换三名"等发展战略，强化创新驱动，实施"两化"融合，顺应新技术、新业态、新模式和新产业的发展趋势，以集群发展、无中生有、跨界融合的理念，重点推进四大千亿产业，提升发展若干百亿产业，大力培育战略性新兴产业，积极改造提升传统产业，打造海洋产业集聚岛

续表

市	海洋经济"十三五"规划内容
台州	大力发展湾区经济。规划建设湾区经济发展试验区，推进台州湾、三门湾、乐清湾"三湾"联动、拥湾发展，着力打造以台州湾循环经济产业集聚区为核心的湾区经济发展大平台。科学编制"三湾"联动发展空间规划体系，明确"三湾"发展定位，建立"三湾"联动发展机制，协同推进湾区基础设施互联、沿湾产业提升、湾区新城建设，打造陆海统筹发展的战略支点、港产城融合的战略基地和海洋经济发展新增长极。加快发展具有国际竞争力的临港产业和现代物流业，加大医药、汽车制造、海洋装备制造、清洁能源、炼化一体化、大宗商品交易平台等临港大项目大产业的引进培育力度，争取东海油气登陆项目落户。建设中国绿色药都。加快海洋渔业和海洋旅游业发展，支持游艇产业发展，谋划建设国际邮轮港。加强重要海岛开发和无居民海岛保护利用。加强湾区生态保护，实施蓝色海湾整治行动。科学有序推进滩涂围垦，构筑发展新平台。建设开放湾区，加强与宁波、温州的合作，完善三门湾、乐清湾协同开发机制，推动《三门湾区域统筹发展规划》实施，加快《乐清湾区域统筹发展规划》的编制和落实
南通	优化海洋产业布局与结构，抢抓"海上新丝路"战略机遇：坚持陆海统筹、江海联动、优江拓海，发挥不同区域比较优势，构建"两轴三港四基地十大园区"的海洋经济总体发展格局；构建现代海洋产业体系是打造全国海洋经济发展示范区的核心任务。发挥海洋产业基础优势，统筹推进三次产业发展，积极发展海洋战略性新兴产业，增强科技、人才支撑能力，健全现代海洋产业体系，增强海洋经济国际竞争力；坚持科技兴海，推动海洋产业核心技术创新，提高海洋科技成果转化率，增强科技创新与支撑能力，积极引导和鼓励科技型涉海企业发展，加强海洋产业创新型人才队伍建设
盐城	一是全面提升盐城海洋生物医药、海洋工程装备、海水淡化及装备、新能源装备、海洋健康食品、滨海旅游等海洋产业及新材料、电子信息、节能环保、港口物流等临港产业；以斗龙港全国水产品加工示范基地为依托，抓住沿海滩涂科学开发利用的机遇，科学规划水产品加工集中区，建设国内知名的现代水产品加工基地。二是合理规划渔港临近区域，建设集渔民居住、水产品加工、贸易、物流、餐饮、休闲于一体的渔业经济集中区。三是合理发展海洋产业，利用沿海滩涂资源，加快调整种植业结构，建立一批具有区域特色的沿海经济作物基地
连云港	以海岸带和近海开发为主，改造提升传统海洋产业，培育发展新兴海洋产业，完善现代海洋产业体系，到2020年成为江苏省和长江三角洲北翼区域性海洋经济中心；以开发区和重要临海产业集中区为载体，以实施海洋强市重大工程为抓手，合理开发和保护海洋资源，壮大海洋经济规模，优化海洋产业布局，提升海洋科技创新能力，建设海洋生态文明，推动海洋经济由外延式发展向内涵式发展转变

第三章 海涂海域合作利用与
海洋渔业发展

长江三角洲经济协作区自 1996 年成立以来，协作的领域不断扩大。海洋渔业是长三角地区海洋产业的重要部门之一，海洋渔业的合作发展对提升长三角经济具有重要意义。长三角沿海城市，渔民利用海涂、海域从事渔业生产的历史悠久。海洋渔业发展，成为广大渔民增收的重要途径。但是，随着海涂养殖与近海渔业的发展，海涂、近海海域的环境污染日益严重，养殖日益超载，且受海流方向影响自长江入海口至钱塘江湾、浙江近海形成海洋赤潮频发区域，科学、合作利用与治理海涂海域事关长三角海洋渔业可持续发展，已然成为目前长三角经济合作发展亟须解决的重要议题。

本章内容为：一是分析长三角沿海城市滩涂、近岸海域的分布及其环境管理与合作现状；二是分析长三角海洋渔业的发展格局与合作现状；三是诊断长三角海涂海域的合作利用对海洋渔业发展的影响；四是提出海涂、海域合作的重点领域、合作模式、合作体制创新等促推长三角海洋渔业可持续发展。

一、相关研究回顾

（一）海涂、海域合作利用与治理研究动态

国内有关滩涂、近海海域利用研究主要集中在沿海滩涂资源管理体制、意识、权属界定及规划等方面。陆国庆等（1996）认为，滩涂资源管理实质上是环境和自然资源在开发利用中行为准则的管理，最终目的是使资源的开发利用处于最佳状态，在满足不断增长的社会需要中，既要鼓励、支持合理的开发，又要控制一定容量和限制不合理的开发，实现资源开发的社会化目标；朱明君（2000）认为，我国滩涂资源管理中存在多头管理问题，缺乏统一、有效的综合协调机制，各滩涂管理部门各自为战、相互争夺滩涂资源，造成滩涂资源管

理混乱、浪费了国家大量的财力、物力；樊静等（2006）对沿海滩涂物权制度进行了研究，认为沿海滩涂的不同部分因其法律性质不同而具有不同的所有权属性，如潮上带和潮间带在法律性质属于土地，其所有权既可以属于国家，也可以属于农民集体，而潮下带部分因其本质上属于海域，所以其所有权只能属于国家；陆永军等（2011）认为，我国部分沿海省份相继颁布的相关管理规划之间缺乏统筹，条块化明显（见图3-1）。显然，国内滩涂管理研究还存在手段落后、主导方向不明确、缺乏长远的统一规划、滩涂开发利用缺乏科学评价等问题。

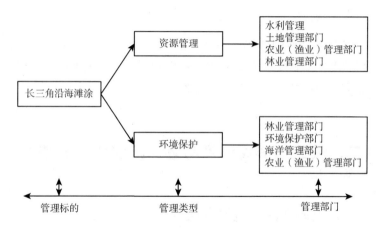

图3-1 中国沿海海岸海域分部门管理

（二）海涂、海域合作利用与治理对海洋渔业发展影响研究动态

文献检索显示，国内专门研究海涂、海域的合作利用对海洋渔业发展影响的文献鲜见，个别学者关注海涂养殖与沿岸渔业可持续发展、海涂围垦渔业研究等。因此，随着滩涂围垦速度加快，海涂、近海海域合作利用与海洋养殖、捕捞等渔业活动关系将日益成为在当前

和今后一个时期学界和政府关注、调研的重点之一。

海洋渔业权制度研究：一是以国外渔业权制度为基础展开的借鉴和比较性研究。贾东明等（2010）分析了日本、韩国渔业权制度，重点解释了日本、韩国"渔业权"为主导的渔业管理制度；唐建业等（2009）研究新西兰、冰岛等国家的渔业配额制度时也涉及渔业权的概念，但仅限于对捕捞配额制度产生的捕捞权性质的讨论；崔建远（2011）综合对比与分析日本、欧美和中国台湾地区关于渔业权的法律问题。二是国内渔业权制度的研究，我国《物权法》拟定前期，研究渔业管理学、法学等文献较多，如孙宪忠等（2009）在物权法研究中探讨了渔业权，强调富裕渔业权相应的物权特性；刘新山等（2007）就构建渔业权制度展开了深入探讨，且主张在国内实行渔业权制度，如科学开发和利用渔业生物资源、水域滩涂资源等，同时对渔民权益保障政策进行了详细探讨。

二、长三角滨海滩涂与近岸海域的分布格局

（一）上海滩涂与近岸海域分布

上海市海域面积 10000 平方千米，港口岸线包括黄浦江、长江口南岸、杭州湾北岸以及崇明、长兴、横沙等岛屿，共有岸线 594 千米。岸线分布为黄浦江自吴淞口至闵行发电厂 133 千米；长江口南岸自浏河口至南汇嘴 111 千米；杭州湾北岸金丝娘桥至南汇嘴 63 千米；崇明、长兴、横沙、大金山、小金山和乌龟山等岛屿周边长度为 283 千米，其中已经利用的岸线为 186 千米。长江口南岸岸线的利用率由内向外呈递减状态，已利用岸线 48 千米，利用率为 43.2%。随着上海国际航运中心洋山深水港区的开发建设，上海港的岸线将大幅增长。建洋山港区一期及后续工程的岸线为 3 千米，根据至 2020 年远

期发展规划，洋山深水港区将形成可用岸线 10 千米左右。

根据最新地形测量资料，上海市 0 米线以上滩涂面积约 6.73 万公顷，－5 米线以上滩涂面积约 24.33 万公顷，主要分布崇明岛区域 0 米线以上滩涂面积 2.47 万公顷、－5 米线以上滩涂面积 7.87 万公顷；江中区域 0 米线以上滩涂面积 2.93 万公顷、－5 米线以上滩涂面积 10.73 万公顷；大陆区域 0 米线以上滩涂面积 1.33 万公顷、－5 米线以上滩涂面积 5.73 万公顷。从现有滩涂资源的总量看，虽然进行了多次的圈围，但上海市的滩涂资源总量仍维持在 24 万公顷左右，与 1982 年调查统计的滩涂资源总量相当。

综合考虑生态保护、开发条件等因素，上海预计可供开发利用的滩涂资源约 3.33 万公顷，主要分布于长江口的南汇东滩、横沙东滩、崇明北沿三个区域。

（1）建设用地围垦：崇明东风西沙水源地圈围 0.067 万公顷，浦东国际机场外侧圈围 0.157 万公顷，金山龙泉港西侧圈围 0.02 万公顷，临港物流园区奉贤分区圈围 0.02 万公顷，长兴岛及其他区域另行圈围。

（2）农用地促淤围垦：南汇东滩促淤 1.467 万公顷、圈围成陆地 0.4 万公顷，横沙东滩促淤 0.334 万公顷、圈围成陆地 0.267 万公顷，崇明北沿促淤 0.067 万公顷、圈围成陆地 0.067 万公顷。

（3）滩涂湿地保护：崇明东滩鸟类国家级自然保护区互花米草生态控制和鸟类栖息地优化。此外，为进一步协调推进长江口综合整治开发规划北支中缩窄方案的实施，结合崇明北沿防洪除涝的工程建设，还将适时加大崇明北沿的促淤圈围力度。

随着《长江经济带发展规划纲要》和舟山江海联运服务中心的建设推进，"十三五"期间上海市海岸线与海涂、近岸水域利用在面临着以下问题：建设海港枢纽的深水岸线供应严重不足；城市建设用地增量导致的耕地占补平衡亟须海洋围垦实现；如何对接舟山江海联运服务中心，优化集疏运体系成为长江航道与上海港、宁波—舟山港的空间竞合框桎。

（二）江苏海涂及近岸海域分布

江苏省海域面积 3.75 万平方千米，其中水深 15 米以下的浅海面积 24400 平方千米，居全国首位，超过江苏陆地面积的 1/3。大陆海岸线长约 954 千米，其中粉砂淤泥质海岸线长 884 千米，约占海岸线总长的 93%。中部近岸浅海区发育有南黄海辐射沙脊群，南北长约 200 千米，东西宽约 90 千米。江苏沿海地区独特的动力地貌孕育了大量的沿海滩涂，未围滩涂总面积为 750.25 万亩，约占全国的 1/4。

根据国家"908 专项"江苏部分 2008 年江苏近海海洋综合调查与评价，全省沿海未围滩涂总面积 750.25 万亩，其中：潮上带滩涂面积 46.12 万亩，潮间带滩涂面积 704.13 万亩；含辐射沙脊群区域理论最低潮面以上面积 302.63 万亩。一是连云港市沿海潮上带滩涂面积 0.07 万亩，潮间带面积 29.21 万亩；二是盐城市（不包括辐射沙脊群）沿海潮上带滩涂面积 40.1 万亩，潮间带面积 170.99 万亩；三是南通市（不包括辐射沙脊群）沿海潮上带滩涂面积 5.95 万亩，潮间带面积 201.3 万亩。按照国务院批准的《江苏沿海地区发展规划》2016～2020 年江苏沿海进入围垦滩涂第三阶段，共计围垦 140 万亩，将沿海滩涂建成新型港口工业区、现代农业基地、新能源基地、生态休闲旅游区和宜居的滨海新城镇。

1. 连云港

连云港市全市陆域面积 7615 平方千米，海域面积 7516 平方千米，沿海滩涂北自绣针河口南至灌河口面积 160 万亩，其中潮上带 130 万亩、潮间带 30 万亩、潮下带浅水海域 400 万亩，具有丰富的自然资源和广阔的开发前景。海岸类型齐全，大陆海岸线总长 188 千米，岛屿岸线 28 千米，有江苏唯一的基岩海岸 40 千米，分布在连云港港区附近，有全省独特的砂质海岸 30 千米，分布在海州湾北部，其他为粉砂淤泥质海岸，岸线类型多样，用海类型丰富。

连云港市沿海滩涂开发历史较早，新中国成立前主要是进行盐业生产，新中国成立后于 20 世纪 50 年代修筑与加固了盐场"老海堤"，新建了一些"新海堤"，兴建了挡潮闸，建起了一批大中型国有农场。20 世纪六七十年代，围垦了一部分滩涂地兴办乡镇级小盐场，经济效益不高。从 20 世纪 80 年代至今，连云港市滩涂走上了以粮棉生产和水产养殖为主体，农林牧渔盐综合开发、规模经营、发展创汇农业的路子。"七五"期间，连云港市以对虾养殖为主体掀起第一次滩涂开发热潮，全市虾池面积猛潮到近十万亩。其中，赣榆县对虾面积、单产、总产、规模创下 4 个全国第一。全市对虾年产总产达9000 吨，总产值 3.6 亿元。"八五"期间，百里滩涂上又掀起新一轮紫菜生产的热潮，共吸引日、韩、台等外资和国内投资 3.5 亿元，发展紫菜养殖面积 3 万多亩，加工生产线 80 条，年产紫菜 1.88 万吨，年加工干菜 4 亿张，年产值 2.5 亿元，创汇 1000 多万美元，成为全国最大的紫菜生产、加工、出口基地。"九五"期间，连云港市滩涂开发管理走上农、林、牧、渔、盐综合开发，鱼、虾、蟹、贝、藻、苗全面发展的快车道。1999 年全市 130 万亩潮上带滩涂已开发利用122 万亩，其中耕地 24 万亩，播种面积 36.4 万亩，粮食面积和经济作物面积之比为 3：1。林业和牧业 2 万亩，盐田 53 万亩，海水养殖7.3 万亩，淡水养殖 8.7 万亩，其余为工业、集镇和道路用地。潮间带滩涂已养殖紫菜 3.38 万亩，护养和围养贝类 9.93 万亩，年产贝类10 万吨，护养沙蚕 2 千亩。同时，海水养殖向浅海发展，养殖海带和裙带菜 1 万多亩，网箱养鱼 2000 多箱，扇贝、牡蛎吊养已取得成功并在积极推广之中。

连云港市还十分注重滩涂养殖业配套服务体系建设，初步形成"育苗—饲料—养殖—加工—贸易"一条龙的格局。全市现有对虾育苗场 36 个，鱼种育苗场 8 个，紫菜育苗场 30 个，河蟹育苗场 174

个。育苗水体28万立方米，年产河蟹、对虾等苗种7万公斤，年收入超过6亿元，沿海滩涂有河蟹苗暂养大棚5006个，成为全省最大的水产苗种繁育基地。全市共有饲料（饵料）厂100多家，其中大中型饲料加工企业20多家；冷库及冷冻加工厂50多家，冷冻冷藏能力1亿吨；紫菜加工厂25家，紫菜加工机86台（包括2次加工）。沿海水产品集贸市场30多个，其中初具规模的有远大、燕尾、墟沟、鑫鑫、海头五大海产品批发交易市场，水产养殖产供销服务体系已基本形成。

此外，连云港市有着丰富多彩的海岸和滩涂旅游资源，是江苏省三大旅游区之一，是海上观光旅游的绝佳去处。

2. 盐城

盐城市位于江苏沿海中部，辖有9个县（市、区），拥有丰富的滩涂资源，主要分布在东台、大丰、射阳、滨海、响水等5个县（市）。滩涂总面积45.53万公顷，占全省总面积的70%，占全国总面积的14%。其中潮上带1677平方千米、潮间带1610平方千米，分别占全省的75%、64.6%、60.8%。隶属于东台、大丰、射阳、滨海、响水等县（市）的沿海滩涂，近期可供开发利用的面积达1300平方千米。标准海岸线长583千米，占江苏海岸线长度的61%，深水岸线70千米。海域面积1.89万平方千米，其中内水面积1.21万平方千米，沿海海域是中国唯一无赤潮的内海水域。盐城是典型的粉砂质海岸平原，海滩以平均每年0.33万公顷的速度持续增长，这将成为盐城乃至江苏最大的储备土地资源。

盐城沿海滩涂主要是由600多年前黄河夺淮入海时带来的大量泥沙，太平洋前进潮及渤海旋转潮在东台附近汇合，在其共同作用下形成了浅滩和辐射沙洲。在目前所拥有的45.53万公顷滩涂中包括潮上带16.8万公顷，潮间带15.4万公顷，辐射沙洲13.33万公顷，近海海域1.8万公顷。射阳河口以南为堆积性粉沙淤泥质海岸，滩阔坡缓，宽约 10～15 千米，在沙洲并陆段可达 30 千米。岸外有面积巨大的辐射状沙脊群，由于辐射沙脊的掩护，使本段海岸处于风浪较小的淤积环境，成为江苏海岸淤积作用最大、潮间带浅滩最宽的地带。辐射沙洲区为多种鱼虾类产卵场和幼鱼育肥场，是盐城市重要的海水养殖区域。北部沿海多为侵蚀性海岸，经多年的人工修筑海堤，形成了坡度较陡的浅滩地貌，滩面较窄，风浪相对大些，近海营养盐丰富、水质肥沃，适宜蛏、蚶、虾蟹类养殖，也适宜条斑紫菜养殖。现阶段，盐城市潮上带 90% 的滩涂已围垦，随着滩涂的不断淤长，滩涂面积不断增长，东沙等辐射沙洲也将成为重要的后备土地资源。

目前，盐城市潮上带围垦地域主要分布在射阳、大丰、东台等地。滩涂围垦是盐城市改造利用滩涂的主要途径，其中 80% 围垦的滩涂资源已开发利用，以农业利用为主，辅以工业、盐业、旅游业等其他形式的综合性利用方式；另外，种植业和海水养殖是滩涂利用的传统的主要方式，合计利用面积占据现在已围潮上带面积的 42.8%。如表 3–1 所示盐城现阶段潮上带面积有 16.8 万公顷，现已围潮上带面积 13.73 万公顷，未围潮上带面积 1.45 万公顷；另外，大丰有 1.6 万公顷的滩涂是属于上海的 2 个农场，剩余的用于包括道路、河流、居住区和加工厂等基础设施建设。响水和滨海的主要利用方式是种植业、养殖与盐业，射阳的利用方式包括种植业、养殖、盐业、林业与芦苇种植，大丰与东台则主要是种植业、养殖与林业。各地之间的主要利用方式是不同的，并且利用方式的所占比例也是不同的，这是由盐城沿海滩涂从南到北的滩涂土质资源决定的。

表 3–1　　　　　　　　盐城潮上带滩涂主要土地利用方式

滩涂类型	开发类型	响水	滨海	射阳	大丰	东台	合计
已围	种植业	0.17	0.05	0.78	0.78	0.18	1.96
	养殖	0.26	0.23	1.14	1.37	0.94	3.94
	盐业	1.71	0.83	0.83	0	0	3.37

续表

滩涂类型	开发类型	响水	滨海	射阳	大丰	东台	合计
已围	林业	0	0	0.30	0.53	0.60	1.43
	芦苇	0	0	0.61	0	0	0.61
	其他用地	0.21	0.29	0.82	0.92	0.18	2.42
未围		0.16	0	0.59	0	0.70	1.45
总计		2.50	1.40	5.07	3.60	2.60	15.17

注：其他用地包括道路、自然河流、居住地、加工场等。
资料来源：盐城市"十二五"沿海滩涂围垦及开发利用规划。

3. 南通

南通滨江临海，沿海滩涂资源丰富根据 2008 年江苏省近海海洋综合调查评估（国家"908 专项"江苏部分）最新资料，南通市拥有 8701 平方千米海域面积，海岸线长 210.4 千米，沿海滩涂面积 307.25 万亩，其中潮上带滩涂 5.95 万亩，潮间带 201.3 万亩，辐射沙洲 100 万亩。其中全市淤涨型滩涂岸段 176 千米，约占海岸线总长的 84%，每年向外延伸淤涨 100~200 米，每年可新增滩涂面积近万亩。

南通市滩涂围垦大致经历了三个阶段：第一阶段是 1950~1994 年，滩涂开发主要是发展农牧渔业和盐业生产；第二阶段是 1995~2008 年，南通大力实施"海上南通"建设，沿海产业多元化，海水养殖、海洋食品等产业有了突破；第三阶段是 2009 年至今，沿海开发上升为国家战略，沿海港口建设日新月异，沿海进入了新的发展阶段。史料显示南通市有近一半的土地是经过围垦滩涂形成的，新中国成立以来全市先后围垦言滩涂 85.01 万亩；"十一五"期间共围垦 29.26 万亩，主要用于港口、城镇、能源、临港产业、高效设施渔业等；"十二五"期间预计围垦滩涂 90.9 万亩，主要用于园区式综合开发、现代农业基地、新能源基地、生态休闲旅游区和滨海新城镇建设，如表 3-2 所示。

表 3 - 2 南通市沿海滩涂围垦总体布局方案

岸段（沙洲）	面积/万亩	用　　　途
南通与盐城海域行政界线"安台线"—新北凌河口	3.06	现代农业综合开发、生态休闲旅游，建设用地3.06万亩
新北凌河口—小洋口	8.73	生态休闲旅游，生态用地3万亩、建设用地5.73万亩
小洋口—掘苴口	12.5	现代农业、临港产业综合开发区，生态用地9万亩、建设用地3.5万亩
掘苴口—东凌港口	24.81	生态休闲旅游、临港产业综合开发区，农业用地2万亩、生态用地2万亩、建设用地20.81万亩
腰沙—冷家沙	20.4	临港产业综合开发区，农业用地2.5万亩、建设用地17.9万亩
遥望港口—塘芦港口	16	建设用地16万亩
塘芦港口—协兴港口	0.6	临港产业综合开发区，建设用地0.6万亩
协兴港口—圆陀角	4.8	现代农业综合开发，农业用地1.2万亩、生态用地1.7万亩、建设用地1.9万亩

资料来源：南通市"十二五"沿海滩涂围垦及开发利用规划，2012年4月17日。

同时，依托得天独厚的滩涂资源优势，组织较大规模的滩涂围垦开发，不仅新增了耕地，确保南通市连续10多年实现了耕地占补动态平衡，而且为沿海工业的发展提供了大量的土地资源，减少了对耕地的占用，缓解了人多地少的矛盾。南通市充分利用滩涂围垦，进一步调整优化沿海地区空间布局，有序扩大城镇建设和产业发展空间，适当增加农业生产空间和生态空间。按照国家规划的总体要求，合理分配围区农业、生态、建设用地，促进滩涂围垦实施综合开发，实现农业、工业、城镇建设、生态环境保护的融合发展。第一，农业用地主要发展现代农业种植业、耐盐特种作物种植、高效水产养殖业、水产品精加工等，实施规模化种植、工厂化养殖，提高农业的规模效益。第二，生态用地主要用于沿海防护林、护岸林草、河流、湖泊（水库）、人工湿地以及生态旅游等。第三，建设用地原则上布局与沿海开发格局的重要节点，主要发展港口建设、临港产业、仓储物流业、先进制造业、城镇建设以及围区内的基础设施建设。

南通市海涂围垦利用围绕港口建设、特色产业发展，把围区建成新型港口工业区、现代农业基地、新能源基地、生态休闲旅游区和宜居的滨海新城区，从而形成以现代农业为基础、先进制造业为主体、生产性服务业为支撑的产业协调发展格局。

（三）浙江滩涂及近岸海域分布

浙江省是中国海岸线最长的省份，海域面积 26 万平方千米，其中 200 米水深大陆架渔场面积 20 多万平方千米；海岸线总长 6690 千米，其中大陆岸线 1889 千米，岛屿岸线 4807 千米，居全国首位；大小岛屿 2878 个，是全国岛屿最多的省份。在常规工程条件下，浙江沿海共有可建万吨以上泊位岸线为 253 千米，其中可建 10 万吨级以上泊位的岸线资源为 105.8 千米，各处的深水岸线均有深水航道与外海相连。深水岸线资源主要集中在杭州湾北岸、宁波—舟山海域、温台沿海，其中北仑—金塘海域是我国东南沿海建设大型深水港的最优良港址。浙江港口岸线资源北、中、南均有分布，具备建设区组合港的条件，可在浙江沿海形成综合性、多功能的现代化港口群体，目前浙江省待开发的深水港口资源主要分布在海岛地区。

浙江省现有理论深度基准面以上海涂资源约 2400 平方千米，主要为淤涨型滩涂，重点分布于杭州湾南岸、三门湾口附近、椒江口外两侧和瓯江口至琵琶门之间，具有多宜性的特点，是重要的土地后备资源。浙江省沿海、沿江自新中国成立以来截至 2004 年底共围垦滩涂面积 282 万亩，其中嘉兴市 9 万亩，杭州市 65 万亩，绍兴市 41 万亩，宁波市 74 万亩，台州市 54 万亩，温州市 19 万亩，舟山市 20 万亩。全省理论深度基准面以上的滩涂资源面积为 391 万亩。理论深度

基准面与 2 米深度基准面之间的资源为 199 万亩；2 米深度基准面与
5 米深度基准面之间的资源为 355 万亩。

根据浙江省滩涂资源调查和评价，2005~2020 年，将有 391 万
亩滩涂资源适宜于围垦造地的近 260 万亩划定为围垦造地资源，在
2001 年规划减少 10 余万亩。在充分分析浙江省土地和滩涂资源自
然禀赋及土地供需状况，适度加大滩涂开发力度，缓解日益凸显的
土地供需紧张矛盾，在现有施工面积的基础上，2015 年实现平均每年
计划新开工建设面积 10 万~12 万亩，计划平均每年完成 8 万~10
万亩。

表 3-3　　　　　　　　浙江省滩涂资源

时　　　期	资源面积/万公顷				数据来源
	滩涂(岸线~0.0m 等深线)	其中海涂	其中江涂	沿海潜涂(0.0~5.0m 等深线)	
全省土壤普查（1958~1960 年）	29.12	20.17	8.95		各地调查统计，江涂为 1958 年测图量算考察报告提出
省滩涂考察（1977~1978 年）	26.67				
全国海岸带和海涂资源综合调查（1980~1985 年）	28.86	24.44	4.42	30.30	地形图量算
滩涂规划调查（1997~1999 年）	25.88	23.94	1.95		统计＋地形图量算
全国近海海岸综合调查与评价（2004~2009 年）	26.04	18.87	7.17	28.18	卫片＋实测地形图
全国水利普查（2010~2012 年）	22.84	16.4	6.44	27.32	实测地形图

1. 嘉兴

嘉兴市境陆域 3915 平方千米，市境海域 4650 平方千米。全省论
嘉兴市，它具有得天独厚的海岛、港口、渔业、旅游、滩涂等资源优

势。嘉兴市海域面积约占全省的 0.6%，滩涂面积近 400 万亩、约占全省的 6.4%；面积 500 平方米以上的海岛数嘉兴市约占全省的 1%。与温台两市相比，嘉兴海洋经济总量相对偏小。嘉兴港岸线东起浙、沪接壤的平湖金丝娘桥，西至海盐长山闸，自然岸线长约 74.1 千米，可供建设生产性码头岸线约 26.5 千米（其中深水岸线约 23 千米、非深水岸线约 3.5 千米），已建码头泊位共使用岸线 3.948 千米（其中深水岸线 3.415 千米、非深水岸线 0.533 千米）。

嘉兴市沿海可利用滩涂资源较小，但是沿海滩涂围垦造地一直是缓解嘉兴市用地矛盾的重要途径之一。1997 年，海宁尖山围涂项目一期工程启动，拉开了嘉兴向大海滩涂要地的序幕。此后，平湖启动了白沙湾 1.07 万亩的围涂造地项目，海盐启动了黄沙坞 2.25 万亩的围涂造地项目，至今已完成围垦面积 16.3 万亩。为解决滩涂围垦与钱塘江口淤涨的动态平衡、与周边城市防洪防潮、与海洋水产资源开发和海洋环境保护等问题。秉持"治江结合围涂、围涂服从治江"的总体原则在滩涂资源的规划建设、开发利用及保护管理方面迈出了坚实的步伐。全市规划的滩涂预计可垦围面积 3.7 万亩。因此，如何不断提升嘉兴海洋资源的集约化利用水平任务依然艰巨。

2. 杭州

自萧山 1966 年开展大规模围垦以来，杭州市萧山共围滩涂 50 多万亩，约占萧山总面积的 25%。杭州市"十三五"规划显示，将对钱塘江河口、湘湖、西溪、南北湖、三白潭等大面积湿地采取保护措施。未来 5 年，将规划建设大江东沿海湿地公园、富阳区富春江湿地公园、运河湿地公园、萧山区湘湖湿地公园、余杭区三白潭湿地公园等。

大江东沿海湿地公园位于杭州湾入海口钱塘江南岸，岸线长达 20 多千米，湿地规划面积达 50 平方千米，是杭州最大的沿江滩涂湿地。富春江国家湿地公园，主要指富阳境内富春江沿岸的所有湿地，面积超过 50 平方千米。三白潭湿地公园位于现仁和镇，总面积达 1800 多亩，内有余杭区最大的淡水湖泊——三白潭。

3. 绍兴

绍兴市陆域面积 8031 平方千米，河流海域面积 225 平方千米，其中绍兴平原北部海域面积 43.3 平方千米，上虞平原北部海域面积 181.7 平方千米，海岸线长 40 千米，绍兴通过滩涂围垦新增用地 300 多平方千米。

自 1968 年冬天的首围，到 1991 年开始大规模应用机械化施工技术围田，靠"人海战术"持续了 23 年。到 2008 年，共计开发出了 40 余万亩土地，为绍兴大城市北进和工业发展积蓄的巨大后备资源。嘉绍跨江通道的建设，缩短了绍兴与上海的距离，使绍兴曹娥江下游总面积约 300 平方千米的土地，成为建设现代大工业的理想之地。2010 年 2 月 5 日绍兴市作出开发建设绍兴滨海新城的决定，将袍江新区、绍兴县滨海工业区、杭州湾上虞工业园区几个产业基础较好的滨海空间纳为一体，为绍兴产业发展构筑了一个"大平台"，标志着绍兴从"镜湖时代"走向了"杭州湾时代"。

4. 宁波

宁波市海域总面积为 8232.9 平方千米，岸线总长为 1594.4 千米，约占全省海岸线的 24%。全市共有大小岛屿 614 个，面积 262.9 平方千米。宁波市海岸线总长为 1562 千米，占浙江省的 1/3，其中，大陆海岸线总长 872 千米、岛屿岸线总长 759 千米。《宁波—舟山港总体规划》显示宁波规划港口岸线总长 170 千米，其中港口深水岸线 139.1 千米，占规划的 81.8%。宁波市潮间带土地资源较为丰富，浙江省围垦局和省地理信息中心 2005 年开展的滩涂资源调查显示全市理论深度基准面以上的滩涂资源面积为 872 平方千米，理论深度基准面与 2 米深度基准面之间的资源面积为 2.667 万公顷、2 米深度基准面与 5 米深度基准面之间的资源面积为 6.533 万公顷。全市各县（市、区）中，慈溪市的滩涂资源 3.60 万公顷，占全市资源总量的 41.3%；其次是象山县滩涂资源面积为 2.02 万公顷，占全市资源总量的 23.15%；第三名是宁海县，滩涂资源面积为 1.793 万公顷，占全市资源总量的 20.57%。由于地形、地貌、地质、土壤及海洋动力条件的差异性，各地的滩涂资源分布并不平衡，杭州湾南岸的滩涂资源最为丰富，有 3.637 万公顷，占全市滩涂资源总量的 41.7%；其次是三门湾，滩涂资源面积为 2.021 万公顷，占全市资源总量的 23.2%；第三名是象山港，滩涂资源面积为 1.573 万公顷，占全市资源总量的 18%。

由于宁波市滩涂资源十分丰富、分布宽广，围涂造地和从事水产养殖的开发条件优越，既可开展传统的农、盐、渔业，也可用于各类建设，是宁波市建设滨海工业区的重要土地后备资源，但滩涂资源空间分布却不均匀，宁波南北两头可开发利用的滩涂资源相对比较丰富，而中部地区偏少。根据海洋功能区划分，沿海主要开发利用的方向有：滨海工业、港口交通、围垦造地、水产养殖、盐业、旅游开发、自然保护区等。根据各地区域经济的发展实际和该市经济社会发展的总体构思，结合海洋功能区划、江河整治规划和土地利用总体规划对全市各滩涂地块围垦利用方向建议如表 3-4 所示。

表 3-4   宁波市滩涂资源各地块开发利用方向及主导功能

编号	岸段名称/位置	岸段状态	面积/万 hm²	主导功能
1	上虞交界—西三闸	淤涨型为主	0.451	农业、围塘养殖、建设用地
2	西三闸—甬江口北	淤涨型为主	3.637	农业、工业、湿地保护
3	甬江口南—北仑崎头角	稳定性为主	0.088	工业、港口用地
4	北仑崎头角—象山钱仓	稳定性为主	1.701	水产自然养殖、港口开发
5	象山钱仓—石浦平岩	稳定性为主	0.821	养殖、盐业、工业
6	石浦平岩—三门交界	缓慢淤涨型	2.021	农业与海水养殖相结合

资料来源：宁波市水利水电规划设计研究院规划室. 宁波市围垦造地规划 2010~2020 年。

根据对全市滩涂资源的评价结果，将各地主导功能为围垦开发的全部或部分滩涂资源划定为围垦造地滩涂资源。统计显示，全市适宜围垦造地的滩涂资源为 5.70 万公顷，适宜于航运、湿地生态保护、自然养殖等生态围涂的资源约 3.02 万公顷。

5. 舟山

舟山市位于长江口南端，杭州湾外缘的东海海域中，陆域面积少、海域面积大，区域总面积 2.22 万平方千米，其中海域面积 2.08 万平方千米，辖区内海岛众多，岸线曲折漫长，海域辽阔，海洋资源相当丰富。据调查统计全岛域可利用岸线总长 2444 千米，其中水深大于 15 米的深水岸线 200.7 千米，水深大于 20 米以上的深水岸线 103.7 千米。舟山市现有 −2.5 米（黄海高程基准面，下同）以上的海涂资源共有 22747 公顷，相当于陆域面积的 18.1%，其中等深线 −2.5 ~ −1.5 米的面积有 5304 公顷，−1.5 ~ 0 米的面积有 5243 公顷，0 米以上的面积有 12200 公顷。舟山海岛滩涂以淤泥质滩涂为主，主要分布在舟山海域西南部的一些陆域面积较大的海岛近岸，其中舟山本岛、普陀岛、岱山岛以及秀山岛的滩涂面积占全市滩涂总面积的 80% 以上。

舟山群岛滩涂的大规模围垦利用始于新中国成立后，通过围垦造地为舟山市增加人均用地，使 64 个小岛（礁）与大岛相连，扩大了海岛陆域面积。滩涂围垦为农业耕地、盐业生产基地、渔业养殖基地、城镇居民住宅建设用地以及机场、电力、港口和公路等公共设施提供用地等多种土地利用方式提供了宝贵的发展空间。另外，通过人工促淤，还有大批的滩涂可以围垦。滩涂资源的围垦开发有力地推动了舟山市海岛经济的可持续发展，为舟山市机场建设，港口发展，加快城市化进程，建设经济开发区和工业园区，促进渔业、农业产业结构调整和优质高效外贸渔业、农业基地建设作出巨大贡献。

舟山海岛滩涂地势稳定、风浪小、有一定的水体交换能力，底质适合集中养殖海水产品的区域；滩涂养殖的具体区域需随滩涂的动态变化作适时调整，有些滩涂养殖区已规划为围海造地区，在实施围海造地前，可列为临时滩涂养殖区，造地时转为造地区。舟山市共有滩涂养殖区24个，总面积2195公顷。其中定海5个，主要分布在舟山岛的西北部，面积323公顷；普陀区7个，主要分布在六横岛、佛渡岛和朱家尖岛附近海域，面积557公顷；岱山县12个，分布在岱山岛、大鱼山岛、衢山岛以及秀山岛等岛屿附近海域，面积1315公顷。

此外，舟山海岛滩涂条件相对较好，夏秋季节高温、少雨、日照充分，冬春季节风速较大，一年四季均可晒盐，且海水盐度相对较高、蒸发量相对较大，适宜盐业生产，是浙江省最适宜的盐业生产基地和重要产盐区。

6. 台州

台州市陆地总面积9411平方千米，海域面积8万平方千米，居山面海、平原丘陵相间，形成"七山一水二分田"的格局。台州东部沿海海岸线长达651千米。最大岛屿玉环岛与大陆相连，大陆架海域面积8万平方千米。《台州市滩涂围垦总体规划（2006～2020年）》显示全市大陆海岸线长630.87千米，理论可围垦滩涂资源面积为88.35万亩，规划围垦造地滩涂面积为69.74万亩，潜力很大。晏站涂围涂1.91万亩，已成为三门县新城区用地；东海塘围涂5.46万亩，已成为温岭市工业开发区用地，其风力场能为华东地区输送电量4万千瓦；玉环漩门三期围涂6.79万亩，作为玉环南片中心城区；三山北涂围涂2.08万亩，作为台州滨海新城工业区块后备土地。

1973～2011年，台州滩涂资源变化表现出不同的特点。第一，1973～1981年滩涂围垦土地利用主要用于农业耕种和养殖；1983～1990年滩涂开发利用强度小，滩涂围垦的转化率低，土地利用类型转化主要为耕地和围垦用地；1990～2001年浙江省出现滩涂开发利用的热潮，滩涂开发利用强度提高，土地利用转化类型多，滩涂围垦主要转化为养殖场和耕地，居住用地和港口码头用地都有较大幅度的提高，围垦用地继续持有一定面积；2003～2011 年，围垦用地面积突增，土地利用转化率突升，说明台州正在大力进行滩涂围垦，开发利用滩涂资源。第二，光滩是滩涂围垦的重要对象，在 1983～1990 年光滩围垦开发利用率约为 14%，开发强度不高，在 1990～2001 年约 1/3 的光滩主要发展养殖业、农业和建筑工业等，在 2003～2011 年光滩处于被围垦开发利用高涨期，大量的光滩被围垦形成了围垦用地，还有部分被围垦开发用于发展养殖业和农业等。

7. 温州

全市陆域面积 11784 平方千米，海域面积约 11000 平方千米，海岸线长 355 千米，有洞头、北麂、南麂、乐清湾等渔场，海水鱼有带鱼、黄鱼、鳗鱼、鲳鱼、鲈鱼等 370 多种，还有近百万亩的浅海滩涂，养殖着蛏、蚶、蛎、虾、蟹等海洋生物。温州市理论深度基准面以上的滩涂资源面积为 97.19 万亩，其中海涂资源 95.42 万亩，理论深度基准面与 2 米深度基准面之间的海涂资源为 51.25 万亩；2 米深度基准面与 5 米深度基准面之间的海涂资源为 80.68 万亩。《温州市滩涂围垦总体规划（2006～2020 年）》显示温州市理论基准面以上适宜于造地的规划滩涂区面积约为 67.2 万亩，其中海涂资源面积 66.83 万亩。按行政区统计，沿海、沿江 8 个县（市、区）分别是：乐清市 7.03 万亩、永嘉县 0.19 万亩、鹿城区 0.08 万亩、龙湾区 17.71 万亩、瑞安市 11.33 万亩、平阳县 9.58 万亩、苍南县 9.45 万亩、洞头县 11.83 万亩。温州市的滩涂资源居全省第二，占全省滩涂资源总量的 24.43%。

从温州市滩涂资源开发利用的历史和现实看，主要存在滩涂养殖、滩涂晒盐、围涂造地、滨海旅游等方式。第一，滩涂人工养殖始于 20 世纪 50 年代中期，主要养殖品种有贝类和虾类。1957 年乐清湾等地开始尝试滩涂养殖。为发展滩涂渔业，温州市委于 1961 年把沿海滩涂分段分片划归就近的农业和渔业生产队管养；同时划分精养区、管养区、开放区三种类型。第二，温州地区利用滩涂晒制海盐的历史久远，其制盐业在明清时期已经由煮盐发展到晒盐，从事较大规模的盐业生产。温州市是浙江三大海盐产区之一，海盐年平均产量50万吨，占全省总产量的15%。盐田分布于温州3个区市县230多千米长的海岸线上，总面积15万公顷，占浙江盐田总面积的12.268%，其中盐田生产面积0.28万公顷。现有乐清湾、盐盘山和沿浦镇3大国营盐场，占地面积0.31万公顷，另有乡镇盐场11个。有宜盐滩涂12万公顷，主要分布在苍南、平阳，沿岸滩涂则主要分布在青堆子湾附近。苍南的制盐企业发展较快，在温州市盐业中占一定地位。据统计，盐田面积4000公顷，生产能力已达近17万吨，仅沿浦镇盐场盐田面积3200公顷，生产能力可达14万吨。第三，数千年来，温州沿海平原由陆岸前沿滩涂不断自然淤涨拓展和人工围垦造地，逐步形成现在的四片滨海平原。目前温州市沿海有8个县（市、区），围垦造地资源面积分别是乐清市7.03万亩，永嘉县0.19万亩，鹿城区0.08万亩，龙湾区17.71万亩，瑞安市11.33万亩，平阳县9.58万亩，苍南县9.45万亩，洞头县12.31万亩。

温州市沿海围垦以乐清市沿海和龙湾区围垦面积最大，其中乐清市围垦面积为38.80平方千米、龙湾为围垦面积为30.20平方千米，分别占全市围垦面积的33.1%、25.7%。围涂工程对于提高沿海防洪排涝能力、开发农林牧副渔多种经营、建设经济开发区、拓展新的社会经济发展空间都发挥了重要作用。

（四）长三角沿海城市海涂与近海海域的分布、利用态势

对比长三角沿海城市海涂、近岸海域分布与利用得表3-5，可知：

第一，上海市海岸几乎全部建有海堤，为人工海岸。上海城市发展迅速，而土地资源不足，滩涂圈围是补充土地资源的唯一途径。由

于需要土地迫切，20 世纪 90 年代中期，开始实施大范围促淤工程，汇人工半岛、浦东国际机场以及大治河两侧长丁坝、长顺坝促淤南汇东滩造陆 130 平方千米，岸线外推 2~6 千米。崇明、长兴、九段沙与南汇东滩，分别引进互花米草促淤。20 世纪 90 年代于崇明东滩和九段沙分别建立自然保护区，如表 3-6 所示。上海利用圈围滩涂建立了航空港、深水港、航运中心、现代农业生态园区、一大批农场垦区、工厂企业、市政设施和自然保护区，为上海市区化工老企业提供搬迁用地及现代化新企业提供建设用地、为港口和造船提供发展用地，合理利用滩涂湿地资源所产生的社会效益、经济效益和生态效益十分明显。

表 3-5　　　　　　　　　江浙沪两省一市海域滩涂分布

省市名称	海域面积/ 万平方千米	岸线长度/ 千米	滩涂面积/万公顷	
			海岸线—0 米线以上	海岸线—5 米线等深以上
上海	1	594	6.73	24.33
江苏	3.75	954	37.45	76.03
浙江	26	6690	22.84	27.32

资料来源：各省市《滩涂资源开发利用规划》。

表 3-6　　　　　　　　　　上海市滩涂资源分布

高程	长江口三岛/ 平方千米			长江口江心沙/ 平方千米		大陆边滩/ 平方千米			合计
	崇明 北滩	崇明 东滩	横沙 浅滩	长兴 边滩	扁担沙	九段沙	南汇 边滩	杭州湾 北沿	
0 米	120	93	60	67	40	113	133	40	667
-5 米	267	500	420	107	133	320	520	67	2333

资料来源：《上海市滩涂资源开发利用规划》。

第二，江苏沿海滩涂如表 3-7 所示开发自新中国成立以来的开荒种粮植棉到近年来的大面积围海造地，先后经历了兴灶煮盐、垦荒植棉、围海养殖、以港兴工等不同阶段，开发活动逐步由传统单一的开发模式向多科技、多层次开发模式转化，沿海滩涂资源的开发利用在不同阶段呈现不同的特点。江苏沿海滩涂主要开发模式有滩涂海水养殖、农作物种植、盐业和海洋化工开发、港口物流运输和临港工业建设、滨海旅游、海洋能利用等，其中滩涂农业、渔业、旅游、港口物流和盐业开发是江苏省沿海滩涂资源的主要开发模式。但滩涂开发方向比较单一、规模小；沿海滩涂资源综合开发效率较低；环境保护力度不够，生态环境及生物多样性受到威胁；政府对滩涂开发的调控力度不够，滩涂资源管理权属紊乱；滩涂开发科技拉动不足。虽然目前滩涂开发利用以养殖为主，但是滩涂养殖分散、经营层次低，集约化程度不高，主要靠产业外延的扩张，已开发利用的滩涂中，大多为中低产田、低标准鱼虾池和低产盐田，滩涂开发中的产品加工仍处于起步阶段，以生产原料及初级产品为主。

表 3-7　　　　　　　　　江苏省沿海滩涂面积及其分布

沿海地级市	县	面积/万公顷
连云港	赣榆	0.996
	连云港市区	0.821
	灌云	0.313
盐城	响水	1.004
	滨海	0.870
	射阳	2.273
	大丰	4.225
	东台	5.000
南通	海安	0.448
	如东	7.313
	通州	2.773
	海门	0.341
	启东	3.033
辐射状沙脊群理论最低潮面以上面积		20.175

资料来源：江苏省海洋功能区划报告（2005～2010 年）。

第三，浙江省濒临东海，海域辽阔，港湾和岛屿众多，海岸线曲折漫长。浙江省通过治江围垦、堵港蓄淡围垦、中高滩围垦等多种围垦形式在围垦的土地上建设成为杭州萧山机场、温州机场、舟山机场、秦山核电厂、镇海炼化厂、北仑电厂、台州电厂、嘉兴电厂、杭甬高速公路等许多关系到浙江经济发展战略的重点基础设施。其中，以海洋旅游业、海洋功能食品和海洋药物工业、海洋养殖业等由于市场需求大、比较效益高，成为很有前途的经济增长点。除渔业资源开发外，海洋旅游业（见表3－8），作为浙江滩涂、浅海资源经济利用的重要组成部分发挥了重要的作用。不过，目前浙江的新兴海洋产业在海洋产业中所占的比重是非常小的，还没有形成产业的规模效应，对浙江海洋经济还不具备大的拉动作用。

表3－8　　　浙江海洋旅游资源空间分布旅游地系统布局

海洋旅游发展区名称	主要依托城镇	内外主要连接路径和通道	旅游资源单体总数	优良级/特品级资源单体数	重要旅游资源集合区
甬舟海洋旅游发展区	宁波、舟山、嵊泗、岱山、石浦、宁海	内：舟山大陆连岛工程、海上航线；外：东海大桥、甬台温沿海大通道、宁波机场、舟山机场	2925	609/44	普陀山、嵊泗列岛、桃花岛、岱山岛、朱家尖等
温台海洋旅游发展区	温州市、洞头、平阳、椒江、温岭石塘、临海、三门、玉环	内：温州洞头半岛工程；外：甬台沿海大通道、温州机场、路桥机场	3390	631/27	洞头列岛、一江山岛、蛇盘岛、大陈岛、大鹿岛、南麂列岛等
杭州湾海洋旅游发展区	杭州市、嘉兴市、绍兴市、海宁、海盐、平湖	内：杭州湾大桥、杭州湾大通道；外：沪杭甬高速—甬台温沿海大通道、杭州萧山国际机场	1509	295/21	钱江观潮城、平湖九龙山海滨、海宁盐官镇、杭州湾大桥等

资料来源：浙江省旅游资源普查。

三、长三角海岸海域环境管理合作现状

（一）长三角海岸海域管理合作的国家背景

目前，中国的沿海海涂（环境）管理权限分散在多个管理部门，是典型的分散管理体制。水利部政府网站的职责内容显示其职责之一就是负责"海岸海涂的治理和开发"，这表明中央将沿海海涂的管理权限授予了水利管理部门。基于中央政府的这种职能安排，地方沿海政府海涂管理机构大部分设立在水利管理部门。另外，国务院又将海涂湿地的管理职能赋予了林业管理部门。中国加入了湿地公约后，国务院在国家林业局设立了湿地保护管理中心（又称"国际湿地公约履约办公室"，简称湿地办），全面负责湿地的管理与保护①。沿海海涂湿地作为湿地的重要组成部分，也被纳入国家林业局的管理职能之内。实际上，沿海海涂的职能管理不仅涉及水利管理部门和林业管理部门，至少还有4个相关职能管理部门也有所涉及。中国沿海海涂管理体制中的职能管理主体可以分为两大类：一是海涂自然资源管理主体，二是海涂生态环境保护主体，如图3-1所示。但是，实际上沿海管理主体并没有严格分割，很多管理主体的管理职能同时涉及这两方面，表明中国沿海海涂的环境管理体制与海涂开发体制是结合在一起的，难以有效区分两者的差异。

图3-1只是论述了职能部门对沿海海涂的管理，实际上中国沿海滩涂管理体制的复杂程度远不止如此。第一，就所有权性质而言，中国《宪法》第9条规定："矿藏、水流、森林、山岭、草原、荒

---

① 姜宏瑶，温亚利．我国湿地保护管理体制的主要问题及对策［J］．林业资源管理，2010（3）：1-5．

地、滩涂等自然资源，都属于国家所有，即全民所有"，这从根本法层面上确认了沿海滩涂资源归国家所有。实际上沿海滩涂的使用权和收益权分散于地方各级政府，而不是集中在中央。水利管理部门、土地管理部门等国务院组成部门与地方政府职能部门之间是一种业务指导与被指导的关系，而非领导与被领导的关系。地方政府中的水利管理部门、土地管理部门与各级地方政府之间是一种领导与被领导的关系。因此，当中央职能部门与地方政府之间存在政策的偏离时，地方政府职能部门更倾向于听取地方政府的政策，代表地方的利益。除了职能部门上下级的这种弱势关系外①。第二，中国并没有出台一部专门的滩涂管理或生态环境保护的法律和行政法规。目前中央的滩涂管理部门对沿海滩涂的环境管理法律依据主要来自两个方面：一是有关（海洋）环境保护的法律法规；二是有关（海洋）资源管理的法律法规，它们构成了中央职能部门进行沿海滩涂环境管理的主要法律依据（见表3－9）。

表3－9　　　　　　中国沿海滩涂环境管理的主要法律

沿海滩涂管理	法律法规	颁布时间
环境保护	海洋环境保护法 海洋石油勘探开发环境保护管理条例 防止船舶污染海域管理条例 海洋倾废管理条例 防止拆船污染环境管理条例 环境保护法 防治海岸工程建设项目污染损害海洋环境条例 防治陆源污染物污染损害海洋环境条例 中华人民共和国防治海岸工程建设项目污染损害海洋环境管理条例	1982（2013 年修订） 1983 1983（2014 年修订） 1985（2011 年修订） 1988（2014 年修订） 1989（2014 年修订） 1990（2007 年修订） 1990 1990（2007 年修订）

① 韩爽，张华兵. 盐城市沿海滩涂湿地生态服务价值研究［J］. 特区经济，2010（6）：44－45.

沿海滩涂管理	法律法规	颁布时间
环境保护	自然保护区条例	1994（2011 年修订）
	防治海洋工程建设项目污染损害海洋环境管理条例	2006
	上海市海洋工程建设项目环境保护设施验收管理办法	2016
	江苏省海洋环境保护条例	2007（2016 年修正）
	浙江省海洋环境保护条例	2016
	宁波市海洋生态环境治理修复若干规定	2016
资源管理	渔业法	1986（2013 年修订）
	矿业资源法	1986（1996 年修订）
	土地管理法	1986（2004 年修订）
	渔业法实施条例细则	1987
	野生动物保护法	1988（2016 年修订）
	水生野生动物保护实施条例	1993（2013 年修订）
	野生植物保护条例	1996（2013 年修订）
	湿地保护管理规定	2013
其他	海上交通安全法	1983
	航道管理条例	1987（2008 年修订）
	领海域毗邻区法	1992
	湿地公约	1992（加入）
	海域使用管理法	2001
	国内水路运输管理条例	2013

　　地方政府对沿海滩涂的管理，不仅依据上述法律法规，还依据地方人大或政府颁布的地方法规或地方规章。目前，大部分的地方政府都颁布了地方环境保护条例，有的沿海地方政府还颁布了地方海洋环境保护条例，如浙江省在 2004 年颁布了《浙江省海洋环境保护条例》。此外，11 个省级沿海地方政府中已经有 7 个地方政府颁布了专门的沿海滩涂管理法规或规章，构成了地方滩涂管理机构进行滩涂环境管理的主要法律依据，如表 3-10 所示。

表 3 - 10　　　　沿海 7 省市的有关沿海滩涂的地方法规或规章

地方政府	有关沿海滩涂管理的地方法规及规章	颁布主体	颁布时间
江苏省	江苏省海岸带管理条例	江苏省人大	1991（1997 年修订）
	江苏省滩涂开发利用管理办法	江苏省政府	1998
浙江省	浙江省滩涂围垦管理条例	浙江省人大	1996
上海市	上海市滩涂管理条例	上海市人大	1996
福建省	福建省浅海滩涂水产增养殖管理条例	福建省人大	2000
广东省	广东省河口滩涂管理条例	广东省人大	2001
天津市	天津市渔业管理条例	天津市人大	2004
山东省	山东省国有渔业养殖水域滩涂使用管理办法	山东省政府	2011

对比表 3 - 9 和表 3 - 10，可以发现中国沿海滩涂管理的法律依据存在以下两个问题：第一，在法律和行政法规层面，中国尚没有颁布一部专门的沿海滩涂管理法律。中央职能管理部门对沿海滩涂的环境管理主要依据（海洋）环境保护法律法规和（海洋）资源管理法律法规，以及其他一些相关法律。散见于不同法律规定的沿海滩涂环境管理，使得沿海滩涂管理机构的多元化成为现实的选择。第二，地方政府也并没有制定专门的滩涂生态环境保护法规或规章，其对沿海滩涂的管理条例或办法更多的是从资源管理的角度制定的。因此，地方滩涂管理机构的环境管理法律依据是滩涂管理条例，而非滩涂环境保护条例。法律依据对滩涂资源的过多关注，也使得地方滩涂管理机构更侧重于滩涂的资源管理与开发，而非生态环境保护。

（二）长三角海岸海涂管理合作缺乏协同的管理机构和有效的监管措施

滩涂围垦涉及水利、交通、海洋、渔业、环保、土地管理等多家职能部门，各部门之间各自为政，呈多头管理状况。有关部门仅从部门要求和利益出发，对滩涂利用的管理政策和措施存在较大差距，对滩涂圈围带来相关影响缺乏统筹考虑。因此，需要加强滩涂的部门综合协调，采取有效的、相对一致的监管措施，促进滩涂开发利用的可持续。

在长三角地方政府中，不少地方政府中设置了专门的海涂管理机构，以负责海涂的开发与管理。但是海涂环境管理与资源管理纠缠在一起，难以有效区分。长三角省级地方政府的海涂管理分为：一是水利部门负责海涂围垦与围垦规划，如浙江省沿海城市；二是农（林）部门负责海涂管理，如江苏省滨海城市；三是水利部门与海洋部门双重负责海涂管理体制，如上海市，如表3-11所示。

表3-11　　　　　　　长三角省市的海涂管理机构类别表

沿海地方政府	海涂管理的具体机构	隶属管理部门	主要负责部门类别
浙江省	围垦局	水利厅	水利管理部门系统
江苏省	滩涂资源管理处	农林厅	农业管理部门系统
上海市	滩涂海塘处	水务局（海洋局）	水利与海洋管理部门系统

目前，江苏海岸海域有两个执法主体——农业资源开发局和海洋局；上海市临海北线属长江河口，南线属杭州湾，由上海市水务局（海洋局）负责管理工作。浙江省由省水利厅设浙江省围垦局，负责全省滩涂资源的开发和管理工作，沿海各市（县、区）水利行政主管部门负责本行政区内的滩涂围垦工作。通过对长三角滨海城市海岸海域管理体制的梳理，发现长三角滨海城市海涂管理体制存在三个方面的症结。

1. 长三角滨海城市海涂管理体制是一种典型的分散管理体制

长三角滨海城市海涂的管理职能分散在水利部门、农（林）业部门、海洋部门等多个职能管理机构中，使得长三角滨海海涂管理存在职能交叉和重叠，从而造成长三角滨海海涂使用权、生态环境恶化的责任不清。多部门共管的分散管理体制造成"利益均沾而责任不清",分散管理所造成的责任不清,使得管理部门通过履行程序来规避自己的责任①。亦即,政府及其权力运作者可以通过遵循程序远离责任。这就是为何长三角滨海城市海涂管理主体都行使了职权、履行了合法程序而海涂生态环境还不断恶化的原因之一。这种依靠履行程序来逃避责任的方法其实质就是注重"入口管理",而淡化"过程管理"。

2. 长三角滨海城市海涂管理体制是一种"地方为主、中央为辅"的管理体制

存在"地方为主、中央为辅"的管理体制主因在于地方更关注于海涂的经济开发而忽视其环境保护,从而使得开发与保护的平衡经常被打破。尤其是当地方政府经济发展需要更多的土地时,将长三角海涂改造成耕地或者城市建设用地是地方政府非常普遍的做法。长三角个别滨海城市甚至通过人工促淤的方式加速海涂淤涨,从而保证城市扩建的需要。但是将海涂改造成耕地或城市建设用地,其对海涂生物多样性有着不小的损害。因此,海涂开发需要全面权衡,既立足当前,又着眼未来;既考虑经济,又关注生态。

3. 长三角滨海海涂管理体制是一种环境保护从属于经济开发的管理体制

地方政府将海涂单纯看成一种可以开发利用的资源,而非需要保护的环境。换言之,地方政府对长三角滨海海涂实行的是"资源管理",而非"生态管理"。注重政绩的长三角滨海城市政府,很难实现海涂生态环境保护与经济开发的平衡,往往将管理的天平倾向于海涂经济开发。而中央分散的管理体制也使得中央很难有一个强有力的

---

① 韩志明. 街头官僚的行动逻辑与责任控制 [J]. 公共管理学报, 2008, 5 (1): 41-50.

管理部门来约束地方政府的这种行为。

概括而言，长三角滨海海涂管理是"分散管理、资源管理和入口管理"，亟待通过变革实现滨海海涂管理的"综合管理、生态管理、过程管理"目标。

（三）长三角滨海城市海域管理合作现状

近年来，长三角城市政府间借鉴国际环境整治合作经验，搭建了环境保护重点领域的府际合作平台，在区域环境管理政策的制订和实施、水资源环境综合治理、大气污染控制、环境监测和联合执法等方面进行了共同探索与合作，取得了一定的成效。如2008年12月，上海市、江苏省、浙江省三地在苏州签订了《长江三角洲地区环境保护合作协议（2009~2010）》；2013年4月，《长三角城市环境保护合作（合肥）宣言》确定建立联防联治合作、区域联合执法、环境保护宣传教育合作、区域内重大环境事件通报等机制；2013年5月，上海市、江苏省、浙江省、安徽省环保部门签署了《长三角地区跨界环境污染事件应急联动工作方案》，通过建立跨界污染纠纷处置和应急联动工作机制共同打击环境违法和生态破坏行为。然而，长三角城市政府在海域环境整治合作存在如下问题：

1. 部分地方政府跨区域合作的意识不强

受海水流动性影响，部分滨海城市政府怕风险、怕负责，对辖区海向三废排放和近岸海域环境治理缺乏足够的投入与有效的监管，导致近岸海域的上下游间存在海洋环境治理的投入博弈、治理标准博弈和城市政府信用博弈，由此潜在加剧了滨海城市政府海域环境合作治理的地方意识。

2. 跨行政海域环境合作整治遭遇"囚徒困境"

长三角滨海城市近岸海域隶属于黄海和东海海域，健康的跨行政区海洋环境合作治理机制中没有明确跨行政区近岸海洋环境整治的财政保障途径、海洋监测站网监测口径与阈值等，需要滨海城市拿出钱来共同治理近岸海域，但如何筹措治理费用没有分配依据，也缺乏相关监测阈值导致近岸上下游无法问责。

3. 跨行政区近岸海域合作治理体制与法律支撑体系有待进一步完善

长三角地区已形成了多层次的区域环境合作框架，但是框架下没有具体的、统一组织协调部门，各地政府之间在处理具体跨区域环境污染问题时无法做到统筹指挥、有效治理。长三角地区现有环境合作整治仅停留在签订协议、制订方案的层面上，在国家法律框架下的具有法律效益的跨区域政策法规还有待完善健全。

四、长三角地区海洋渔业发展格局、合作现状及困境

（一）长三角海洋渔业发展格局

1. 上海市海洋渔业初步形成远洋捕捞主导、休闲渔业与海洋生物深加工为辅特征

（1）总体特征。

渔业一直是上海的传统产业，最初以海水养殖为主，1985 年政府提出"以养为主"的渔业发展方针，淡水养殖业有了较大的发展；1997 年上海重视远洋渔业，使上海渔业拓展到了深海，远洋捕捞业

有了长足的发展，同时带动了上海造船业等相关产业的发展。2014
年上海渔业产值达到 688648.4 万元，比 2013 增加 33606.5 万元。上
海市水产品总产量 330460 万吨，渔民人均纯收入达 22476.73 元，同
比增长 4.77%。

上海市渔业产业主要包括远洋捕捞、内陆捕捞、海洋养殖和淡水
养殖。目前，海洋渔业中海水产品占渔业产值的比重较低（20% 左
右），且以海洋捕捞为主。海洋捕捞和海水养殖容易受到海洋中生物
数量、出海捕捞次数、海上天气等因素的影响，产出量波动性较大，
产量易受影响。海岸养殖作为上海渔业的主要生产方式，其中滨海淡
水养殖为主（97% 以上），如表 3-12 所示。

表 3-12   上海市渔业产量状况

年份	水产品产量/吨	捕捞产量/吨	养殖产量/吨	淡水产品比重/%	捕捞产量比重/%	养殖产量比重/%
1994	270413	152497	117916	45.33	56.39	43.61
2000	288682	127560	161122	57.64	44.19	55.81
2005	353539	153151	200388	57.49	43.32	56.68
2014	330460	172992	157468	47.65	52.35	47.65

资料来源：《中国渔业统计年鉴（1994～2014 年）》。

2014 年上海渔业经济产值为 849755.1 万元，其中，养殖捕捞业
占 81.04%，渔业加工、渔业科技与物流等服务业分别占 17.47% 和
1.5%。上海渔业第一产业比重具有绝对优势，但是仍然以初级的捕
捞和养殖为主，第二、第三产业发展滞后。渔业产业的深加工和相关
的服务业等还有待进一步发展。上海海洋产业结构统计中，第一产业
包括海洋捕捞产量、远洋捕捞产量、海水养殖产量。上海渔业中，只
有海洋捕捞和海水养殖计入上海海洋产业的第一产业，淡水养殖和内
陆捕捞则均不计入。综上可知，上海渔业产值中，淡水养殖和内陆捕
捞对的贡献较大（达到 80%），而海洋远洋捕捞和海水养殖的贡献
较小。

（2）重要地区发展现状：海水养殖集中在崇明、奉贤、金山，加工企业集中在奉贤。

上海重点渔区包括崇明、奉贤、青浦、浦东新区（含原南汇）、金山、松江，而水产加工企业呈现：①上海水产加工业经历了三阶段：第一阶段为1949~1956年，第二阶段为1956~1980年，第三阶段为1990年以来。在1990年以前，水产加工企业主要是国有企业，规模较大。但1990年以后，传统国营水产加工企业由于经营体制等问题而逐渐消亡。自2003年以来，上海开始实施"加强管理、发展优势产业、加快水产品市场体系建设和大力发展水产品加工业"的政策，一批现代化的水产品加工企业开始出现，如上海汉德食品有限公司、上海唐龙海产食品有限公司等。"十五"以后，有冷库的水产品加工企业从2001年的12家发展到2014年的21家，水产品加工量从1560吨上升到22467吨、水产品加工产值从4840万元上升到142940.2万元。②从行业集中情况看，绝大多数加工能力集中在奉贤区，崇明、青浦、南汇等重点水产生产区的潜力尚未发挥。

2. 江苏海洋渔业现状：海洋水产加工为主、海水养殖次之，海洋捕捞较弱

（1）总体特征。

江苏海洋渔业紧跟国际渔业发展潮流，充分依托资源、经济和科技文化优势，大力实施海洋渔业结构调整，推进产业化经营，海洋渔业经济持续健康发展。2014年，全省海洋水产品总产量达到518.75万吨，实现海洋渔业总产值2580.15亿元，其中，海洋养殖部捕捞业占57.40%、渔业加工业、渔业科技与物流等服务业各占13.63%和28.97%，海洋渔业已经成为振兴江苏省海洋经济、致富长三角滨海渔民的重要产业之一。

江苏以海水养殖业为发展海洋经济的重点，组织实施了海洋渔业开发工程。2014年，全省海水养殖总面积761040公顷，海水养殖总

产量达到 935947 吨, 海水养殖产量占海洋渔业总产量的比重为 18.04%。近年来, 江苏积极引进新品种, 开发培育有市场前景的本省野生品种, 实行多品种混养, 全省海水养殖品种已达 40 多个。2000 年以来, 新引进、驯养了大菱鲆、海蜇、杂色蛤等 10 多个品种, 缢蛏、梭子蟹、南美白对虾、青蛤等已形成生产规模, 成为海水养殖业"双增"中的新亮点, 全省海水养殖正在形成以贝类为主、鱼虾蟹贝藻等共同发展的格局。

与此同时, 江苏省落实相关政策积极引导富余的捕捞渔民转向海水养殖业及其他相关产业, 取得了显著成效。统计显示, 2014 年底全省海洋捕捞渔船 58271 艘, 功率数减少了 1429377 千瓦, 较之前都有大幅减少; 全省海洋捕捞产量减少到 547952 吨, 海洋捕捞产量占海洋渔业总产量的比重下降到 10.56%, 如表 3 – 13 所示。

表 3 – 13　　　　　　　江苏省海洋渔业产量

年份	海水养殖面积/公顷	海水养殖产量/万吨	海水养殖产量占海洋渔业总产量比重/%
2000	1.22×10^5	24.87	27.63
2008	1.6×10^5	67.44	53.84
2014	1.89×10^5	93.59	18.04

资料来源:《中国渔业统计年鉴 (2000~2014 年)》。

此外, 江苏省海洋渔业科技水平快速提升, 海水增养殖产业稳步发展。江苏重点围绕条斑紫菜、贝类、名贵鱼类的大规格种苗培育、增养殖及病害防治技术、高效饵料生产技术、冷藏保鲜加工技术、海洋生态环境监测与预警预报技术的研究与开发, 组织实施海洋水产科技三项更新工程、海洋渔业开发及科技攻关、科技推广等各类科技兴海项目, 有力地促进了海水养殖向优质、节约、生态和规模化、集约化、标准化方向健康发展, 海水增养殖业由增量型的广度开发向增值型的深度开发转变。如江苏省海洋水产研究所为技术依托的国家级紫菜种质库, 先后承担了国家首批农业科技跨越计划等 20 多个重点海洋科技项目，在国内首次建立了完整的紫菜种质保存与应用的技术体系，目前种质库保存经济海藻种质材料 500 株以上，重点开展了海水蔬菜、耐盐药用植物研究开发，有力地促进了江苏滩涂的综合利用和可持续发展。

（2）重要地区发展特征。

江苏省海洋渔业主要集聚在南通市的启东、如东和连云港市的赣榆等县市，南通市的启东、连云港市的赣榆和南通市的如东，海洋渔业产值分列前三位，依次为 47.5 亿元、47.2 亿元和 42.5 亿元，三县之和占江苏沿海海洋渔业的 2/3。

江苏省海洋渔业结构不断调整，区域特色逐步显现。①连云港市以建设"海洋牧场"为目标，积极组织开展浅海域开发，在浅海域重点实施了人工鱼礁建设，推行深水抗风浪网箱、浅海鲍鱼吊养、海参养殖、浅海域贝类底播养殖等试点项目；在潮上带着力抓好海水育苗业、工厂化养殖及池塘高效养殖，初步形成了海洋渔业综合开发的格局。②盐城市以开发滩涂资源、提高养殖效益为目标，重点组织高涂及高产高效养殖开发，引进开发并培育如南美白对虾、泥螺、沙蚕、海蜇等高效养殖品种，摸索推广海蜇人工育苗及养殖、滩涂土池生态育苗等先进养殖技术，提高了滩涂养殖水平。③南通市以产业化开发培育主导产业为目标，积极培育贝类、藻类等主导产业，围绕贝类、藻类等地方特色品种产业化开发中的关键技术，依靠科技攻关、依托项目带动，重点突破了贝类人工育苗及大规格苗种培育、虾池综合高效养殖、条斑紫菜标准养殖等关键技术，大力发展加工业，培育了一批加工出口企业，推进了主导产品的产业化经营进程，提高了渔农民的经济效益。

3. 浙江海洋渔业现状

（1）总体特征。

长期以来，浙江海洋渔业担负着京津沪等全国主要城市水产品供应的重任，改革开放后浙江海洋渔业作为大农业的重要部门之一，保持了持续快速发展的良好势头。2014 年浙江省共有海洋渔业乡镇 75 个、渔业村 766 个、渔业户 326663 户、渔业人口 100705 人，分别占全国总量的 9.9%、8.9%、6.5% 和 5.4%。浙江省拥有各类海洋渔港 208 个，其中国家级中心渔港 10 个、国家一级渔港 18 个，渔区主要分布在舟山市、宁波市、台州市和温州市。2014 年浙江省拥有各类机动渔船 43981 艘、2911193 总吨、4697333 千瓦，分别占全国总量的 6.4%、28.5% 和 21.1%；远洋渔业企业 25 家，在全球三大洋的 10 多个国家和地区的海域从事捕捞；拥有各类远洋渔船 536 艘，比 2013 年增加 13.6%，占全国远洋渔船总量的 21.8%，居全国第一位。

2014 年浙江省渔业产量 5741734 吨、渔业产值 7575297 万元，其中海洋捕捞产量、产值分别为 3242724 吨、3805583 万元；远洋渔业产量产值分别为 532666 吨和 411724 万元；淡水捕捞产量、产值分别为 90952 吨和 140961 万元；主要捕捞品种以经济鱼类、甲壳类、头足类和其他鱼类为主。浙江海水养殖业持续又好又快发展，2014 年浙江省水产养殖面积、产量和产值分别为 298065 公顷、5741734 吨和 3447897 万元。其中，海水养殖面积、产量和产值分别为 88178 公顷、897940 吨和 1508520 万元。此外，浙江水产加工业发展相对稳定，现有水产加工企业 2151 个、水产品加工能力 2871306 吨/年。2014 年水产品年加工量、产值分别为 2282542 吨和 5699737 万元。

（2）重要地区发展现状。

浙江海水养殖主要品种有大黄鱼、梭子蟹、青蟹、南美白对虾、日本对虾、贻贝和紫菜等，并形成杭州湾、舟山和大陆沿海海岸三大南美白对虾产业带，舟甬（舟山市和宁波市）的梭子蟹、甬台（温州市和台州市）的青蟹养殖和温州鳌江口青蟹养殖三大产业带。

宁波市大力建设水产品加工园区和水产市场，推进水产品加工与流通的发展，努力延伸海洋渔业产业链。同时，还积极通过设立直销窗口，举办节庆，利用水产品博览会、展销会和推介会等平台进行品牌宣传、引导消费等方式，提升了宁波市海洋渔业品牌的知名度和影响力。据宁波市海关统计显示 2010 年，宁波市出口水产品 18.08 万吨，创汇 5.19 亿美元，同比分别增长 11.37% 和 38.3%。

早在 2011 年，宁波胖大厨食品有限公司就正式取得英国零售商协会的 BRC 认证证书，可以在欧洲零售和采购市场批准进入，也标志着宁波市场打入欧洲市场。全市近 70 家水产品出口企业中，作为徐龙、海欣、永兴、飞日等 7 家的出口额占据总出口额的大部分，约占 82%。龙头企业出口贸易绝对额比上年同期增加 100 万美元以上的有 5 家，分别是新弘、北仑一舟、东方等公司，可知宁波市海洋水产加工龙头企业保持稳定发展的趋势，也给中小型水产企业带来信心。值得注意的是，近海资源加工类企业近年都有水海产品出口量大幅下降趋势，甚至到了经营困难的境地，主要是因为日本、韩国一直作为宁波市水产品出口的主要市场，被南美、东南亚、地中海等国竞争。2014 年，宁波市向日、韩两国出口额加总达到 3 亿美元，超过总出口金额的 40%，占出口总额的总排名是日韩、泰国、马来西亚、西班牙、新加坡、中国香港、俄罗斯和墨西哥。

舟山海洋捕捞渔业类型不断丰富，帆张网、拖网等作业有所调整，大型围网、灯光敷网等新作业逐步兴起，更好地适应了资源的发展变化实际。捕捞渔场范围继续拓展，从 2005 年至今，舟山大力发展外海、远洋捕捞产业，实现渔业生产主战场的向外拓展，在全市渔业捕捞产量中，外海及远洋捕捞的渔获量已占到 80% 以上。此外，海洋养殖品种形成了以贻贝、对虾、梭子蟹为主体的三大渔业生产主导产业。舟山水产品加工行业中，原产地保护水产品、休闲旅游食品、模拟功能食品、海鲜配菜品等主导水产品加工领域处于国内行业重要地位。舟山出口水产品加工业发展已超过 30 年，但当前企业规模小、布局乱、分布散的现象却长期未能改观。舟山出口水产品企业年均出口额在 5000 万美元以上的仅有 2 家，出口额在 2000 万美元至 5000 万美元的仅有3家，大型企业的数量只占到企业的总数5.8%。规模化企业数量少，企业龙头带动效应就无法形成，产业聚合也无法实现。

海洋渔业作为温州的传统产业，改革开放以来出现前所未有的超常规发展。水产品加工业已呈现出生产布局规模化、机械设备精良化、加工品种多样化、质量管理标准化、市场流向国际化的新趋势，迄今全市有近10家水产企业跻身全省农业"百龙工程"行列。2000年全市拥有水产加工企业145家、水产冷库118座、急冻能力1223吨日、制冷能力3198吨每天、贮冰能力2.1万吨每次、冷藏总量达441万吨、水产加工能力达17.3万吨、加工产值8.87亿元、出口2.63万吨、创汇6269万美元；与此同时，水产品保鲜、加工也取得了长足发展。2003年全市水产加工企业168家（其中自营出口企业10家）、水产冷库112座，年加工能力超过20万吨，水产品畅销全国各地远销日本、韩国、西欧等国家以及港澳台地区。

台州市海水产品出口一直呈现出以一般贸易为主、加工贸易为辅的态势。从历年统计数据看，一般贸易虽然占主导地位，但其比重有所下降；加工贸易呈现出不断上升的趋势。其中，冻鱼和冻鱼片出口呈平稳增长趋势，冻小虾仁出口增长迅猛，三者合计共占出口总量的90%。多年来，台州市海水产品出口的目标市场主要集中在韩国、日本、美国、欧盟，中国的香港、台湾地区也是台州水产品的重要出口市场。从总体看，五大市场虽然随着时间和市场结构等因素有小幅波动，但台州市海水产品出口在上述传统市场的结构并没有多大改变。

（二）长三角海洋渔业协调与合作现状

1. 海洋渔业协调发展现状

长三角滨海城市海洋渔业经过了自然经济、计划经济两个时代的发展，已经形成了自身的生产方式和交换方式。进入市场经济时代，过去的生产方式和体制有许多已成为新生产力扩张的羁绊，海洋渔业的自身发展正越来越需要冲破行政界线的障碍，以寻求更大区域间的合作，正成为长三角海洋渔业协调发展的动力。

（1）渔业资源利用需要有新的模式。

2014 年长三角水产养殖面积达 1079566 公顷，占全国的 12.87%，网箱养殖、海洋牧场得到推广。江苏省、上海市、浙江省的滨海县市区生态化海水养殖、海洋牧场规模初成，形成了一种近海增殖养殖的海洋渔业产业。但是现在近海渔业资源利用在数量上几近极限，在质量上呈下降趋势，海洋渔业环境日益劣化。要想保持海洋渔业的可持续发展，必须在更大范围内寻求渔业资源利用的新模式，减少对资源的占用和破坏。

（2）海水产品加工质量亟待海域环境合作治理改善。

长三角海洋渔业加工得到了较快的发展。2014 年三省市加工水产品总产量达 3913504 吨，占全国的 19.06%，其中浙江省加工水产品达 2282542 吨，居长三角之首。长三角渔业三项产业的比例大体为 2∶1∶1，和过去单一的养殖捕捞结构相比有了很大的改变。但总体看来，第二、第三产业的比重仍然偏低。2014 年长三角地区的水产品总产量达 11259697 吨、社会渔业总产值（现行价）45934929.1 万元，分别占全国总产量的 17.43% 和全国总产值的 22.02%。但是由于长三角地处人口密集、城市集中、工业发达的地区农业污染、工业污染和生活污染比较严重，造成海洋渔业环境日益恶化，这就需要通过区域协作加强海洋渔业环境的保护，把提高海水产品的质量放在首要位置上来抓。

（3）海洋渔业的外向度需要有新高度。

随着渔业产业水平的提高，长三角海水产品进出口贸易呈良好的发展势头。2014 年长三角水产品出口总额为 258209.96 万美元，占全国出口总额的 11.90%，与广东、山东等地相比差距很大，与长三角外向型经济更不相适应。这就需要充分发挥长三角滨海城市的海洋渔业出口资源优势、加工优势、空港优势和市场覆盖优势，形成区域性的整体出口竞争优势，提升外向型渔业国际竞争力。

（4）海洋渔业生产经营体制改革需要有新突破。

经营体制变革是海洋渔业可持续发展的根本动力，长三角滨海城市亟待探索在国际国内海洋渔业市场的拓展、渔业生产资料的流转、中介组织和经纪人队伍的建设、市场交易方式的转变、不同行业、不同产业之间的融合等方面的合作途径，以全面提升长三角地区海洋渔业健康发展的合力。

2. 合作现状

（1）海洋渔业种质资源、养殖技术、捕捞技术合作推广与应用成为长三角海洋渔业合作主流。

上海市水产研究所长江刀鲚繁育科研团队于 2007 年开始联合嘉定区水产技术推广站、历经 8 年的潜心研究，攻克了刀鲚人工繁育子一代的亲本培育、催产、受精、室内水泥池孵化和鲚苗培育等关键技术难关，在世界上首次实现了长江刀鲚的室内水泥池集约化、规模化全人工繁育。科研团队采用 2011 年人工繁育并养殖的子一代亲本，经人工催产、室内水泥池集约化苗种培育，培育出大批量的长江刀鲚苗种，4 年累计 39.6 万尾，其中 2013 年获得大规格鲚苗 12.3 万尾，2014 年获得鲚苗 25.5 万尾。至今，刀鲚规模化全人工繁育技术日趋成熟并实现可控的、稳定的苗种规模化生产。

2015 长三角地区对虾养殖技术交流会的召开。华东地区南美对虾养殖业蓬勃发展，据粗略统计，江浙沪三地南美白对虾养殖面积约 50 万亩，其中浙江约 32 万亩，江苏约 12 万亩，上海 6 万~7 万亩。目前，以小棚养虾为典型模式的长三角地区对虾养殖业，在我国对虾产业中的地位越显重要。但是，当前对虾病害常态化，养虾业方兴未艾的华东地区，也同样面临产业持续发展的问题。对此，作为长三角对虾种苗市场主流供应商，禄泰海洋生物科技有限公司携手权威行业媒体——《农财宝典》杂志，邀请业内知名专家学者齐聚江苏吴江，举行2015年长三角地区对虾养殖技术交流会，旨在为困境中的长三角地区对虾养殖业摸索新思路。

"远洋捕捞技术与渔业新资源开发"项目工作交流会的召开。"远洋捕捞技术与渔业新资源开发"由科技部组织，于2013年立项实施。项目主要针对我国远洋渔业产业发展面临的技术瓶颈，重点研究远洋捕捞节能降耗技术，研发国产化助渔设备与捕捞装备，掌握远洋与极地渔业捕捞对象资源变动规律，发展远洋渔业信息数字化技术，提高渔业精准捕捞与助渔技术水平，针对过洋性、大洋性、极地、南海外海渔业新资源，通过高效捕捞技术集成应用，带动相关产业发展，增强我国远洋渔业生产企业的国际竞争力。

值得注意的是，由于长三角区域内各方在发展海洋渔业生产中普遍存在追求"小而全""大而全"的倾向，产业结构趋同现象严重，造成渔业能力过剩和竞争过度。例如，苏浙沪三省市每年都要发展"青蟹、对虾、头足类"等，但各地养殖成本差异比较大，导致某些高成本地区的囤塘滞销。又如，三省市滨海城市各自开发新品种和相关的育苗技术，地区之间互相封锁，苗种品质缺乏规范，优质苗种无力流通；地区之间争海洋渔业投资项目，争渔业人才和水产市场，使生产要素不能自由流动和优化配置等，通过技术壁垒将外地的海水产品拒之门外，或是另设一套产品质量标准，重复检测，增加了交易成本。海洋渔业趋同的出路在于，秉持自身的独特优势，实现资源共享，促成海洋渔业育种企业、加工企业、交易市场跨越区域强强融合，实现海洋渔业的"产业集群"发展。

（2）近岸海域中下游滩涂与海域环境污染陷入治理困境。

伴随着长三角陆域经济快速发展，海洋滩涂与近岸海域环境恶化趋势呈明显的波动降低。如表3-14和图3-2所示，东海区近岸海域环境质量呈现总体较好，近岸局部海域污染较为严重。劣于第四类海水水质标准的海域，主要分布在东海区重要河口、海湾及邻近海域。超标因子主要为无机氮和活性磷酸盐，个别站位石油类、化学需氧量和重金属超第一类海水水质标准。

表 3 - 14　　　东海区 1997 ~ 2009 年近岸海域贝类体内
污染物的残留量变化趋势

海域	石油烃	总汞	镉	铅	砷	六六六	滴滴涕	多氯联苯
苏北近岸	⇔	⇔	⇔	⇔	⇔	⇔	⇔	⇔
杭州湾和宁波近岸	↘	↘	⇔	⇔	⇔	⇔	⇔	⇔
台州和温州近岸	⇔	⇔	⇔	⇔	⇔	⇔	⇔	⇔
宁德近岸	⇔	⇔	⇔	⇔	↘	⇔	⇔	⇔
闽江口至厦门近岸	⇔	⇔	↘	⇔	⇔	⇔	⇔	↘

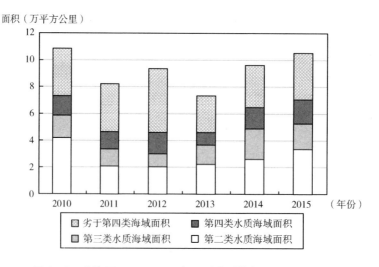

图 3 - 2　东海区 2010 ~ 2015 年夏季水质等级面积变化状况

东海区长江口、杭州湾和宁波近岸已成为严重污染海域，造成海域污染很重要的原因在陆地。特别是一些企业污水未经处理排放，未达标排放，偷偷排放，深埋管道往河口、海岸排放等严重污染了近岸海域，而海水的流动又使被污染的海域面积不断扩大。因此，海洋污染的治理也要求长三角沿海地区开展合作，建立省市间的跨界污染联防联治机制，以加强区域海洋环境管理、监督、规划和保护职能，通过有计划地调整沿江、沿河和沿海地区的产业结构和生产方式，逐步恢复和改善近岸海域生态环境。否则，长三角经济繁荣将被持续恶化的海域环境问题和社会同题所取代。

（3）海洋滩涂围垦技术合作与互动研发。

沿海滩涂围垦和利用是一个涉及多学科、多因素的综合技术体系。新中国成立后，长江以北有些海岸多年没有堤防，修起了海堤，而且在系统海堤之外，还有散塘围垦。长江以南，则有多种形式围海：既有渐进式围海，也有堵坝式围海；既有高滩围垦，也有中低滩围海；既有围堰促淤，也有围堰填海，技术不断发展，使围海工程取得了显著成绩。如浙江全省围出 1650 平方千米的土地，相当于荷兰20 世纪以来围海造地的总和；上海市围出了 730 平方千米的土地，相当于日本第二次世界大战后全国围垦的总和；江苏更是围了 2270平方千米的土地，这些新围土地提供了约 2000 万人的生存空间。

自 2000 年以来，上海青草沙水源地工程位于长江口南支北港长兴岛北侧和西侧的中央沙、青草沙以及北小泓、东北小泓等水域范围，通过建设标高 8.5 米、总长 43 千米的大堤，圈围 6000 公顷的水面，形成中国目前最大的江心水库，青草沙水域的实测观察和基础性研究进行了 10 多年，综合进行了项目选址、工程材料与工艺、施工建设、环境影响评价、工程风险评估等多个专题研究；浙江温州半岛工程是连岛兴港、围涂造地、拓展城市空间的综合性开发工程，该工程主要依托瓯江口外温州湾得天独厚的密布沙滩和林立岛屿的自然优势而规划建设，涵盖水利、道路、港口等建设项目，主要有浅滩工程、洞头五岛连桥工程、灵昆大桥等，其中浅滩工程是整个半岛工程的控制性工程，就是在灵昆岛东侧到洞头霓屿岛西侧的滩涂上，建南北两条围涂大堤（北堤长 14.5 千米，南堤长约 23 千米），连灵昆岛与霓屿岛成一片，两岛之间可围涂造地 0.88 万公顷，形成土地将作为温州城市发展建设用地、临港型工业开发用地和耕地后备资源。

与沿海滩涂围垦工程相关的部分科研单位与高等学校参与了我国

大部分已建、在建和拟建的沿海围垦工程的研究，集中在匡围工程涉及的海域条件、工程技术、水资源保障、环境保护等问题比较突出。因此，必将面临较多基础研究、工程技术、环境保护、水资源保障等方面的问题，需要多学科共同参与研究。浅海滩涂围垦，通过各地围垦办的科研项目招标，实施前期研究与围垦施工，市场化的招投标体制促进了长三角滨海城市围垦技术的跨院校、跨区域扩散和实践学习，有效地促进了长三角地区海涂围垦技术。

（三）长三角海洋渔业合作的困境

海洋捕捞业、海洋养殖业是海洋渔业生产中不可分离的有机组成部分。海水养殖业一般利用固定水面从事生产，固定性养殖设备和渔具设定在某海域就会构成对海域使用的独占性，具有明显的排他性。然而，海洋鱼类资源具有流动性、共有性的开放资源，固定渔具和养殖设备对海域排他性的独占极易与流动渔具形成尖锐的对立，产生海洋渔业矛盾和纠纷。

1. 大面积圈占和围垦海域滩涂，导致渔民生存资源紧张、渔区社会脆弱

长三角滨海城市一些滩涂围垦工程，已经严重影响到当地渔民的生活用海。长三角滨海滩涂围垦开发利用的力度越来越大，围垦后从事捕捞作业和水产养殖为主的渔民生活用海的面积不断减少，渔民面临无法继续以海为生的境况。滩涂围垦所引起的渔民失海主要有三种表现：一是工业建设用海造成的渔民捕捞性失海，如在建工业用海项目将直接导致当地渔民无法进行正常捕捞作业；二是一些在建的码头工程等建设用海项目，如港口码头建设用海，造成渔民大面积捕捞性失海；三是渔业用海造成渔民养殖性失海，一些较大高涂围垦工程会导致当地渔民失去了养殖用海的权利。

失海对渔民的影响深远，集中表现为：收入锐减、面临失业、失去社会保障等。同时，渔民因失海造成的长期失业也会增加社会的不稳定因素。在某种程度上失海等于失业，渔业经济以渔业生产为主，长三角滨海渔民主要从事水产养殖、水产品加工和捕捞作业等相关产业。由于自身生活观念的局限性，受专业技能等多方面因素的影响，渔民所有擅长的劳动技能、生产方式和劳动工具都离不开海域滩涂，一旦收回海域所提供的就业岗位，在某种程度上，就等于渔民失业。目前，对失海渔民的就业安置方式单一，如条子泥一期工程对渔民的安置基本上是采取一次性货币补偿，无法从根本上解决渔民就业问题。这进而又引发渔民收入的普遍下降。长三角滨海渔民世代以捕捞和水产养殖为生，耕地面积很少，海域、滩涂是其重要的生产生活保障资源，渔业生产是其最主要的收入来源。海域或滩涂被围垦征用后，一些渔民面临失海现象，虽然渔民也在农民的范畴以内，但由于没有或者只有很少的耕地，农业政策很难惠及。因此，一旦渔民失海，家庭收入将会锐减，这也是失海问题对渔民首当其冲的影响。

2. 招标拍卖给海主，渔民得不到合理补偿、海域使用权陷入紊乱

海主是指一些非渔业生产者通过参加招标或拍卖后取得用益权，占据渔业天然资源后擅自扩大使用权限，不搞养殖生产，而是向进入这一水域作业的渔民收取租金[①]。长三角滨海城市由于经济发展中土地资源的紧缺，不少城市把本地区的水域滩涂长时间租赁或通过招标拍卖给海主，使当地渔民不仅"失海"，还常常得不到合理的就业安置和经济补偿。渔民失去保命海和保命滩，权利受到侵害却没有得到补偿，转产转业又缺乏资金和技术，生活出现了很大困难，往往敢怒不敢言。

---

① 王志凯. 渔业权制度与渔民权益保护 [J]. 中国渔业经济，2005（5）：10 – 13.

海域的租赁和挂牌出让转变成围垦用海，在现有海域管理体制中未能有效明确从渔业用海→围垦成陆→以建设用地挂牌上市过程产生的投入成本、收益以及多次权属转换过程的产生级差地租，如何将其分配给失海渔民、围垦投资方和政府地契契税等，成为制约海洋滩涂、海域使用性质与权属转换的焦点问题。

五、提升海洋渔业的海涂、近岸海域利用合作思路、重点与实现模式

（一）利用滩涂、近海发展海洋渔业的取向与合作思路

思路一：长三角地区陆域经济发达，涉海高校、科研机构众多，有着海洋生物技术开发的巨大潜力和良好的物质基础。因此，认准目标，积极催生新兴海洋渔业产业，不断优化海洋水产加工业集群，稳定海涂与近海养殖业，有利于促进区域海洋经济的持续发展。在长三角滨海城市的"十三五"海洋经济规划中：第一，上海市依托上海海事大学、上海海洋大学、上海渔业研究所、中国水产科学研究院积极培育海洋渔业科技创新主体，鼓励和支持海洋水产技术研发和成果转化，努力谋划海洋渔业的科技服务业与海洋水产加工产业升级。第二，连云港、盐城、南通积极谋划海洋养殖业的规模化、集约化和本土加工技术升级，尤其是在渔业资源保护与利用、生物育种、水产养殖、加工技术、捕捞渔具、渔法、安全生产装备等重点研究领域期待有所创新，并建立拥有自主知识产权的核心种质资源库和水产良种。第三，浙江海洋渔业在近海养殖和远洋捕捞等方面独树一帜，依托浙江大学、宁波大学、浙江海洋大学、浙江省海洋水产养殖研究所，围绕水产经济的发展、水产品供应的保障和水产科技的进步，在渔具革新应用技术，渔业生态环境保护及渔业管理技术，水产苗种培育与养

殖技术等方面率先突破，"十三五"期间浙江海洋渔业期待通过技术创新与应用全面提升海洋渔业质量与深加工水平，创建海洋增殖养殖生态文明示范区。

可见，长三角滨海城市在海洋渔业发展目标实践中，都非常重视专业研发服务平台，重视相关关键技术研究。为此，应整合海洋科技资源，集聚海洋科技人才，全技术链研发海域生态环境修复—海洋生物资源种质繁育与病害预防—海域综合监管等，促进滨海城市海洋渔业科技整体研发质量提升，实现长三角滨海城市海洋渔业的可持续发展。

思路二：根据长三角两省一市各自的海洋渔业产业基础，进行差异化经营。上海由于城市化水平高，海域面积小，但资金、技术强的特点，可以以远洋捕捞和渔业深加工为主。江苏具有丰富的滩涂资源和良好的海水养殖条件，因此江苏可以考虑重点发展海水养殖和做大水产品粗加工产业，形成规模效应。浙江的海洋渔业是长三角地区产值最高行业，海洋捕捞、海水养殖产量居长三角首位，因此，浙江可以大力发展综合渔业，并提高远洋捕捞的比例[①]。

思路三：长三角地区海洋渔业联动模式分析。本节研究的海洋渔业是包括捕捞业、养殖业、水产品加工业和休闲渔业等四种活动，属于传统的海洋第一产业。目前长三角地区海洋渔业还是以粗放经营为主，产品整体附加值比较低，集中度比较低，大型规模企业几乎没有。另外，长三角地区相关海洋渔业企业没有差异化经营，同质性突出。根据海洋渔业的产业特点及长三角地区海洋渔业的现状，应强化海洋渔业的深加工比例，提高相应的科技含量，延长其价值链，推动其向高价值链转移，采取价值链联动模式实现产业联动，提升渔业的经济效益和经济价值。具体来说：

---

① 袁象，孙玉美. 基于产业联动理论的长三角海洋产业发展研究［J］. 现代管理科学，2016（4）：78-80.

第一，通过区域内的兼并重组等措施，构建大型的渔业企业。上海的渔业企业相对具有资金和技术优势，通过和江浙渔业企业的联动，可以弥补上海资源匮乏，江浙企业资金技术匮乏的问题，实现优势互补，提升长三角地区海洋渔业的整体竞争力。

第二，根据长三角两省一市各自的海洋渔业的产业基础，进行差异化经营。上海由于城市化水平高，海域面积小，但资金、技术强的特点，可以以远洋捕捞和渔业深加工为主。江苏具有丰富的滩涂资源和良好的海水养殖条件，因此，江苏可以考虑重点发展海水养殖和做大水产品粗加工产业，形成规模效应。浙江的海洋渔业是长三角地区产值最高的地区，因此，浙江应优化提升海洋捕捞、海水养殖。

（二）滩涂、近海利用的合作重点领域

1. 围绕渔民问题，破解滩涂围垦、海域使用权流转

（1）构建失海渔民保障政策的参与机制。

失海渔民，作为滩涂围垦、海域流转的重要利益相关者，失海渔民是最重要的政策参与者。在政策的制定过程中出现了对于失海渔民利益的损害，增加了政府以及群众之间的冲突。所以，应努力的营造并创造出一个很好的政策参与环境，让失海渔民参与到政策制定过程中，积极提升政策的质量以及水平，让渔民能够真正地感受到政策的可行性。

（2）为失海渔民拓宽就业渠道，做好失海渔民利益补偿安置工作。

首先，政府应组织对于失海渔民的就业培训，为他们创造足够的工作机会，帮助实现再就业。其次，提供便捷就业信息网络，帮助失海渔民尽早获得工作信息，尽快实现再就业。最后，应当出台相应的政策，给予一些能够协助解决失海渔民问题的企业政策优惠，增加就

业。政府提供技能培训，应结合具体年龄以及文化的变化，综合各种需要以及信息，努力形成一个长效机制，可以打造适合当地的观光休闲渔业，发展独特的渔民音乐；发展渔业加工业和渔业物流服务；完善港口建设，积极吸纳渔民。此外，应该推进渔区城镇化，形成以渔业深加工为基础、水产品流通为主线、休闲渔业与滨海旅游为一体的现代海洋经济特色城镇。即有利于就地消化吸收多余的渔业劳动力，缩减海洋捕捞能力；又有利于繁荣渔区经济，增加渔民收入。

对于失海渔民补偿，具体可参照失地农民补偿制度进行，补偿范围应包含海域使用权面积及相关海域生产用设施两个部分：①海域使用权补偿。针对海域使用权的补偿，应根据渔民所使用的海域使用权经营类型，来明确最终的补偿标准。②海域生产用设施补偿。主要涉及两种补偿途径：一是，聘用专业评估机构来科学估价捕捞和养殖用设施的价位，并依此进行补偿；二是，直接参照农业部门剪船补偿政策，来对海域捕捞用渔船进行补偿，或者也可以参照国内其他沿海省市所采取的相关政策予以补偿。

2. 全域统筹滩涂围垦与海域流转政策，构建多元化的失海渔民社会保障体系

面向失海、失涂渔民构建完善社会保障体系，应当囊括着如图3-3所示的最低生活、养老、医疗以及就业保障四个部分。

第一，最低生活保障政策。对于已经失海的渔民应当考虑到现状，允许其获得最低农村标准的生活保障政策，而对于部分能够获得城市户口的渔民则也应当无差别的享受城市最低生活保障。当前，应该积极推进长三角滨海城市面向渔民的最低生活保障政策体系一致化与全覆盖，既兼顾渔一代和渔二代，又统筹城际差异和城市内部差异。

第二，养老保障政策。对于失海渔民进行的养老保障应当按照"个人为主集体为辅，政府适当补贴"的原则，构建起基金积累的个

人账户模式，确定相应的比例，打造足够完善的养老保障体系。

第三，医疗保健政策。创造条件给予失海渔民完善的医疗保险，对于部分在失海后获得城市户口的渔民，就应当给予其同样的医疗保险标准。

第四，就业保障政策。应囊括失业保险、生产培训以及政府支持等几个方面的协调。

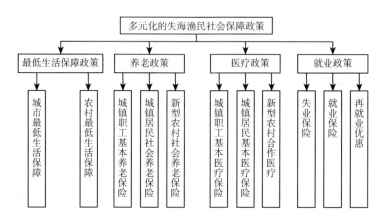

图 3 - 3　多元化的失海渔民社会保障政策

（三）市场主体视角滩涂、近海利用合作的实现模式

长三角水产行业协会建设论坛提出，围绕某个地区生产经营中的重点项目，共享区域水产科技院所的强大生物科技力量，院企联手科技攻关。长三角所有推动企业信用建设的工作和累积的本行业失信记录，将定期互相交换，实行信用资源共享。共建"长三角水产网"，网站设在上海，在江苏、浙江设镜像，真正实现苏浙沪水产业界信息互换沟通机制。可见，继承包制、规模经营等热点问题之后，海洋渔业产业化合作近十年来又成为中国海洋渔业发展中的热点。海洋渔业产业化的基本内涵是指以市场为导向，已加工企业为依托，以广大渔户为基础，以科技服务为手段，通过把海洋渔业生产过程的产前、产

中、产后诸环节连接为一个完整的产业系统，实现捕养加、产供销、渔工贸一体化经营。海洋渔业产业化对解决目前海洋渔业市场经济中所遇到的困难，促进海洋渔业和渔村经济实现两个根本转变，解决渔村改革的深层次问题，实现海洋渔业自我发展、自我积累、自我约束、自我调节的良性循环，建设海洋渔业现代化具有重大意义。

1. "五合一"的海洋渔业产业化新模式

所谓"五合一"，就是政府、龙头企业、科研院所、银行、海洋渔业养殖户五个方向共同联合起来，发展海洋养殖业的一种组织形式。其中政府搭建平台，发挥信用优势、政策优势、基地建设优势；龙头企业发挥市场、管理、人才、资金优势，向分散的养殖户提供扶持资金，收纳养殖产品；银行发挥资金优势，通过贷款支持养殖户的发展；科研院所发挥技术、信息优势，提供科技支持；养殖户发挥自身产品、设备优势承接订单和项目。

"五合一"模式加固、加长了合作"链条"，增加了防风险机制，较好地解决了龙头企业与渔民养殖户之间的产业利益纠葛、增加了互利互惠、和谐发展的实质性内容，扩大了合作，共赢的发展空间。通过充分整合长三角滨海城市的海涂、海域资源，积极发挥各市的优势企业，迅速做强、做大，被证明是一种适应海洋开发产业特点的、行之有效的创新发展模式，也是海洋渔业产业化未来发展所依赖的主要路径。

2. "渔户 + 专业合作组织 + 企业"新模式

2005 年中央 1 号文件提出引导渔民专业合作组织发展水产品加工业，为创新产业化经营模式带来了契机。渔民专业合作组织发展水产品加工业，既可以把水产品的加工、销售所获得利润留在海洋渔业内部，达到海洋渔业增效、渔民增收的目的，又可以形成"渔户 + 专业合作组织 + 企业"的模式，实现产业化经营模式的创新。构建

"渔户＋专业合作组织＋企业"的模式的利益联结机制，不是单纯地追求各自利益的最大化，而是由区域海洋水产品加工企业及其联盟和由渔户组成的合作经济组织构建联动效益溢出机制，从而确保了企业与渔户、专业合作组织在利益上的一致性。

3. "超市＋水产品加工企业＋渔户"新模式

随着人们生活水平的提高和环保意识的觉醒，消费者对水产品质量安全提出了较高的要求。水产品质量安全程度同水产品供应链模式有着密切联系，而目前长三角地区水产品供应链存在经营主体过于分散、规模太小、生产阶段为确保水产品的质量安全导致生产成本过高等问题。

长三角地区可以利用跨区域连锁经营的超市，对接水产品加工企业，进而集聚和规范渔户的生产行为，实现区域海洋渔业的健康发展。该模式的优势在于，满足了人们对食品质量安全要求越来越高这一新的要求，并充分意识到消费者希望从超市购买到质优、安全的水产品，而且有能力生产安全水产品的加工企业和业户也可以找到零售市场。因此，在三者之间建立紧密的联结，把愿意生产安全水产品的渔业户和有能力经营安全水产品的加工企业及选择销售安全水产品的超市链接起来，加上政府部门的监督和媒体的配合，高质量的安全水产品的"买"和"卖"难问题就解决了。

实践中，已经有很多超市同水产品加工企业建立了紧密的合作关系，通过水产品加工企业带动分散的小规模渔户来生产质量安全的水产品。为了加快完善这一体系，建议长三角城市政府继续加强水产品产业链建设的同时，着重加强一元化安全管理，充分强化海洋渔业产业化在水产品质量安全管理过程中的积极作用，把超市纳入"海洋渔业产业化龙头企业"的范围，鼓励发展"超市＋水产品加工企业（或渔民协会）＋渔户"的新型海洋渔业产业化经营模式。打破部门之间的行政分割，建立跨越商务部门和海洋渔业产业化管理机构，以便于支持和管理新型的"超市＋水产品加工企业（或渔民协会）＋渔户"的海洋渔业产业化经营模式。同时，有关政府部门也需要制定相关的政策鼓励和支持水产品加工企业把产品送入超市，为水产品进超市创造条件。

第四章 海洋岸线港口合作与江海联运中心建设

　　岸线港口是长三角滨海城市的核心战略资源，长三角经济发展的历史成就与港口的发展息息相关。当前，国内外宏观环境发生深刻变化，以上海为龙头的长三角滨海城市经济自身发展的结构性、素质性矛盾也日益显露。为了主动适应和引领经济新常态，争创长三角海洋经济发展新优势，中央政府积极谋划推进"长江经济带""舟山江海联运服务中心"建设和补短板、创优势重大举措，着力提升长三角航运国际综合竞争力。因此，长三角滨海城市在实现现代化港口城市建设的宏伟战略目标，有必要加快岸线港口资源和平台的优化整合，错位发展港航物流业，促使盐城、南通、上海、嘉兴、宁波、舟山、台州等的产业结构层次、城市能级和国际化水平快速提升，补齐短板。这有利于巩固放大岸线港口、产业合作和共享开放等综合优势，更好地发挥岸线港口对长三角海洋经济发展的引领作用。

　　本章主要研究内容是：一是诊断长三角滨海城市海洋岸线港口资源及其利用现状；二是回顾与检视长三角滨海城市港口岸线合作实践进程；三是借助动态博弈论方法，从港口价格视角定量分析长三角港口合作策略博弈过程；四是在定性分析各港口特点基础上，运用博弈分析结果，提出长三角沿海城市的港口合作路径与保障措施。

　　本章的主要发现是：各港口应坚持以城市政府、港口自身以及各个层次的港口管理者、决策者、运营者为主要决策协商群体，以价格敏感度和比较优势为策略制定的双重参照，以实现港口服务水平与港口收益正向循环效应为发展目标，内、外部机制共同推动以上海港为国际航运中心，宁波—舟山港为国内航运中心，其余各港口为双中心辅助层的次中心的长三角港口利益共同体合作发展路径。当然，亟待构建法律、财政、非政府力量及利益分配等方面保障条件，保障合作路径的执行性。

一、岸线港口合作研究动态的可视化计量

在探讨岸线港口合作路径之前，利用 Citespace 软件回顾国内学术界对岸线港口合作利用所进行的理论或案例探索，厘清国内岸线港口合作利用的研究热点、主要研究机构、研究群体等，探索一条适宜长三角港口岸线合作利用的路径。

以"港口合作"为检索词、以 2000～2015 年为检索年限，在中国知网上共检索出 281 篇相关文章。利用 Citespace 软件，对这 281 篇文章进行了关键词分析，发现："港口"和"港口物流"是出现频率最高的两个词汇，其次是"合作""港口群"两个关键词汇，再次图中显示"港口功能""经济合作""协同发展""发展战略""交通运输经济""对策""合作博弈""海洋经济""集装箱港""集装箱运输""集装箱吞吐量""国际航运中心"等词汇。然而，剩下的一些词汇出现频率则相对较小，例如，描述地区性的词汇"长三角""长三角地区""中国""闽台""福建""东北亚""东盟"等，描述港口建设的词汇"港口资源""组合港""交通运输""区域港口"等。

"港口""合作"成为 2001 年左右国内学者研究港口合作利用时使用频率最高的关键词，随后的三四年内"港口群""港口功能""经济合作"等成为较为频繁使用的关键词汇，但是没有形成新的研究范式。直到 2006 年左右，"港口物流"才成为新的高频引用词汇，伴随这种研究浪潮而来的低频引用词汇有"物流合作""港口合作""合作博弈""竞争""集装箱港"等。此后，沿着"协同发展""区域合作""海洋经济"一直演变到现在的"一带一路""21 世纪海上丝绸之路"等词汇，在研究的空间层面，关键词汇经历了"台湾""福建""中国""南通港"到"东北亚""长三角"再到"环渤海""东盟""海上丝绸之路"这样一个紧随国家政策的空间演变。各研

究主题聚类情况以及各类主题在 2000~2015 年这条时间线上的演变情况，聚类情况不是很好，研究主题较分散，仅三四类主题 15 年以来一直持续被研究。

上海海事大学经济管理学院是研究港口合作成果最多的机构，其次是中国科学院南京地理与湖泊研究所、东北师范大学城市与环境学院、河海大学交通学院、大连海事大学交通运输管理学院、上海交通大学船舶海洋与建筑工程学院、上海交通大学安泰经济与管理学院，可见，一些与海洋交通、海洋经济等相关的研究机构成为港口利用研究的主体，其次一些经济发达、高校资源众多的沿海城市对研究机构的成果影响较大，如上海市。

另外，2003 年之前深圳大学和河海大学等研究了港口合作，然而成果较少，到 2003 年东北师范大学城市与环境学院研究成果突增，随后两年内中国科学院南京地理与湖泊研究所的相关研究成果也实现突增，其后也有一些其他研究机构展开研究，但都没能实现突破。直到 2007 年左右，上海海事大学经济管理学院实现研究成果的再次突增，成为新的转折点，此后，大量研究机构展开相关研究，但是研究成果却一直较少。

汪传旭、曹有挥两位学者在港口合作利用方面的研究成果较多，另外，庄佩君、肖金成、周建华、周鑫等也对港口合作做了较多研究。首先是曹有挥在 2004 年产出较多有关港口合作的研究成果，随后庄佩君、肖成金分别在 2005、2006 年形成较多相关成果，然而，到了 2008 年，汪传旭、周建华、周鑫都产出大量研究成果，尤其是汪传旭成为 2000~2015 年该研究议题发文量最多的学者。

综上所述，2000~2015 年我国港口合作研究议题经历了以下演变特征：一是从单独、割裂的"港口""合作"研究到以港口产业或功能导引港口合作，然后再到以国家政策导向的港口合作；二是研究空间上，从单个沿海城市演变到区域性沿海城市，最终演变到跨区域性沿海城市；三是研究方法上，由最初的定性分析（如 SWOT 分析）

演变到定量分析（如博弈论）；四是研究学科，逐渐由海洋管理学为主转向海洋运输经济学，最近又延伸到海洋政治经济学；五是研究机构，形成以上海海事大学一家独大的局面，尤以上海海事大学经济管理学院为甚；六是研究作者群，形成以汪传旭、庄佩君、肖金成、周建华、周鑫等为核心的研究群体。

此外，通过国内外文献梳理得到：其中，Verhoeff（1981）第一次深入探讨了海港竞争问题，并为博弈论方法的应用奠定基础①；随后，Jankowski（1989）② 与 Imai（2006）③ 借助非合作博弈模型分别研究了托运人与承运人间的博弈行为和集装箱大型船舶的经济可行性；另外，Song（2002）④、Saeed（2010）⑤ 和 Hyangsook（2014）⑥ 借助合作博弈模型分别对航运联盟战略、集装箱码头运营策略和港口合作行为进行分析；此外，还有其他学者研究了地中海港口合作政策⑦、利益相关者视角的港口管理⑧等。国内早期主要借助一般数学模型定量研究港口体系结构⑨，为后期博弈论在港口竞合关系中的应

① Verhoeff J M. Seaport competition: some fundamental and political aspects [J]. Maritime Policy & Management, 1981, 8 (1): 49 – 60.

② Jankowski W B. The development of liner shipping conferences: a game theoretical explanation [J]. International Journal of Morphology, 1989, 30 (2): 656 – 660.

③ Imai A, Nishimura E, Papadimitriou S, et al. The economic viability of container megaships [J]. Transportation Research Part E Logistics & Transportation Review, 2006, 42 (1): 21 – 41.

④ Dong-Wook Song, Photis M. Panayides. A conceptual application of cooperative game theory to liner shipping strategic alliances [J]. Maritime Policy & Management, 2002, 29 (29): 285 – 301.

⑤ Saeed N, Larsen O I. An application of cooperative game among container terminals of one port [J]. European Journal of Operational Research, 2010, 203 (2): 393 – 403.

⑥ Lee H, Boile M, Theofanis S, et al. Game theoretical models of the cooperative carrier behavior [J]. Ksce Journal of Civil Engineering, 2014, 18 (5): 1528 – 1538.

⑦ Gianfranco F, Claudia P, Patrizia S, et al. Port Cooperation Policies in the Mediterranean Basin: An Experimental Approach Using Cluster Analysis [J]. Transportation Research Procedia, 2014 (3): 700 – 709.

⑧ Lam J S L, Ng A K Y, Fu X. Stakeholder management for establishing sustainable regional port governance [J]. Research in Transportation Business & Management, 2013 (8): 30 – 38.

⑨ 曹有挥. 长江沿岸港口体系空间结构研究 [J]. 地理学报, 1999, 54 (3).

用奠定了基础。21 世纪初，封学军①、董洁霜②首先借助博弈论分别分析了港口合作必要性和合作机制，周慧则构建了港口双寡头两阶段博弈模型依次分析了港口服务质量和价格竞争行为③；随后，大量学者利用合作博弈或非合作博弈分析了港口间的市场博弈④、地方政府与码头间的博弈⑤以及不同地区港口合作与收益分配机制⑥⑦⑧⑨等，最近，舒昶还将博弈论应用到两代人之间的资源代际配置分析⑩。可见，国外主要以港口与航运公司间的竞合关系作为博弈论的分析对象，港口群视角的考虑相对匮乏；国内相关研究中对港口群内部竞合关系虽然有所关注，但是分析所用的博弈论模型大都是以完全理性为前提，对港口群内部复杂关系的适应性不高。需要指出的是，以上海为龙头的长三角沿海城市的港口经济在飞速发展的同时，其内部的结构性、素质性矛盾也日益显露，严重影响长三角甚至全国海洋经济的发展。因此，本书选取长三角港口群为研究案例，借助博弈论模型量化港口间的竞合行为，从而为国家相关政策提供科学参考。

---

① 封学军. 从博弈论看港口物流联盟的必要性 [J]. 水运管理，2003 (4)：4 – 6.

② 董洁霜，范炳全，刘魏巍. 现代物流发展与港口区位合作博弈分析 [J]. 经济地理，2005，25 (1)：113 – 116.

③ 周慧，严以新. 港口企业双寡头价格质量博弈分析 [J]. 河海大学学报（自然科学版），2004，32 (4)：470 – 473.

④ 蒙少东. 上海洋山港港口物流的市场博弈分析 [J]. 地域研究与开发，2008，27 (4)：52 – 55.

⑤ 余明珠，山峻. 区域港口群中竞合关系的博弈研究 [J]. 运筹与管理，2014，23 (5).

⑥ 顾波军，张祥. 港口物流系统的合作投资博弈分析 [J]. 管理现代化，2014，34 (3)：93 – 98.

⑦ 范洋，高田义，乔晗. 基于博弈模型的港口群内竞争合作研究 [J]. 系统工程理论与实践，2015，35 (4)：955 – 964.

⑧ 李燕，张玉庆. 环渤海港口合作机制研究 [J]. 北京行政学院学报，2012 (3)：81 – 84.

⑨ 汪传旭，张苏. 考虑风险和贡献因素的港口合作收益分配模型 [J]. 交通运输工程学报，2009，9 (1).

⑩ 舒昶，张林波. 基于博弈视角的港口岸线资源代际配置分析 [J]. 生态经济（中文版），2015，31 (6)：118 – 121.

二、长三角海洋岸线港口资源及其利用现状

（一）长三角海洋岸线与港口资源分布

1. 长三角滨海城市海岸线类型与特征

海岸线作为滨海地区或岛屿的特有资源，在为人类的生活和生产活动提供空间场所的同时，也成为海域资源环境状况的直观体现，其对地区、国家乃至全球的重要性不言而喻。一般而言，海岸线是海洋与陆地的分界线，但世界各国对其具体位置的认定尚不存在统一标准。由于每天潮汐涨落以及海水进退过程，海岸线总是处于动态变换中，然而，大多数国家直接将海水与陆地的瞬时交界线定为海岸线。我国在国家标准《海洋学术语海洋地质学》（GB/T 18190—2000）中这样定义海岸线"海岸线是海陆分界线，在我国系指多年大潮高潮位时的海陆界线"，以及测绘部门称海岸线为"大潮高潮时海陆分界的痕迹线"。根据海岸线成因，可分为自然海岸线和人工海岸线。其中，自然海岸线包括基岩岸线、河口岸线、砂质岸线、粉砂淤泥质岸线，是一种完全受自然因素作用下的海岸；人工海岸线主要受人类活动的支配，以养殖围堤、盐田围堤、农田围堤、交通围堤、码头岸线和建设围堤等形式存在。长三角地区海岸线总长度约为3300千米，依据《海岛海岸带卫星遥感调查技术规程》海岸线分类体系，可将长三角海岸线分为粉砂淤泥质岸线、基岩岸线、砂质岸线、河口岸线和人工岸线五种类型，长三角各沿海城市海岸线状况如表4-1所示。可知，第一，江苏的连云港和盐城市的海岸线类型均以粉砂淤泥质岸线为主，并有少量的河口岸线，除此之外，连云港市海岸线类型较为齐全，还零星分布少量的基岩岸线、砂质岸线、人工岸线；江苏南通

的海岸线分布情况则与之相反，主要以人工岸线为主，并有少量零星分布的粉砂淤泥质岸线；另外，在苏州市太仓境内分布有一小段长江岸线，主要为粉砂淤泥质岸线和河口岸线。第二，上海市海岸线主要分布在宝山区、浦东新区、奉贤区以及金山区等四个市辖区，且都主要以人工岸线为主，零星分布少量粉砂淤泥质岸线。第三，浙江六个沿海城市的五种岸线类型分布特征是：浙江海岸线类型较为齐全，主要以人工岸线为主，并且宁波和台州分布有大量基岩岸线，温州分布有较多河口岸线，其他类型岸线则在浙江省以零星方式分布。

表 4-1　　　　　长江三角洲沿海城市海岸线 2013 年统计

省　市	沿海城市或岸段	岸线类型及分布或岸线长度（千米）		岸线长度（千米）
江苏	连云港（龙王河口附近海岸）	粉砂淤泥质岸线	主要类型	211.6
		人工岸线、河口岸线砂质岸线、基岩岸线	零星分布	
	盐城（新洋港口附近海岸）	粉砂淤泥质岸线	主要类型	582
		河口岸线		
	南通（长江口启东海岸北岸附近）	人工岸线	主要类型	215.85
		粉砂淤泥质岸线	零星分布	
	苏州	粉砂淤泥质岸线	主要类型	38.8
		河口岸线		
上海	宝山区和浦东区（长江口启东海岸南岸）	人工岸线	主要类型	141.6
		粉砂淤泥质岸线	零星分布	
	奉贤区和金山区（杭州湾上海岸段）	人工岸线	主要类型	54.9
		粉砂淤泥质岸线	零星分布	
浙江（2012年数据）	嘉兴	人工岸线	104.2	114.0
		河口岸线	1.5	
		基岩岸线	6.5	
		粉砂淤泥质岸线	1.9	
	杭州	人工岸线	22.4	23.7
		河口岸线	1.2	

续表

省　市	沿海城市或岸段	岸线类型及分布或岸线长度（千米）		岸线长度（千米）
浙江（2012 年数据）	绍兴	人工岸线	55.6	57.0
		河口岸线	1.4	
		粉砂淤泥质岸线	0.0	
	宁波	人工岸线	619.3	776.6
		河口岸线	4.0	
		砂质岸线	6.9	
		基岩岸线	146.4	
	舟山	岛屿岸线	286.1	286.1
	台州	人工岸线	380.2	566.7
		河口岸线	3.9	
		砂质岸线	1.4	
		基岩岸线	179.7	
		粉砂淤泥质岸线	1.5	
	温州	人工岸线	251.0	404.8
		河口岸线	144.0	
		砂质岸线	5.2	
		基岩岸线	4.7	
		粉砂淤泥质岸线	0.0	

总体来看，长三角海岸线分布特征是以南通市为分界点，该点以北主要是粉砂淤泥质岸线，该点以南（包括该点）主要以人工岸线为主，其他类型岸线在长三角海岸线上零星分布着。

2. 长三角滨海城市港口分布与特征

长三角绵延 3000 多千米的海岸线上分布着许多重要的沿海港口，如表 4-2 所示。《中国港口年鉴 2015》数据显示，长三角 2014 年货物吞吐量超过亿吨的港口有宁波—舟山港、上海港、南通港、苏州港、南京港、杭州港、镇江港、连云港港、泰州港、江阴港等；集装箱吞吐量超过 200 万 TEU 的港口有上海港、宁波—舟山港、连云港港、苏州港、南京港等。

表 4 - 2 　　　　　长三角重要沿海及内河港口以及
2014 年港口码头泊位拥有量

省市	城市	沿海港口	生产用码头泊位数		公用码头泊位数	
				万吨级		万吨级
江苏省	南通	南通港	148	66	99	55
	连云港	连云港港				
	盐城	盐城港				
	苏州	苏州港				
上海市	上海市	上海港	608	156	216	86
浙江省	嘉兴	嘉兴港	1093	208	223	122
	杭州	杭州港				
	宁波	宁波—舟山港				
	舟山	宁波—舟山港				
	绍兴	绍兴港				
	台州	台州港				
	温州	温州港				

综上所述，长三角拥有丰富的岸线港口资源，在数量上浙江省占比最大、上海岸线港口资源占比最小。第一，长三角海岸线中南通市以北以粉砂淤泥质岸线为主，南通市以南（包括南通）以人工岸线为主，浙江境内还分布有部分连续的基岩岸线，近几年出现零碎化，其他类型的海岸线在整个长三角海岸线上成零星分布。第二，从港口分布与规模看，江苏沿海分布有南通港、连云港港、盐城港（大丰港区、射阳港区、响水港区、滨海港区、内河港口）、泰州港、苏州港等港口，上海只有上海港（包括市辖长江口南岸、黄浦江两岸和杭州湾北岸，崇明岛、长兴岛、横沙岛沿岸、洋山深水港区及上海内河港区），浙江沿海分布有嘉兴港、杭州港、绍兴港、宁波—舟山港、台州港、温州港等港口。长江三角洲地区港口群集装箱运输布局

以上海、宁波—舟山港、苏州港为干线港，包括南京、南通、镇江等长江下游港口共同组成的上海国际航运中心集装箱运输系统，相应布局连云港、嘉兴、温州、台州等支线和喂给港口；进口石油、天然气接卸中转储运系统以上海、南通、宁波、舟山港为主，相应布局南京等港口；进口铁矿石中转运输系统以宁波、舟山、连云港港为主，相应布局上海、苏州、南通、镇江、南京等港口；煤炭接卸及转运系统以连云港为主布局煤炭装船港和由该地区公用码头、能源等企业自用码头共同组成；粮食中转储运系统以上海、南通、连云港、舟山和嘉兴等港口组成；以上海、南京等港口布局商品汽车运输系统，以宁波、舟山、温州等港口为主布局陆岛滚装运输系统；以上海港为主布局国内、国外旅客中转及邮轮运输设施[①]。

（二）长三角海洋港口的利用现状与趋势

1. 长三角滨海岸线与海岸带利用特征

海岸线由于受到自然因素和人为因素的影响，会发生不确定性变化，主要体现为向海洋或陆地的推移，进而导致海岸线形状和长度发生变化。其中自然因素包括地质、地貌和水文等；人类活动主要指填海造地、港口码头建设和围海养殖等。在我国，围填海是海岸线变迁的重要因素，大规模的围填海导致岸线快速向海推进。根据长三角海岸陆地面积变化数据（见表4−3），长三角海岸带土地利用面积逐年增加，海岸线整体上呈现出一种向海推进态势，海岸线形状也发生不同程度变化。

---

① 段璐璐. 基于博弈论的港口群内竞争研究［D］. 杭州：浙江大学，2014.

表 4 - 3 　　　　　　　　　　长三角海岸陆地面积变化

(2004~2013 年与 2004~2012 年)

省/市	沿海城市或岸段	陆地面积变化				年份
		增加	减少	总变化		
江苏	烧香河口—废黄河尖端	3.67	5.01	-1.34	544.88	2004~2013
	废黄河尖端—射阳河口	1.71	10.2	-8.49		
	射阳河口—斗龙港口	9.65	0.42	9.23		
	斗龙港口—东灶港口	461.90	0.08	461.82		
	东灶港口—蒿枝港口	47.96	0	47.96		
	蒿枝港口—启东嘴	21.40	0.34	21.06		
	长江北岸	16.12	1.48	14.64		
上海	长江南岸	100.81	0.12	100.69	118.33	
	杭州湾浦东岸段	3.82	0	3.82		
	奉贤岸段	9.27	0	9.27		
	金山岸段	4.57	0.02	4.55		
浙江	嘉兴	46.14	0.01	46.13	611.29	2004~2012
	杭州	16.28	0	16.28		
	绍兴	49.69	0	49.69		
	宁波	235.68	1.23	234.45		
	舟山					
	台州	174.03	1.26	172.77		
	温州	92.01	0.04	91.97		

（注：上海合计旁列总数 1274.5）

　　如表 4-4 所示，长三角海岸线向海推移的态势主要是由于人为因素干扰，主要表现为人类的围填海活动，当然也有一部分自然因素，如兴庄河口—云台山北的淤泥质岸段、射阳河口—东灶港口岸段、蒿枝港口—启动嘴岸线以及长江口岸线除了受人为因素，还受到丰富泥沙的堆积作用影响。另外，一部分海岸线会受到自然因素作用发生侵蚀，如波浪和潮流等。但是由于人类活动影响较为强烈，长三角海岸陆地面积会持续增加，海岸线会呈现一种继续向海推移现象。

表 4 - 4　　　　　　　　长三角各沿海城市不同类型围填海面积

海岸利用类型及面积	市区	围海（km²）				填海（km²）					围填海（km²）
		养殖池塘	盐田	其他	总计	城镇建设	农业	港口码头	其他	总计	总计
江苏	连云港	6.27	0	3.34	9.62	0.39	0	7.57	20.57	28.53	38.15
	盐城市	105.30	0.89	64.58	170.77	0	0	16.95	39.31	56.26	227.03
	南通市	69.12	0	0.93	70.05	25.83	32.49	42.37	97.05	197.76	267.80
	苏州市	0	0	2.44	2.44	0	0	11.81	3.01	14.82	17.26
上海	宝山区	0	0	0	0	0	0	1.65	0	1.65	1.65
	浦东新区	0	0	4.25	0.54	34.62	3.56	42.64	81.36	85.61	7.78
	奉贤区	0	0	2.81	2.81	0	0	0	5.84		8.65
	金山区	0	0	1.31	1.31	0	0	0.28	2.98	3.25	4.57
浙江	嘉兴市										46.70
	杭州市										11.87
	宁波市										193.57
	舟山市										
	绍兴市										44.00
	温州市										128.6
	台州市										171.7

2. 长三角滨海城市港口建设与利用趋势

中央政府和长三角滨海地区城市政府对长三角各重要港口实施不同程度的规划与建设，根据《中国港口年鉴2015》数据总结得重要港口2014年的规划编制、重大建设项目、对外开放、港口合作、运营模式，如表4-5、表4-6所示等情况。

表 4 - 5　　　　　　　　长三角重要港口建设规划文件

港　　口	编制部门	规划文本
南通港	南通市海洋与渔业局等	《南通市海洋功能区划》《南通市"十二五"海洋经济发展规划》《南通市沿海开发规划》《南通市"十二五"渔业发展专项规划》《南通市"十二五"沿海滩涂围垦及开发利用规划》《南通市"十二五"港口发展规划》《南通市沿海排污口设置规划》、各县（市、区）《水域滩涂养殖规划》《南通市浅海养殖发展规划》（2014～2020）等

续表

港 口	编制部门	规划文本
连云港港	连云港市农开局、市海洋与渔业局等	连云港市沿海滩涂开发"十五"规划、"十一五"规划以及"十二五规划"、《江苏沿海地区发展规划》《海洋功能区划》《海岸保护与利用规划》《海岛保护与利用规划》《区域用海规划》以及《现代渔业发展规划》《连云港市海洋与渔业"十二五"发展规划》
盐城港	市海洋与渔业局、盐城市港口管理局	《盐城港总体规划》《盐城市海洋功能区划（2014～2020年)》《盐城港"十二五"发展规划》等
苏州港	市水利局等	张家港市国民经济和社会发展第十三个五年规划纲要、《太仓市水利水务信息化发展规划》《太仓市长江堤防堤线总体规划》《太仓市污水处理专项规划（2011～2030年)》《太仓市水利现代化规划（2011～2020年)》《太仓市水资源综合规划》等
上海港	市规划与国土局、市水务局	《长江口综合整治开发规划》《上海市土地利用总体规划（2006～2020年)》《长江口航道发展规划》、上海市滩涂资源开发利用与保护"十二五"规划、《上海市海洋功能区划（2014～2020年)》《上海市临港新城总体规划（2004～2020年)》《长江三角洲地区区域规划》、临港地区中长期发展规划、《上海市城市总体规划》
嘉兴港	市发改委、市建委、市国土局、市海事局	《嘉兴市防治船舶及其有关作业活动污染海洋环境应急能力建设规划》《嘉兴港总体规划》《嘉兴市滨海新区现代物流发展规划》《嘉兴市滨海新区产业发展规划》《嘉兴滨海新区总体规划》《嘉兴市土地利用规划》等
杭州港	市规划局、市经信委等	杭州市国内经济合作"十五"计划纲要、杭州市"十一五"国内合作交流发展规划、杭州市对接上海世博会，发展世博经济规划、《杭州市接轨大上海、融入长三角、打造增长极规划》《长江三角洲地区区域规划》等
宁波港	市海洋与渔业局、市发改委、宁波—舟山港管委会、水利局等	《宁波—舟山港总体规划》《宁波市滩涂围垦造地规划（2011～2020年)》、宁波市滩涂、水域养殖规划、宁波市海洋功能区划、无居民海岛保护规划、宁波—舟山港总体规划、宁波市滩涂利用总体规划、宁波市渔港（避风锚地）规划、宁波市滨海旅游发展规划、宁波市海岸带地区的海陆统筹规划机制研究等

港　口	编制部门	规划文本
舟山港	市规划局、市农林与渔村委、市海洋与渔业局等	舟山市山海协作工程"十二五"规划、舟山市水利发展"十二五"规划、舟山市"十二五"渔业发展规划、舟山市统筹城乡发展推进新渔农村建设五年规划、舟山市"十二五"海洋旅游业发展规划、环杭州湾产业带舟山产业区发展规划、普陀山机场"十一五"发展规划、舟山市六横岛总体规划（2008~2020年）、舟山国际粮油产业园区控制性详细规划、浙江舟山群岛新区发展规划、舟山群岛新区总体规划、舟山市国民经济和社会发展第十三个五年规划纲要、舟山市城市绿地系统规划（2010~2020年）等
绍兴港	绍兴市水利局、市政府、市规划局	《绍兴港总体规划》、绍兴市水利局发展规划、《绍兴市"十二五"水利发展规划》、绍兴市城市总体规划（2014~2020年）、绍兴岸线规划等
台州港	市规划局、市政府、市国土局、市水利局、市经信局、市海洋与渔业局	《台州港总体规划》《台州市城市总体规划（2004~2020年）》《台州市土地利用总体规划（2006~2020年）》《台州市区生态环境功能区规划》《台州市水功能区水环境功能区划分方案》《台州市滩涂围垦总体规划（2014~2030年）》《台州湾循环经济产业集聚区总体规划（2014~2020年）》、台州市区环境功能区划等
温州港	市海事局、市规划局等	《温州港大小门岛总体规划》《温州港贩江港区灵昆作业区规划调整方案》《温州港平阳港区总体规划方案》等

表 4 - 6　　　　　　　长三角重要港口 2014 年规划建设项目

港　口	事　件
南通港	6月16日南通综合保税区全面封关运作、7月3日南通洋口港最大LNG储罐项目获批、启东港获准对外开放；组建了港口安全管理专家库；建立公司化运营模式；《通州湾港区总体规划方案》形成；《南通港总体规划》修编工作进展顺利；3月，南通港口集团与南通海事局签订深化大船品牌合作共建协议
连云港港	信息化建设提速增效，建成光纤环网、无线网络系统和大数据中心，移动协同办公、生产、水务等智能系统和海铁联运物联网示范工程再结硕果；2014年，连云港港口集团形成《全面深化改革总体方案》，并组织实施多项改革

续表

港　口	事　件
盐城港	8月27日洋口港获准对外开放、盐城市港口管理局组织了《盐城港总体规划》的修编工作，2014年3月通过市政府评审；2014年港口基础设施投资完成25.64亿元，建成万吨级以上泊位2个；盐城港大丰港区至2014年底，已建成码头生产性泊位35个（另建成内河19个），码头总延长3401.553米（海港岸线）
苏州港	2014年完成投资20.5亿元，新增码头泊位8个，新增万吨级以上泊位4个；2月，太仓港上海港战略合作进入实质性运作，合资成立太仓港上港正和集装箱码头有限公司；太仓港通过与上海港的合作，7月启动了太仓至洋山港的"公共穿梭巴士"平台项目；12月9日苏州港首座高智能散货码头主体完工；老码头结构加固改造工作全部完成；中国移动通信太仓中远码头基站光缆入地工程
上海港	自贸区融资租赁资产交易平台揭牌；10月31日，全国海运发展推进会在上海召开；12月23日，国内首个全自动化集装箱码头——上海国际航运中心洋山深水港区四期工程正式开工建设；12月29日，中资非五星旗船沿海捎带试点运营
嘉兴港	嘉兴港规划形成"一港三区"的港口总体布局；海盐港区首个万吨级码头投入运行；9月10日，《嘉兴市防治船舶及其有关作业活动污染海洋环境应急能力建设规划》通过评审；10月14日，独山港区Ⅱ区内河港池使用港口岸线获批；2月24日，国务院批复同意浙江乍浦港口岸更名为嘉兴港口岸并扩大开放，开放范围为独山、海盐港区34.2千米岸线、共25个泊位；3月31日，嘉兴港通关服务中心项目开工建设；7月7日，嘉兴港海盐港区c区5号、6号多用途码头项目开工建设
杭州港	落实"五水共治"要求，开展码头防污染工作；推进规划作业区前期工作，萧山义桥规划作业区Ⅰ工程已完成项目建议书的编制，于2014年5月底上报省发改委并已受理；2014年港口在建工程5个项目完成投资5990万元，累计完成投资额1.13亿元，项目总投资2.05亿元，为总投资55.3%；2014年富春江船闸扩建改造工程克服两次洪峰袭击影响，完成投资3.54亿元，全面完成省市各级考核任务；按照目标任务有序推进"三江两岸"整治工作，拆除砂石码头8座，对13座永久和过渡性保留码头进行生态景观化改造

续表

港　口	事　件
宁波—舟山港	宁波—舟山港规划形成"一港、二域、十九区"的港口总体布局；2014 年完成《宁波—舟山港总体规划》修订完善工作；7 月 31 日，宁波—舟山港梅山港区 6 至 10 号集装箱码头工程项目获国家发改委核准；9 月 11 日，宁波、舟山两港集团签署全面战略合作协议；9 月 30 日，宁波港股份有限公司律师事务部揭牌仪式在宁波港大厦举行；10 月 16 日，第四届中国宁波国际港口文化节正式开幕；10 月底，条帚门航道正式对外开放；12 月 17 日，宁波港口岸梅山港区和北仑港区四期集装箱码头 2 号泊位对外开放顺利通过国家级验收，宁波港口岸开放程度进一步扩大；2014 年，先后编制完成了衢山分区产业发展规划、概念性规划和控制性规划；10 月 28 日，衢山分区建设正式开工；2010 年 9 月开工兴建舟山外钓岛光汇油品储运基地项目；2013 年 10 月开工建设万吨级油品码头（10～13#泊位）项目，总投资 10.71 亿元；油库项目；2014 年底完成老塘山港区骐首物流仓储项目的全部施工图审查和评审；2014 年 10 月 25 日，新奥（舟山）LNG 接收及加注站项目地基处理工程举行开工仪式；舟山国际航运船舶液化天然气加注站项目；舟山港外钓油品应急储运工程罐区项目；舟山实华公司原油码头二期工程项目；金塘大浦口集装箱码头二阶段工程项目；鼠浪湖岛矿石中转码头项目；纳海油污水处理码头项目；万向石油储运一期项目；黄泽山石油中转储运项目；六横港区（华泰）油品装卸码头工程项目；舟山群岛国际邮轮码头工程项目；蛇移门 40 万吨级航道工程项目；舟山中部港域西航道工程项目；2014 年 7 月岙山石油中转基地开启保税油跨关供应业务；10 月 13 日，舟山群岛国际邮轮港正式开港
绍兴港	《绍兴港总体规划》于 2006 年 9 月 27 日获绍兴市人民政府批复；2014 年完成港口吞吐量 1813.4 万吨，其中出港 323.3 万吨，进港 1490.1 万吨
台州港	台州港规划形成"一港六区"的港口总体布局；2014 年，水运基础设施建设投资完成 9 亿元，超过政府考核目标 12.5%；12 月 26 日台州中心枢纽港—临海头门港一期码头正式开港，首座 2 万吨级兼靠 3 万吨级通用散杂货泊位正式投入运营；12 月 30 日，台州市政府组织召开《台州港总体规划》（2014～2030年）评审会
温州港	温州港规划形成"一港七区"的港口总体布局；2014 年，温州港口岸扩大开放获国务院批复，并于 12 月 19 日正式通过国家验收；《温州港大小门岛总体规划》通过交通运输部综合规划司和浙江省交通运输厅审查；2014 年，状元岙港区完成投资 2.82 亿元；2014 年，瓯江港区完成投资 3.33 亿元，占温州上年水运建设投资总额的 11.2%，《温州港贩江港区灵昆作业区规划调整方案》通过温州市人民政府的审查，上报国家交通运输部和省政府审批；2014 年，苍南港区完成投资 6.40 亿元；2014 年 11 月 30 日，《温州港平阳港区总体规划方案》通过专家评审；2014 年 7 月 2 日上午，瑞安华东散装水泥物流配送中心码头工程在瑞安经济开发区阁巷新区举行奠基仪式；2014 年，乐清湾港区完成投资 10.12 亿元

三、长三角海洋岸线港口合作利用历程及港口群竞争环境

（一）长三角岸线港口合作利用进程反思

如表4-2与表4-6所示：一是长三角海洋岸线港口利用强度越来越大，利用速率也逐年攀升；二是长三角沿海城市间的港口利用仍然以竞争为主，但是港口开放度逐年提升，港口合作利用受重视程度日益提升，近年形成多个典型合作案例，如图4-1所示，为其他港口合作发展提供了示范。

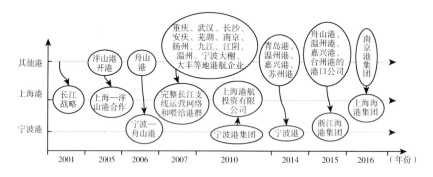

图4-1 典型港口合作路径演化

1. 长江战略合作案例

2001年，上海港依据其优越的腹地，开始实施"长江战略"。上海港集团与其他港口集团联合形成了自长江上游至下游的集装箱装卸、运输、代理等一条龙服务的支线运营网络和喂给港群，为上海港建设国际航运中心做足准备。并且将长江上、中、下游的武汉港、重庆港、芜湖港、南京港、南通港等纳入其腹地范围，利用水中转这一便捷高效的方式，确保上海港尤其是洋山港区的货源喂给。可见，上

海港的"长江战略"很大程度上增加了上海港的货运量以及市场范围。

2. 上海—洋山港合作案例

上海港位于我国海岸线与长江"黄金水道"的交叉点，交通区位十分重要，拥有长江三角洲和长江流域等广阔的港口腹地，因此，上海港凭借其优越的市场、运输、箱源等条件，2009 年发展成为全球吞吐量第一、集装箱吞吐量第二的综合性港口。然而，上海港除了以上优点以外，由于其属于河口港，具有深水岸线资源非常有限，并且易受淤积和潮水的影响等不足，导致进港船舶吨位较小，最大靠泊能力为 3000 吨，很大程度上限制了上海港未来发展。

洋山深水港位于浙江省嵊泗崎岖列岛，是中国首个在海岛建设的离岸式港口。其中，洋山港由 69 个岛屿组成，具有 15 米以上水深岸线，可容纳 8000 标准以上的大型集装箱船舶靠泊作业能力。基于补缺上海深水岸线不足缺点，国务院于 2005 年批准其港政、航政以及口岸管理权力划归上海港，上海港与洋山港合作发展。宁波港的发展虽遭到一定打击，但是，新的上海港具有了新的发展前景。

3. 宁波—舟山港合作案例

宁波港具有得天独厚的岸线资源，深水岸线非常丰富，达 120 多千米，陆域宽阔，水域宽广，其中北仑港区域更是优越，其北、东和南面有舟山群岛作为天然屏障，形成良好的避风港，水深浪小，不冻不淤，平均工作日可达 350 天以上。然而，由于毗邻宁波港的舟山港同样具有良好的深水条件，并且以水水中转为主要功能，两港在货源市场易形成不良竞争，导致总体效益较低，并且一直处于上海港的领导之下。因此，宁波港和舟山港基于共赢目的，于 2006 年 1 月 1 日双双采取港口合作策略。两港一体化以来已取得丰硕成果，舟山大陆连岛工程和金塘港区大浦口集装箱码头先后建成。

4. 宁波—舟山港和上海港合作案例

采取合作发展战略后的宁波—舟山港与上海港成为长三角港口群中竞争最明显的两大港口，其中主要表现为货源竞争、航班航线竞争、深水资源竞争、价格竞争、合作港口的竞争等。宁波—舟山港在深水岸线方面具有较大优势以外，还在原油、液化品、铁矿等领域也有较大优势，成为中国大陆重要的集装箱干线港，以及华东地区煤炭、粮食等大宗散货的中转储存基地，随着上海港与洋山港的合并，其深水岸线资源优势逐渐淡化。另外，上海港在货源、航班航线、价格以及合作港口等方面具有突出优势，2010 年上海港与宁波港合作之后，对于上海国际航运中心的建设产生较大促进作用。

此外，近几年随着市场经济占据主导位置，且合作氛围渐强，宁波舟山港与浙江省以及外省其他港口采取合作发展策略。如完成光明码头部分股权收购、青岛港 H 股认购、温州金鑫和金洋公司一体化整合；舟山、嘉兴、太仓等合资合作项目有序推进；浙江宁波港、舟山港等 5 个港口公司整合成立浙江海港集团；上海港集团与南京港集团签署战略合作协议，并与嘉兴、太仓港区加强合作。可见，在以上竞争环境下长三角各港口合作化趋势逐渐显现，主要由于：一是单个港口岸线资源的结构性缺失促进各港口间形成以资源互补为突破口的港口岸线合作机制；二是长三角城市群规划为港口间的合作突破行政区藩篱提供政策支撑；三是企业、行业协会等非政府力量在港口合作中扮演越来越重要的角色；四是生产模式的转变促进全球生产网络愈发紧密、复杂，也会促进长三角港口间形成一种网络化的合作运营模式。

港口合作后的效益评估也是整个合作策略的重要一环，它标识了港口合作双方下一步合作方案的调整方向，以及其他港口的合作策略日程。长三角港口群合作案例总体上效果不错，有效避免了港口间的恶性竞争，不仅提升了核心港口的国际竞争力，而且带动了其他小港口的发展，促进长三角港口群实现一体化错位发展。例如，宁波—舟山港近几年集装箱吞吐量在全球处领先地位，上海港的深水岸线资源不足压力得到缓解，国际航运中心建设日渐成熟，弱势港口凭借一些合资码头等合作成果得到初步发展。当然，长三角港口合作利用仍然存在一些棘手问题：一是各沿海对岸线港口利用强度越来越大，利用速率也逐年攀升，对生态环境造成一定危害，且存在长三角沿海城市的环境治理责任推脱现象；二是长三角港口群整体合作网络结构疏松，缺乏整体性的合作规划，从而容易出现"小合作下的大竞争"问题；三是合作内容单一，且缺乏实质性的内容，资源共享、合作共赢意识仅停留在观望阶段。

（二）长三角港口群及内部港口竞争环境

自新中国成立以来，我国港口发展经历了旧港改造、新港重建、重点建设以及快速发展等阶段。2006 年 9 月交通部出台的全国沿海港口布局规划，根据不同地区的经济现状及特点、区域内港口现状及港口间运输关系和主要货类运输的经济合理性，将全国沿海港口划分为环渤海、长江三角洲、东南沿海、珠江三角洲和西南沿海 5 个港口群体；此外，长三角港口群不仅面临着国内其他 4 个港口群的竞争压力，还受到我国周边世界级港口的影响，如韩国釜山港、日本神户港等，如图 4-2 所示。

其中，珠三角港口群已由早期的香港港主导的一元结构转变为香港港、广州港以及深圳港三元结构主导的多门户港口结构，发展前景较为可观；其次，环渤海港口群也有早期的孤立发展模式转变为职能分工明确，一体化发展模式；最后，长三角港口群周围的世界级港口更是早就实现了错位发展，内合外竞。可见，面对多重挑战环境，长三角港口群内部港口应形成什么样的竞合关系来构建一个稳固的群体结构是破解问题的关键所在。

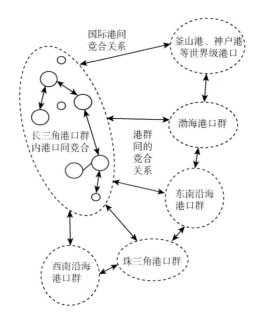

图 4 - 2　不同类型港口竞合关系示意图

四、长三角海洋岸线港口合作利用进程的
主体博弈行为诊断

（一）价格导向博弈模型分析

借助定量方法——博弈论来诊断与审视长三角海洋岸线港口合作利用的主体行为，全面解析海洋岸线港口合作利用的可行路径与模式。

博弈论是指利益相关者双方分别进行决策，任何一方的决策都会影响到另一方的利益，当双方决策达到均衡状态时，各自实现效益最大化，具有情景化、定量化等优势。通常情况下，博弈模型的基本要素包括参与者、策略、后续事件、相关信息和经济效益。其基本假设包括三点：参与者是理性人；参与者可以采取后续行动；参与者可以充分掌握相关信息。博弈论在很多领域有所应用，在本书岸线港口合作中，可以将整个长三角港口群看作一个博弈参与群体，其中各港口可以看作博弈参与者，港口的合作与不合作行为可以看作博弈方的策略集合，博弈方作出决策后的经济收益可以看作博弈结果。然而，在同一港口群内，港口间的竞争表现在很多方面，如港口的吞吐量、价格、服务等，然而能够由港口经营者自行控制因素只有价格、服务，且港口价格相对来说则可根据港口自身条件进行调节。另外，港口群内部关系十分复杂，各港口经营产品并非同质，且各港口决策者也不是同时做出决策，更不是处于完全理性状态。

　　通过梳理经典博弈模型对港口群合作分析的适用性及弊端，如表4－7所示，并结合演化博弈以"有限理性为起点，把群体竞争看作动态过程，个体具有学习、模仿能力"等特征[1][2]，拟构建基于价格导向的单总体演化博弈模型。这是一种动态演化博弈类型，指从博弈群体中抽取两个个体进行两两博弈，根据其博弈结果来预测总体的博弈参与者的策略选择。当然，需要指出这种博弈模型也并非分析港口群复杂竞合关系的最佳方法，而是旨在进一步优化经典博弈模型，情景化模拟长三角港口群合作效益趋势，并对港口主体行为选择模式做出启示。

表4－7　　经典模型应用港口群合作分析的适用性及弊端

经典博弈模型	适用性	弊端
古诺模型	寡头垄断性市场	要求产品同质，同时独立做出决策
伯川德模型	价格决策影响收益	要求产品同质，同时独立做出决策
豪泰林模型	价格及区位对竞争产生影响	市场上只有两个寡头企业提供同质产品，同时独立做出决策
斯诺克伯格模型	不同时间做出价格决策	要求决策方完全理性状态

　　① 段璐璐. 基于博弈论的港口群内竞争研究 [D]. 杭州：浙江大学，2014.
　　② 周鑫，季建华. 港口竞争合作策略的演化博弈分析 [J]. 中国航海，2008，31 (3)：293－297.

由豪泰林模型可知，港口需求函数同时受到自身的价格以及竞争方价格的影响。因此，首先假设第 i 个港口的需求函数为：

$$Y_i = y_i - h_i x_i + \sum_{j \neq i} l_i x_j \qquad i,j = 1,2,3,\cdots,n, 且 i \neq j$$

其中，n 为港口群内可以为客户提供服务的港口数量，x_i 为港口服务的单位价格，h_i、l_i 为价格对港口需求的影响系数，y_i 为价格零影响时的港口需求量。为了避免出现伯川德悖论，设定 $h_i \neq h_j > 0$，即：在港口自身价格变化时，对自身需求量的影响不同，说明不同港口提供港口服务不同质的。此外，令 $l_i > 0$，意味着竞争对手的价格增长，会导致自身港口需求增加，说明港口提供相同类型的产品；也就是说 $l_i > 0$ 时，两港口发生的是横向的竞争与合作。由于港口综合实力不同，对相互之间价格变化的敏感性也不同，因此这里令 $h_i \neq l_i$。假定某个港口群有两个港口（港口 1，港口 2）进行竞争，则两个港口的需求函数可以表示为：

$$Y_1 = y_1 - h_1 x_1 + l_1 x_2$$
$$Y_2 = y_2 - h_2 x_2 + l_2 x_1$$

然后，假设港口 i 的成本函数为：$C_i = Z_i + K Y_i$，则港口 i 的经济效益为：

$W_i = (x_i - K) Y_i - Z_i$（其中 K 为港口相同的变动成本，$Z_i$ 为港口 i 的固定成本）

为了简化分析，不妨假设港口的 K 与 Z_i 均为 0，则此时两港口的收益函数为：

$$W_1 = x_1 Y_1 - Z_1 = x_1 (y_1 - h_1 x_1 + l_1 x_2)$$
$$W_2 = x_2 Y_2 - Z_2 = x_2 (y_2 - h_2 x_2 + l_2 x_1)$$

然而对于港口 1、2 存在以下动态博弈过程如图 4 - 3 所示及其经济效益如表 4 - 8 所示。

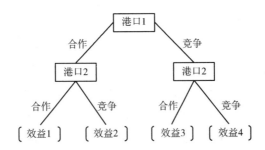

图 4 - 3　两港口博弈策略组合图示

根据表 4 - 8 四种基本的博弈策略组合类型的分析结果，可以借助新的博弈模型对长三角港口群总体策略选择趋势做出预测，即单总体演化博弈。这是一种动态演化博弈类型，指从博弈群体中抽取两个个体进行两两博弈，根据其博弈结果来预测总体的博弈参与者的策略选择。因此，假设两个博弈策略集合 R 为（R_1，R_2）=（不合作，合作），在 t 时刻以前，有 n 个港口执行策略 R_1，在 t 时刻有 m 的港口转变策略（m 为百分比），选择 R_2，换言之，有 1 - m 的港口仍坚持策略 R_1。如果 $E(R_i, R)$ 代表选择 R_i 策略港口的期望收益，那么选择策略 R_2（合作）的港口的最终期望收益为：

$$E(R_2, mR_2 + (1-m)R_1) = E[m(R_2, R_2) + (1-m)(R_1, R_2)] =$$

$$(1-m)\frac{[2h_1h_2y_1 - l_2^2y_1 + h_1l_2y_2 + h_1l_1y_2][2h_2y_1 + l_1y_2 + l_2y_2]}{(4h_1h_2 - l_1l_2 - l_2^2)^2} +$$

$$m\frac{[2h_1h_2y_1 - l_2y_1(l_1 + l_2) + h_1y_2(l_1 - l_2)][2h_2y_1 + y_2(l_1 + l_2)]}{(4h_1h_2 - (l_1 + l_2)^2)^2}$$

仍然采取策略 R_1（不合作）的港口的最终期望收益为：

$$E(R_1, mR_2 + (1-m)R_1) = E[m(R_1, R_2) + (1-m)(R_1, R_1)] =$$

$$(1-m)\frac{h_1(2h_2y_1 + l_1y_2)^2}{(4h_1h_2 - l_1l_2)^2} + m\frac{[2h_1h_2y_1 + h_1l_1y_2][2h_2y_1 + l_1y_2]}{(4h_1h_2 - l_1l_2 - l_2^2)^2}$$

表 4 - 8 两港口博弈策略组合经济效益及其解析

	博弈双方策略解析	均衡条件	均衡价格	期望收益
博弈 1	两个港口均采用合作策略，即两港口均以共同利益最大为目标	$\dfrac{\partial W_{1+2}}{\partial x_1}=0$ 且 $\dfrac{\partial W_{2+1}}{\partial x_2}=0$	$x_1^*=\dfrac{2h_2y_1+y_2(l_1+l_2)}{4h_1h_2-(l_1+l_2)^2}$ $x_2^*=\dfrac{2h_1y_2+y_1(l_1+l_2)}{4h_1h_2-(l_1+l_2)^2}$	$W_1=\dfrac{[2h_1h_2y_1-l_2l_1(l_1-l_2)+h_1y_2(l_1-l_2)][2h_2y_1+y_2(l_1+l_2)]}{(4h_1h_2-(l_1+l_2)^2)^2}$ $W_2=\dfrac{[2h_1h_2y_2-l_1y_2(l_1+l_2)+h_2y_1(l_2-l_1)][2h_1y_2+y_1(l_1+l_2)]}{(4h_1h_2-(l_1+l_2)^2)^2}$
博弈 2	港口 1 采用合作策略，港口 2 采用竞争策略，即港口 1 以共同利益为决策目标，港口 2 以自身利益为决策目标	$\dfrac{\partial W_{1+2}}{\partial x_1}=0$ 且 $\dfrac{\partial W_2}{\partial x_2}=0$	$x_1^*=\dfrac{2h_2y_1+l_1y_2+l_2y_2}{4h_1h_2-l_1l_2-l_2^2}$ $x_2^*=\dfrac{2h_1y_2+l_2y_1}{4h_1h_2-l_1l_2-l_2^2}$	$W_1=\dfrac{[2h_1h_2y_1-l_2^2y_1+h_1l_2y_2+h_1l_1y_2][2h_2y_1+l_1y_2+l_2y_2]}{(4h_1h_2-l_1l_2-l_2^2)^2}$ $W_2=\dfrac{[2h_1h_2y_2+l_1l_2y_1][2h_1y_2+l_2y_1]}{(4h_1h_2-l_1l_2-l_2^2)^2}$
博弈 3	港口 1 采用竞争策略，港口 2 采用合作策略，即港口 1 以自身利益为决策目标，港口 2 以共同利益为决策目标	$\dfrac{\partial W_1}{\partial x_1}=0$ 且 $\dfrac{\partial W_{2+1}}{\partial x_2}=0$	$x_1^*=\dfrac{2h_2y_1+l_1y_2}{4h_1h_2-l_1l_2-l_1^2}$ $x_2^*=\dfrac{2h_1y_2+l_2y_1+l_1y_1}{4h_1h_2-l_1l_2-l_1^2}$	$W_1=\dfrac{[2h_2y_1+h_1l_1y_2][2h_2y_1+l_1y_2]}{(4h_1h_2-l_1l_2-l_1^2)^2}$ $W_2=\dfrac{[2h_1h_2y_2-l_1^2y_2+h_2l_2y_1+h_2l_1y_1][2h_1y_2+l_2y_1+l_1y_1]}{(4h_1h_2-l_1l_2-l_1^2)^2}$
博弈 4	两个港口均采用竞争策略，即两港口均以自身利益最大为目标	$\dfrac{\partial W_1}{\partial x_1}=0$ 且 $\dfrac{\partial W_2}{\partial x_2}=0$	$x_1^*=\dfrac{2h_2y_1+l_1y_2}{4h_1h_2-l_1l_2}$ $x_2^*=\dfrac{2h_1y_2+l_2y_1}{4h_1h_2-l_1l_2}$	$W_1=\dfrac{h_1(2h_2y_1+l_1y_2)^2}{(4h_1h_2-l_1l_2)^2}$ $W_2=\dfrac{h_2(2h_1y_2+l_2y_1)^2}{(4h_1h_2-l_1l_2)^2}$

记采取合作策略与采取非合作策略港口的期望效益差为：

$$\Delta E = E(R_2, (1-m)R_1 + mR_2) - E(R_1, (1-m)R_1 + mR_2)$$

因此，当 $\Delta E > 0$ 时，说明选择合作策略的港口收益大于选择非合作策略的港口收益，换言之，长三角港口群内新出现的合作策略是稳定的、有效的，并且长三角港口群内一些理智的非合作博弈者，会在后期博弈阶段中选择合作策略，会更加促进整个港口群有序的合作化运营。可见，对 h_1、h_2、l_1、l_2 四个参数赋以不同值，可以模拟 ΔE 值变化，进而表现出新决策后的经济效益情况，并对港口的下一步策略选择提供参考。

（二）价格模型导向下岸线港口合作模拟设计

借助 2015 年港口统计数据作为模拟数值参考，选取宁波—舟山港和上海港为长三角港口合作模拟对象，设定在 t 时刻以前，两港的需求以及价格分别为：

$$y_1 = 38，y_2 = 44，x_1 = 544，x_2 = 627$$

另外，港口需求量仅受自身价格影响所要满足的条件为：

$$Y_i = y_i - h_i x_i > 0$$

由此可知，h_1 和 l_1 取值范围均为 $[0, 6]$，h_2 和 l_2 的取值范围均为 $[0, 8]$。另外，由于港口之间的社会、人力、科技、区位等资本的不同，其需求量对价格的敏感程度不同。本节先假定港口 1 的需求量对价格更敏感，即在 $h_1 > h_2$，$l_1 < l_2$ 之间做出变动来观察 ΔE 的变化，在变量值域中选取多个代表性数值进行模拟，通过取极端值与中间值进行排列组合，并剔除不符合实际的数据，拟取系列值如表 4-9 所示。

表4-9   单总体演化下数值模拟赋值表

参数名称	不同赋值组						
	ΔE1	ΔE2	ΔE3	ΔE4	ΔE5	ΔE6	ΔE7
h_1	8	8	8	8	8	8	4
h_2	0	0	6	6	6	6	3.5
l_1	3	5	5	3	0	0	3
l_2	3.5	6	6	3.5	1	6	3.5

各组数据的模拟情况如图4-4所示。

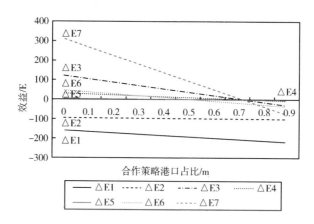

图4-4   港口群内稳定策略数值模拟结果

（三）价格模型导向下岸线港口合作模拟结果分析及行为启示

单总体演化条件下，通过对群体中个体随机配对进行两两博弈，把采用不同策略的个体的期望收益进行对比，可对群体中某策略是否稳定进行探究。因此，提取图4-4中的若干直线进行梳理，分析港口群中合作策略稳定性受到港口对价格变化的相对敏感程度影响，如表4-10所示。

表 4 - 10 港口群内稳定策略数值模拟结果比较分析

论 据	结 论	启 示
$\Delta E1 \rightarrow \Delta E4$ $\Delta E2 \rightarrow \Delta E3$	l_i 均在两个极端水平时,h_i 相差越小,ΔE 趋于正值,且 l_i 值较小时,ΔE 越稳定	当港口受其他港口价格变动的影响差异较小时,受本身价格变动影响差异越大,合作策略越无优势;当港口受其他港口价格变动影响越小时,合作策略收益越趋于稳定
$\Delta E3 \rightarrow \Delta E4$ $\rightarrow \Delta E5$	h_i 为较高值且 l_i 相差较小时,随着 l_i 的减小,ΔE 趋于正值且越稳定	当港口受自身价格变动影响较大,且港口间受自身和其他港口价格变动影响的差异均较小时,受其他港口价格变动影响越小,合作策略收益越趋于稳定
$\Delta E5 \rightarrow \Delta E6$	h_i 为较高值时,l_i 相差越小,ΔE 越稳定	当港口受自身价格变动影响较大时,受其他港口价格变动影响越大,港口合作收益越不稳定
$\Delta E1 \rightarrow \Delta E7$	l_i 为中间值时,h_i 相差越小,ΔE 越不稳定,越趋向于正值	港口受其他港口价格变动影响差异较小时,港口受自身价格变动影响差异越小,合作策略越趋于更优策略,但越不稳定并随着选择合作策略港口数目增加,合作收益逐渐降低变为负值

根据以上分析对长三角港口群内部港口主体的决策行为,就港口双方的需求量与价格的变动关系对合作策略的适宜、不适宜以及阶段性做出以下结论:

第一,明确自身港口实力与现状特点,当港口自身需求量受其他港口价格影响的变动量较之对方需求量受其他港口价格影响的变动量无较大区别,且自身需求量随自身价格调整出现大幅变动时,不宜与对方港口采取合作策略。

第二,当港口自身需求量受本身港口价格影响的变动量较之对方需求量受自身港口价格影响的变动量有较大差异时,不宜与对方港口采取合作策略。

第三,当港口需求量受自身价格变动影响较大,受其他港口价格影响较小时,宜与需求量有类似变化性质的港口采取合作策略。

第四,当港口需求量受自身和其他港口影响的变动量与对方的这种变动量类似时，与其采取合作策略初始时利益较大但不稳定，对决策者具有一定的欺骗性。

第五，对于任何情况尤其是第四条，要注意整个港口群中合作策略的占比，当达到 75% 以上时，不宜再采取合作策略，而应保持适当的竞合关系，可见港口合作占比函数具有一个奇点值，超过这个奇点合作效益将由正转负，且奇点值在不同空间尺度背景下可能相异。

当然，由于这五个港口合作主体行为仅是根据港口需求量与价格变动关系来定量分析总结出来的，并不能体现港口行为的真实复杂环境，也不具有绝对的普适性，但是它可以为港口行为主体提供方向性的指引。因此为了更加全面、科学的分析港口合作行为，将在下节考虑价格以外的其他行为决策因素，定性分析岸线港口合作发展路径与保障措施。

五、服务舟山江海联运中心建设的长三角海岸线港口合作路径与措施

（一）长三角海洋岸线港口合作发展策略的决策环境

一个决策者要做一个科学合理的策略，充分的信息是其成功的保证。对于海洋岸线港口合作来说，各港口的发展特点及其腹地发展状况是港口行为主体的重要决策信息。因此，有必要对长三角内重要港口进行简单的回顾与介绍，为港口策略选择提供完善的信息环境。

上海港位于我国海岸线与长江"黄金水道"交汇点，主要包括上海黄浦江沿岸的老港区、长江口的罗径—宝山港区、外高桥—五号沟港区、杭州湾北岸的金山石化—乍浦港区和大小洋山港区等。其主业领域包括港口集装箱、大宗散货和件杂货的装卸生产，以及

与港口生产有关的引航、船舶拖带、理货等港口服务以及港口物流业务。从改革开放以前，上海港一直是长三角地区最大的中心港口，从能源、原材料到外贸，上海港的货量都是一枝独秀。但随着港口管理权限的下放，进入 20 世纪之后，长三角各个地区开始兴建各自的港口，如南京、南通等都在积极筹建港口，虽然洋山港的建设承担了上海港的部分压力，但是由于上海岸线资源尤其是深水岸线资源的短缺，上海港枢纽地位面临着巨大挑战。另外，宁波—舟山港在 2006 年统一合并，与上海形成长三角港口群双枢纽格局，其次由于宁波深水岸线资源丰富，10 米以上深水岸线 183.2 千米，20 米以上深水岸线 82.8 千米，这对深水岸线资源匮乏的上海港带来了巨大压力。然而，江苏境内具有丰富的岸线资源和区位优势，但是由于建设经验和资金匮乏问题一直没能发展起来，与上海港、宁波—舟山港形成较大差距。如连云港港位于我国海州湾西南岸、江苏省的东北端，它的内陆腹地南联长三角，西连中西部地区以至中亚。中西部地区腹地区域面积及经济总量都大于长三角地区，另外连云港港是大西北即陇海兰新沿线五省区的最佳出海口①。因此，可见长三角滨海城市港口间具有各自的比较优势，如宁波—舟山等港口拥有丰富的深水岸线资源，上海港拥有丰富的建设经验和雄厚的腹地资金，南通港、盐城港、台州港、温州港等拥有丰富的岸线资源，连云港港、苏州港等港口拥有优越的区位优势，这些比较优势为长三角港口群之间的岸线港口合作提供了必要环境。

（二）长三角海洋岸线港口合作发展原则、路径与保障措施

综合博弈行为规律与长三角海洋岸线港口合作发展的决策环境，

---

① 段璐璐. 基于博弈论的港口群内竞争研究 ［D］. 杭州：浙江大学，2014.

可知长三角海洋岸线港口的应坚持如表4-11所示的合作秉持原则、可行路径及其核心理念、主导力量、必要保障措施以及共同保障措施。

表4-11   长三角海洋岸线港口合作路径的要点

	核心理念	主导力量	必要保障措施	共同保障措施	秉持原则
路径1	多功能多中心规划	政府	设置区域性规划组织，规划法制化	·完善立法 ·创新投融资制度 ·积极发展NGO ·建立完善的利益分配机制	·多群体协商 ·价格敏感度和比较优势为策略制定的双重参照 ·内、外部机制共同推动
路径2	市场化参股制	企业	设置专门的港口市场运营监管部门、区域性股权评定技术机构		

1. 秉持"多群体协商/价格与比较优势双导向/内外机制共同推动"原则

长三角港口合作路径首先应该坚持：各港口以城市政府、港口自身以及各个层次的港口管理者、决策者、运营者为主要决策协商群体，以价格敏感度和比较优势为策略制定的双重参照，以实现港口服务水平与港口收益正向循环效应为发展目标，内、外部机制共同推动的原则。

（1）各港口以城市政府、港口自身以及各个层次的港口管理者、决策者、运营者为主要决策协商群体，明确了长三角港口合作发展路径的行为主体。他们是整个长三角港口群的主要利益相关者，对长三角港口群"利益共同体"的建设起到更加积极主动性的作用，当然这也是策略制定过程中最复杂、最棘手、最具变动性的环节。首先，城市政府作为一个城市经济、社会、文化等各方面利益的维护者，以及相关政策的制定者，在城市的港口发展策略制定中扮演者十分重要的角色；另外，不仅不同层级的政府考虑利益的出发点不同，且同级政府不同部门考虑利益基点也不同，上级政府以区域性利益为主，协调作用明显,下级政府以当地利益为主,地方保护现象明显,城市规划部门可能以港口岸线开发为主,海洋环境保护部门主要以海岸线的保护为主。因此,政府部门间加强沟通合作,促进各地区港口间的明确定位,强化特色,差异化发展,避免地方保护。其次,港口自身以及各个层次的港口管理者对港口现状、问题以及解决对策更加清晰,他们应发挥积极主动性,在相应城市政府相关政策的同时,根据实际情况向政府部门反馈,不断完善港口规划。最后,港口运营者主要是指港口集团等市场主体,他们对港口的合作发展路径起到至关重要的作用,依托港口形成有效的物流供应链,可以形成港口之间的纵向联合,从而实现港口群的规模集聚效应,充分发挥市场配置资源效应,提升综合竞争力。

(2) 以价格敏感度和比较优势为策略制定的双重参照。即首先根据港口需求量对价格的敏感程度,来定量化初步判别港口是否应该与其他港口采取合作策略,其次再根据港口的比较优势来进一步定性判别是否与欲将合作的港口形成互补性优势,至此在两项要求均满足的情况下,可以将对方作为合作发展路径的拟选对象之一。

(3) 以实现港口服务水平与港口收益正向循环效应为发展目标,内、外部机制共同推动主要指各港口积极提高自身服务水平,会为港口收益带来正向的影响。在长三角港口发展的过程中,应当注意对港口服务水平的投资与发展,而不是一味地追求港口规模,在区域中大港提升自身服务水平的同时,也应当注重与相对实力较弱的港口的合作,这样不仅可以使高水平服务的范围实现扩大,而且也无形中帮助弱势港口提高其服务水平,从而形成高水平的区域性服务网络,以及以大港为中心的高收益型港口群物流网络。可见,无论是从政府、港口层面,还是从决策参照层面,抑或是港口服务水平层面,这种合作发展路径都是一种由内、外机制共同刺激所形成的。

2. 可行路径：多中心多功能路径/市场股权制路径

（1）路径一：多中心多功能路径。

该路径核心理念是依托比较优势，实现错位发展。具体而言，依托上海国际航运中心多方面等优势，上海、浙江、江苏应分别以上海港、宁波—舟山港、连云港港为主，充分发挥温州、南京、镇江、南通、苏州等沿海和长江下游港口的作用，建成多中心多功能港口群。其中，上海港应通过洋山港的发展成为国际集装箱枢纽港，成为上海国际航运中心的战略性枢纽港；宁波—舟山港应利用其优越的水深条件发展成为次枢纽港，大力发展国际集装箱水水中转运输，成为上海国际航运中心的外港；嘉兴港、太仓港、南京港等港口可建设成为长江中下游货源联系上海国际航运中心的枢纽，主要开辟江海航线。同时，具有一定深水条件的太仓港也可成为上海国际航运中心的辅港。浙江境内温州港、台州港等其他港口形成良好的合作分工关系，以辅助宁波—舟山港"次枢纽"建设带动自身发展。

（2）路径二：市场股权制路径。

该路径核心理念是市场化运营模式，各港口集团在"长三角港口群集团"名义下采取参股制。具体而言，政府部门首先做好前期引导和合理规划职责，为港口集团的合作行为做好方向指南；随后各港口集团可以对运用共同商定的标准，对各自的科教、岸线资源、货源市场等因子进行加权评定为一个综合数值，并以此作为股权比重参考；最后政府部门还需要行使严格的市场监管职责，避免违法行为。

3. 各路径必要性以及共同性保障措施

路径一必要保障措施：由国务院综合部门牵头成立长三角港口群合作发展政府组织，建立起协调制度及机制，并根据各港口的特点制定长三角港口群总体规划，将长三角港口群多功能多中心发展路径法制化。应以国际一流港口的公共性、开放性和服务性为标准，对整个长三角的港口规划发展，港口服务、水陆运输港政等实施统一管理，汇集海、铁、陆等多式联运的集疏运方式。

路径二必要保障措施：首先城市政府需要设置一个专门的港口市场运营监管部门，履行好规划、协调、执法和行业管理的职能，积极创造公开、公正、公平的市场环境和软件环境；其次还需要在长三角港口群内设置一个区域性的技术机构，专门评定各港口的股权比值，并且还需要设置一个社会性质的协调机构，配合政府部门的监管、协调工作。

除此之外，以上两条合作发展路径共同的保障措施为：

（1）不断完善政策、法律法规，为港口合作提供良好的法律环境。

在实施港口合作发展过程中，应该借鉴航运业发达国家的有关立法经验，制定一套既适合于本地区的实际情况，又能与国际接轨的法规与制度。目前我国航运市场主体权利法仅有《港口法》和《海商法》，无论在质量上还是数量上都是远远不够的。因此，需要进一步完善我国港口发展方面的相关政策及法律①。

（2）为港口合作发展制定新的投融资机制。

由于公共基础设施，集疏运通道和综合运输网络等没有商业上的营运主体，很难用合资、收购等资本运作方式整合，因此，在整合过程中需要改革港口行业的投融资体制，建立起市场化和社会化的融资体系，才有可能真正达到港口资源优化配置的效果②。

（3）积极发展跨区域性非政府机构推进港口合作发展。

多港口在合作发展过程中各种矛盾、纠纷是在所难免的，然而这些普遍性的"摩擦事件"很容易导致港口联盟的破裂。因此，在港

---

① 于谨凯，邱云秀．基于价格领导模型的港口联盟战略分析——以长三角港口群中上海港与宁波—舟山港为例［J］．南通大学学报（社会科学版），2009，25（1）：9－13．
② 吴芳．长江三角洲港口群物流产业分工与协作研究［D］．同济大学，2008．

口合作过程中就必须组建一种组织协调力量——行业协会，以此来促进各城市港口之间的有效沟通，同时也为利益公平分配提供必要支撑。

（4）建立公平完整的利益分配机制。

做好港口合作的前期和中期保障工作固然重要，然而，港口合作的后期保障工作更加重要，它或许直接决定港口合作的可持续性。因此，如何分配港口合作产生的利益是困扰港口间和谐发展的主要问题。多港口合作时，港口总利润一般大于港口竞争时的总利润，即满足集体合理性，但不能保证每个港口的利润都高于竞争时的利润，即不一定满足个体合理性。可见，为有效激励港口合作，必须设计合理的利润分配机制①。

---

① 汪传旭，蒋良奎. 区域多港口合作竞争策略及其利润分配机制 [J]. 上海海事大学学报，2009，30（02）：1－7.

第五章　长三角城市海洋减灾防灾合作

　　沿海地区既是人口、经济和社会发展的重要区域和集聚中心，也是全球城镇最密集的地区，更是海洋自然灾害易发和频发区域。据 Small 等（1999）估计，全球沿海每年约有 4500 万人受到台风风暴潮、洪水等灾害的影响。长江三角洲范围包括上海市、江苏省和浙江省，是我国人口密集、国民经济和社会发展的重要区域和战略中心。长三角以占全国 1/50 的面积，承载着全国 1/10 以上的人口，创造了占全国 1/5 以上的国民生产总值和 1/3 以上的货物进出口总额，是中国最繁荣的城市群之一，其表现出来的经济增长能力和社会发展活力为全球所瞩目。与此同时，长三角沿海城市面临海洋自然灾害的影响明显加剧，如洪涝、台风、风暴潮、地面沉降、海水入侵、赤潮等频发。其中，海平面上升、气候和海陆交互作用产生的复合型、多变性、突发性自然灾害，进一步加剧了沿海快速城市化地区的自然灾害强度与频度，沿海城市社会经济损失日趋增加。国际减灾防灾实践表明，开展综合减灾与制定区域一体化应急方案，是健全长三角沿海城市海洋经济发展的减灾预警保障体系①的关键抓手。

　　本章主要研究内容是：一是长三角沿海城市海洋灾害现状特征；二是长三角海洋灾害防治管理与合作治理现状；三是长三角海洋经济可持续发展的海洋灾害监测与预警合作模式与建设路径。

一、海洋灾害及防灾减灾研究综述

（一）海洋灾害研究动态的可视化计量分析

　　在分析长三角滨海城市海洋防灾减灾的合作治理之前，利用

---

① 张华.海平面上升背景下沿海城市自然灾害脆弱性评估［D］.上海：上海师范大学，2011.

Citespace 软件回顾国内学术界对海洋灾害的理论或案例探索,厘清海洋灾害的研究热点、主要研究机构等,寻找到海洋灾害研究的切入点。

以"海洋灾害"为检索词、1990~2016 年为检索年限,在中国知网上共检索出 500 余篇相关文章。利用 Citespace 软件,首先对这 500 多篇文章进行关键词分析,由于本书是以"海洋灾害"来检索的,故"海洋灾害"这一关键词出现的频率最高。其次是"风暴潮"和"风暴潮灾害",可见风暴潮灾害是目前学术界最为关注的海洋灾害,同时也是最严重的海洋灾害。而"海冰""赤潮""赤潮灾害""台风风暴潮""台风浪""海岸侵蚀""海平面上升"等海洋灾害亦是学术界研究的重要主题。"防灾减灾"和"风险评估"的研究热度一直不减。

在进入 21 世纪之前,风暴潮、赤潮、海冰、台风浪等海洋灾害是海洋类学术研究的重点,而 21 世纪之后,"防灾减灾""风险评估""脆弱性""风险管理"等逐渐成为新的研究热点,表明海洋防灾减灾的重要性日益受到学术界的重视,值得关注。

从研究机构共现图谱可以看出,首先,中国海洋大学是涉及海洋灾害研究最多的机构,其领导的海洋环境学院、经济学院和管理学院是重要的海洋灾害研究基地。其次,国家海洋局第一海洋研究所、国家海洋环境检测中心以及国家海洋环境预报中心是研究海洋灾害的重要机构。此外,中国科学院遥感应用研究所、中国科学院水利部水土保持研究所以及上海海洋大学经济管理学院在亦是海洋灾害研究的重要战线。

(二) 海洋灾害与防灾减灾研究综述

1. 海洋灾害损失评估

在海洋灾害治理中,损失的评价是灾害等级划分与风险防范的核心内容，也是研究海洋灾害对经济影响的关键。1995 年，美洲国家联合开展了加勒比海减灾项目，开发了 TAOS 系统（热带风暴灾害分析系统）。国内外学者从不同角度、运用多种研究方法对海洋灾害程度及其损失进行了评价。运用数理统计方法，对海岸带和湿地等特定区域的海洋灾害损失进行评估①。国内学者评估风暴潮灾害等级②，运用模糊综合评价方法③、层次分析法④、加法模型⑤等测算中国沿海各省区风暴潮灾害造成的经济损失。但对海洋灾害损失与海洋经济发展之间关系缺乏科学、深入的实证研究。理论上，海洋灾害破坏了正常的生产秩序，降低了经济效益，对海洋经济增长产生负面影响。但从动态来看，海洋灾害的检视效应、海洋灾害对于技术创新的促进、灾后复兴引致的投资需求与消费需求等也可能使海洋灾害对海洋经济发展产生正向影响。另外，如果在海洋经济发展的同时，没有注意从源头上防范海洋灾害，也会增加海洋灾害的损失程度。因此，海洋灾害损失与海洋经济增长两者之间是否存在相关性，是正相关还是负相关，值得深入研究。鉴于此，本书通过构建科学合理的指标体系对海洋灾害损失进行定量评估，并在此基础之上采用动态计量分析方法研究海洋灾害损失与沿海地区经济增长的关系，发现海洋灾害与海洋经济发展之间的内在逻辑关系，以期抛砖引玉，为在发展海洋经济的同时实现海洋生态文明，减少海洋灾害的消极影响，建设海洋强国，提

---

① Nicholls R J, Hoozemans F M J, Marchand M. Increasing flood risk and wetland losses due to global sea-level rise: regional and global analyses [J]. Global Environmental Change, 1999, 19 (9): 69 – 87.

② 卢文芳. 上海地区热带气旋灾情的评估和灾年预测 [J]. 自然灾害学报, 1995, 4 (8): 40 – 45.

③ 张俊香, 卓莉, 刘旭拢. 广东省台风暴潮灾害社会经济系统脆弱性分析——模糊数学方法 [J]. 自然灾害学报, 2010, 19 (1): 116 – 121.

④ 王玉图, 王友绍, 李楠, 等. 基于 PSR 模型的红树林生态系统健康评价体系——以广东省为例 [J]. 生态科学, 2010, 29 (3): 234 – 241.

⑤ 谭丽荣, 陈珂, 王军, 等. 近 20 年来沿海地区风暴潮灾害脆弱性评价 [J]. 地理科学, 2011, 31 (9): 1111 – 1117.

供决策参考。

2. 海岸带灾害的科学理论研究

施雅风[①]提出 10 种海岸带灾害台风、风暴潮、海冰、地震海啸、海岸侵蚀、洪涝、盐水入侵、地基下沉、环境污染、赤潮的形成与叠加模式图，以及由于全球气候变暖和不合理人类活动引起的海平面上升加剧了海岸带灾害；葛兆帅[②]从系统论角度出发，分析了我国海岸带自然灾害系统的孕灾环境、致灾因子、承灾体三个方面的主要特征；杨荫凯[③]认为，海岸带自然灾害是陆地、海洋、大气系统强烈作用的极端事件，通过对海岸带系统的研究有可能获取关于地球系统内部运行机制的最多信息量；徐钢[④]等提出了海岸带灾害预警系统的构想，利用先进技术手段为海岸带地区灾害预测、深水航道整治、港口以及其他海岸工程规划提供了分析的有力工具；储建国等[⑤]分析了气象灾害、风暴潮、海平面上升等灾害的现状和所带来的损失以及相应的减灾对策；季子修等[⑥]提出海平面上升、风暴潮、海岸带防护问题；朱晓东等提出海岸带的生态脆弱、全球变化和人类活动是我国海岸带灾害的主要成因，其中关键的是人类行为，并阐述了全球变化所引起的相对海平面上升及气候异常与海岸带灾害的关系、人类活动与

[①]　施雅风. 我国海岸带灾害的加剧发展及其防御方略［J］. 自然灾害学报, 1994 (32)：3 – 15.

[②]　葛兆帅. 中国海岸带自然灾害系统研究［J］. 徐州师范学院学报（自然科学版）, 1996, 14（2）：56 – 61.

[③]　杨荫凯. 地球系统科学现行研究的最佳切入点——试论海岸带研究框架的创立［J］. 地理科学进展, 1999（1）：73 – 79.

[④]　徐钢, 陈吉余. 海岸带灾害预警系统的构想［J］. 华东师范大学学报（自然科学版）, 1997（1）：77 – 82.

[⑤]　储建国. 试论沿海灾害及减灾的技术对策［J］. 海洋技术, 1996, 15（1）：35 – 39.

[⑥]　季子修, 施雅风. 海平面上升、海岸带灾害与海岸防护问题［J］. 自然灾害学报, 1996, 5（2）：56 – 64.

海岸带灾害的关系；何起祥①也认为，海岸带是一个生态脆弱带，并对海平面变化、海洋环境污染、地质灾害地面沉降、地下水超采等提出综合治理；鹿守本②主编的《海岸带综合管理——体制如何运行机制研究》一书中详细介绍了国内外海岸带综合管理体制如何运行机制研究；王锋印③从海岸带综合开发角度，分析泉州市海岸带开发态势与存在的主要问题，探讨海岸带可持续开发的对策，指出海岸带资源与环境方面存在的主要问题，及综合视角下海岸带资源进一步开发的环境保护对策。总的来说，沿海地区针对海岸带灾害及其防治对策的研究还是有一定的成果，特别是以台风为主的气象灾害，风暴潮、海浪、赤潮、海平面上升、海岸侵蚀等自然灾害及由于人类活动导致海洋自然条件改变所引发的灾害。

3. 自然灾害的风险评价

自然灾害是当代国际社会、学术界普遍关注的热点问题。早在1981 年，成立了国际风险协会（SRA），开展灾害风险分析、风险评价与管理研究④；1994 年，联合国第一届国际减灾大会通过横滨战略，提出了建立更安全世界的预防和减轻自然灾害的指导方针；沿海城市作为人口集聚、国民经济、社会发展重要区域和战略中心，自然灾害特别是海洋灾害带来的损失是剧烈的、致命的，亟待开展沿海地区海洋灾害风险研究，国际社会也对其普遍关注。美国国家大气海洋局（NOAA）和国家气象局（NMS）联合开发了 SLOSH 模型，该模

---

① 何起祥. 我国海岸带面临的挑战与综合治理 [J]. 海洋地质动态，2002，18（4）：1–5.

② 鹿守本，艾万铸. 海岸带综合管理——体制如何运行机制研究 [M]. 北京：海洋出版社，2001.

③ 王锋印. 泉州海岸带资源环境问题及对策 [J]. 福建地理，2001，16（4）：10–13.

④ 孙成权，林海，曲建升. 全球变化与人文社会科学问题 [M]. 北京：气象出版社，2003：16–19.

型在充分考虑台风强度、前进速度、运移轨迹等要素基础上，对风暴潮灾害进行了情景模拟与风险评价。

国内关于自然灾害的风险评价研究工作起步较晚，开始于 20 世纪 50 年代。最初深入系统的研究是地震灾害风险评价，其代表性的成果为《中国地震烈度区划图及使用规定》[1]。自我国参与"国际减灾十年"计划以来，自然灾害风险评价研究工作得到相应重视，促进了我国自然灾害风险研究的深入[2]。黄崇福等[3]于 1994 年提出了自然灾害风险评价的模型体系；近年来，我国政府部门及专家学者针对我国沿海地区海洋灾害频发的实际情况，充分借鉴了美国、加拿大、荷兰、韩国、日本等海洋灾害多发国家的灾害治理经验，开展了多项海洋灾害监测调查、成灾机理及防治对策研究。但多数学者侧重于单灾种的灾害风险研究，并已取得了一定的进展，其中对风暴潮灾害的研究最为多见。谭丽荣[4]对我国沿海地区风暴潮灾害的自然脆弱性、社会脆弱性及综合脆弱性进行了分析与评价；牛海燕[5]采用指标体系法和风险曲线修正法对我国沿海地区台风灾害进行了风险评价，并以上海市作为典型沿海城市进行了台风风暴潮灾害动态风险评价的实证研究；赵领娣[6]以风暴潮灾害为例，对我国灾害综合管理机制的构建进行了研究。此外，对赤潮灾害的研究也比较多见，文世勇等[7]在赤潮灾害危险性评价和社会经济脆弱性评价基础上，建立了赤潮灾害风

---

① 张焱. 辽宁沿海地区主要海洋灾害风险评价 [D]. 大连：辽宁师范大学，2014.

② 张晓霞. 辽宁海洋灾害风险分级及评价方法研究 [D]. 大连：大连海事大学，2013：12 - 26.

③ 黄崇福. 自然灾害风险分析 [M]. 北京：北京师范大学出版社，2001：16 - 20.

④ 谭丽荣. 中国沿海地区风暴潮灾害综合脆弱性评估 [D]. 上海：华东师范大学，2012：53 - 57.

⑤ 牛海燕. 中国沿海台风灾害风险评估研究 [D]. 上海：华东师范大学，2012：28 - 60.

⑥ 赵领娣. 中国灾害综合管理机制构建研究——以风暴潮灾害为例 [D]. 青岛：中国海洋大学，2003：15 - 28.

⑦ 文世勇，赵冬至，张丰收等. 赤潮灾害风险评估方法 [J]. 自然灾害学报，2009，18 (1)：106 - 111.

险评价指标体系，构建了赤潮灾害风险评价模型。近年来，海洋灾害与社会经济之间的相互作用关系更加深入，成灾机理日趋复杂，目前灾害的风险研究已经从过去的单灾种开始转向多灾种关联性以及多时空尺度的灾害风险评价，所以，对于海洋灾害综合风险的研究应当受到了更多的关注。

4. 灾害管理和救助体系的研究进展

王振耀等[①]系统介绍了目前我国的灾害应急救助系统和自然灾害应急管理体系出现的重大转变，然后从灾情监测等 7 个方面提出建设具有中国特色的自然灾害应急救助体系；吴新燕[②]基于影响城市地震应急准备能力的 6 大非工程性要素，即组织保障、应急预案、震情和灾情速报、指挥技术系统、资源保障和社会动员能力，运用多层次模糊综合评价法，将这 6 大因素逐层展开细化，建立起包括 6 个一级指标、25 个二级指标、41 个三级指标的城市地震应急准备能力评价体系，并利用该指标体系对厦门市的地震应急准备能力进行了具体评价；齐平[③]对我国海洋灾害的应急管理进行研究，认为我国初步形成了国家层面的海洋灾害应急管理体系；柯菡[④]分析我国现有灾害管理和救助体系的发展以及存在的问题，借鉴美国和日本的经验，在完善灾害救助法律体系、健全指挥协调机构、灾害信息管理系统的建设、救援队伍和救援装备的建设、救灾物资储备、救灾资金保障、灾后重建和恢复方面给出了具体的建议；杨亚非[⑤]将加强我国自然灾害救助

① 王振耀，田小红. 中国自然灾害应急救助管理的基本体系 [J]. 经济社会体制比较，2006（5）：28 – 34.

② 吴新燕. 城市地震灾害风险分析与应急准备能力评价体系的研究 [D]. 北京：中国地震局地球物理研究所，2006.

③ 齐平. 我国海洋灾害应急管理研究海洋环境科学 [J]. 海洋环境科学，2006，25（4）：81 – 87.

④ 柯菡. 我国自然灾害管理与救助体系研究 [D]. 武汉：武汉科技大学，2007.

⑤ 杨亚非. 论国家经济安全与我国自然灾害救助应急体系建设 [J]. 经济与社会发展，2009，7（11）：1 – 9.

应急体系建设上升到维护国家经济安全的战略高度，通过分析二者的关系，提出了国家经济安全视角下我国自然灾害救助应急体系建设的策略；黄帝荣①对当前我国灾害救助制度的缺陷进行分析，并提出通过明确救助主体、提高救助标准等一系列措施完善救助制度的建议；陈适宜②从机构设置、人员配备、资金来源等方面提出了我国重大灾害应急救助机制的基本框架。倪芬③分析俄罗斯政府危机管理机制的经验，并对我国危机管理提出了改进建议；游志斌④详细介绍了中国、美国、日本、俄罗斯和澳大利亚几个国家以及跨国救灾组织的救灾体系状况，并从救灾的应急机制、救助机制、法律法规预案等方面与我国进行比较，查找我国救灾体系存在的问题，然后提出完善建议；郭明霞⑤通过分析美国、日本、尼泊尔等国家的灾害救助制度，对我国目前的救助体系提出健全和完善意见；熊贵彬⑥分析了美国联邦体制下的灾害救助体制在政府层级职能划分、协调机构、军队作用及救灾经费等方面与我国截然不同的特点，提出了促使社会冲突机制常规化、意见表达机制有序化的建议。上述关于我国海洋灾害的研究主要集中于救助体系及制度建设层面的定性分析，而涉及海洋灾害救助能力评价的实证分析则较为缺乏⑦。

---

① 黄帝荣．论我国灾害救助制度的缺陷及其完善［J］．湖南科技大学学报社会科学版，2010，13（2）：86–89．

② 陈适宜．构建我国重大灾害应急救助机制的初步设想［J］．重庆科技学院学报社会科学版，2010（7）：100–101．

③ 倪芬．俄罗斯政府危机管理机制的经验与启示［J］．行政论坛，2004（11）：89–90．

④ 游志斌．当代国际救灾体系比较研究［D］．北京：中共中央党校，2006．

⑤ 郭明霞，扶庆松．国外灾害社会救助制度对中国的启示［J］．社科纵横，2009，24（4）：56–58．

⑥ 熊贵彬．美国灾害救助体制探析［J］．湖北社会科学，2010（1）：59–62．

⑦ 黄瑞芬，王燕，夏帆．我国海洋灾害救助能力评价的实证研究——以上海风暴潮为例［J］．海洋经济，2011，1（2）：39–45．

二、长三角沿海城市海洋灾害现状评估

凡发生在海面、海中、海底和海滨地区，由于海洋自然环境异常或激烈变化，且超过人们适应能力而发生的人员伤亡及财产损失称为海洋灾害。我国海洋灾害主要有风暴潮、海浪、海冰、赤潮和绿潮等灾害为主，海平面变化、海岸侵蚀、海水入侵及土壤盐渍化、咸潮入侵等灾害也有不同程度发生，且近年来海洋溢油事件频发，成为海洋灾害的一种[①]。长三角沿海地区上述海洋灾害时有发生，其中以风暴潮和赤潮灾害居多。

（一）风暴潮灾害

风暴潮灾害居长三角海洋灾害之首位，风暴潮是由强烈大气扰动，如台风、温带气旋等引起的海面异常升高现象。如果风暴潮恰好与天文高潮相叠，加之风暴潮来临时往往夹着狂风巨浪，致使滨海地区的潮水暴涨，导致海潮冲毁海堤，淹没海港码头、工厂、城镇、村庄和浅海养殖区，从而酿成巨大灾难。风暴潮能否成灾，在很大程度上取决于最大风暴潮位是否与天文潮高潮相叠，尤其是与天文大潮期的高潮相叠；也取决于受灾地区的地理位置、海岸形状、岸上及海底地形，尤其与滨海地区的防潮灾的能力有关。目前，历史时期长三角沿海地区台风活动的研究成果较多，初步建立了历史时期不同阶段、不同地区的台风活动的时间变化序列；相对而言，有关东部沿海地区风暴潮的研究工作仍处于起步阶段，如表5-1和表5-2所示。

---

① 《中国海洋灾害公报2015》。

表5-1　长三角近年主要风暴潮灾害统计

| 省（直辖市） | 年份 | 风暴潮受灾人口 | | 受灾面积 | | | 设施损毁 | | 直接经济损失（亿元） |
		受灾人口（万人）	死亡（含失踪）人口（人）	农田损失（千公顷）	水产养殖（千公顷）	海岸工程（千米）	房屋（间）	船只（艘）	
江苏	2015	5.33	0.00	3.15	0.02	0.00	127.00	0.00	0.58
	2014	—	0.00	0.00	12.75	23.78	0.00	0.00	0.47
	2013	—	0.00	0.00	2.26	6.37	0.00	0.00	0.17
	2012	0.04	0.00	—	42.28	—	233.00	—	6.15
	2011	—	0.00	—	7.80	9.50	—	0.00	0.61
上海	2015	—	0.00	0.57	0.00	0.02	0.00	2.00	0.05
	2014	—	—	—	—	—	—	—	—
	2013	0.00	0.00	0.00	0.00	0.00	0.00	0.00	0.00
	2012	0.00	0.00	0.00	0.00	0.30	0.00	0.00	0.06
	2011	100.00	0.00	0.00	1.50	0.14	1.00	1.00	0.12
浙江	2015	327.85	0.00	0.00	27.44	41.28	116.00	639.00	11.20
	2014	93.07	0.00	0.00	9.55	6.74	60.00	202.00	4.33
	2013	736.62	0.00	340.29	37.81	29.55	175.00	2124.00	28.17
	2012	—	0.00	—	48.47	259.39	0.00	915.00	42.57
	2011	—	0.00	—	0.00	13.75	0.00	148.00	1.92
	2010	—	0.00	—	—	—	0.50	—	0.01

注：数据来源于《中国海洋灾害公报（2010～2015年）》。

2015 年长三角主要风暴潮灾害。1509 "灿鸿" 台风风暴潮：7月 11 日 16 时 40 分前后，强台风 "灿鸿" 在浙江省舟山市朱家尖沿海登陆。受风暴潮和近岸浪的共同影响，江苏、上海、浙江和福建 4 个地区直接经济损失合计 10.98 亿元。其中，浙江省镇海站、定海站出现了超过当地警戒潮位的高潮位。江苏省受灾人口 5.33 万人，紧急转移安置人口 3.22 万人；房屋倒塌 40 间，房屋损坏 87 间；水产养殖受灾面积 20 公顷，水产养殖损失 45 吨；农田淹没 3.15 公顷；直接经济损失 0.58 亿元；上海市紧急转移安置人口 3.94 万人；水产养殖受灾面积 2.4 公顷；渔船损坏 2 艘，防波堤损毁 0.02 千米；农田淹没 0.57 公顷；直接经济损失 0.05 亿元。浙江省受灾人口 146.46 万人，紧急转移安置人口 65.42 万人；房屋损毁 116 间；水产养殖受灾面积 25.48 千公顷，水产养殖损失 55518 吨，养殖设备、设施损失 25522 个；渔船毁坏 5 艘，渔船毁坏 578 艘；码头损毁 2.78 千米，防波堤损毁 495 千米，海堤、护岸损毁 26.62 千米，道路损毁 4.79 米；直接经济损失 10.22 亿元。

表 5-2　　　　　　　　近年来长三角主要风暴潮损失

年份	风暴潮灾害过程		发生时间	受灾地区	直接经济损失/亿元
	编号	名称			
2015	1509	"灿鸿" 台风风暴潮	7 月 10～12 日	江苏	0.58
				上海	0.05
				浙江	10.22
	1513	"苏迪罗" 台风风暴潮	8 月 7～9 日	浙江	0.79
	1521	"杜鹃" 台风风暴潮	9 月 28～30 日	浙江	0.19
2014	1416	"凤凰" 台风风暴潮	9 月 25～23 日	江苏	0.19
				浙江	4.33
	140531	温带风暴潮	5 月 31 日	江苏	0.08
	141008	温带风暴潮	10 月 8～12 日	江苏	0.2

年份	风暴潮灾害过程		发生时间	受灾地区	直接经济损失/亿元
	编号	名称			
2013	130608	温带风暴潮	6月8日	江苏	0.05
	1307	"苏力"台风风暴潮	7月15~13日	浙江	0.38
	1312	"潭美"台风风暴潮	8月25~22日	浙江	4.41
	1323	"菲特"台风风暴潮	10月6~7日	浙江	23.38
	1326	"韦帕"台风风暴潮	10月15~16日	江苏	0.12
2012	1209	"苏拉"台风风暴潮	7月31日~8月3日	浙江	0.58
	1211	"海葵"台风风暴潮	8月6~9日	江苏	0.87
				上海	0.06
				浙江	41.45
	1215	"布拉万"台风风暴潮	8月27~28日	浙江	0.54
2011	1109	"梅花"台风风暴潮	8月5~8日	江苏	0.61
				上海	0.12
				浙江	1.92
2010	1007	"圆规"台风风暴潮	8月28日~9月1日	浙江	0.2
	1008	"南川"台风风暴潮	8月28日~9月1日	浙江	0.01

2015 年，国家海洋局全面总结近年来海洋灾害应对工作实际经验，对《风暴潮、海浪、海啸和海冰灾害应急预案》进行了修订。一是完善应急体系，进一步强化国家海洋局各级相关部门（单位）的应急响应职责；二是完善应急响应级别判定机制，专门增加应急响应级别研判环节，并规定四级应急响应级别与四色警报不再逐一对应；三是将召开行政部署会时间提前，以灾害发展形势预判为基础开展行政部署工作；四是丰富了应急观测和数据传输相关内容，增加了沿海设备巡检、监控维护、应急加密观测、人工补测和数据传输分发等工作要求；无视增加了决策服务和灾害调查评估章节，将其作为强化应急管理的重要举措；五是增加了应急工作信息公开的内容，进一步提高社会公众对海洋防灾减灾的认知程度。

（二）赤潮灾害

赤潮是海水中某些微小的浮游植物、原生动物或细菌，在一定的环境条件下突发性地增殖和聚积，引起在一定范围一段时间内的海水变色现象。通常水体颜色依赤潮的起因、生物种类和数量而呈红、黄、绿和褐色等。赤潮的发生给海洋环境、海洋渔业和海水养殖业造成严重的危害和损失，也给人类健康和生命安全带来威胁：一是引起海洋异变，局部中断海洋食物链，威胁海洋生物的生存；二是有些赤潮生物向体外排泄或死亡后分解的黏液，妨碍海洋动物滤食和呼吸从而使其窒息死亡；三是大量赤潮生物死亡后，会继续毒害海洋生物，或引起鱼、虾、贝类死亡。

新中国成立以后，长三角沿海地区工农业生产迅速发展，人口急剧增加，大量工农业废水和生活污水排放入海，海洋污染日趋严重，使沿海的赤潮发生频率越来越高，损失越来越大。2014 年我国沿岸海域共发生赤潮 56 次，累计面积 7290 平方千米，为近 5 年最大面积。我国沿岸海域东海原甲藻赤潮次数最多，共 25 次，主要发生在 5 月 4 日至 7 月 15 日，其中浙江沿岸海域发现 16 次。浙江省赤潮灾害的直接经济损失来自赤潮藻类毒素导致的近海鲍鱼和石斑鱼死亡。2011 年 5 月 13 日~6 月 4 日，浙江省温州苍南石坪附近海域发省赤潮，持续时间为 23 天，最大面积为 200 平方千米，赤潮优势种为东海原甲藻，赤潮水体呈绛红色并伴有异味，对炎亭、海口等海水浴场水质有一定影响，如表 5－3 所示。

表 5－3　　　　　　长三角近年赤潮过程统计

年份	时　间	影响区域	最大面积（平方千米）
2015	4 月 26 日~5 月 03 日	浙江渔山列岛附近海域	200
	6 月 12 日~6 月 21 日	浙江温州海域	390

续表

年份	时　　间	影响区域	最大面积（平方千米）
2014	5月21日~6月05日	浙江舟山嵊泗海区	170
	9月07日~9月09日	浙江舟山嵊泗海区	200
	5月21日~6月3日	浙江舟山普陀海区	300
	5月27日~6月03日	浙江舟山朱家尖海域	400
	5月21日~6月09日	浙江台州温岭海域	100
	5月19日~6月11日	浙江温州苍南海域	320
2013	5月30日~6月01日	江苏省连云港海州湾海域	450
	5月13日~5月29日	浙江省温州苍南海域	450
	5月18日~6月02日	浙江省台州玉环坎门海域	120
	5月20日~5月24日	浙江省宁波韭山列岛东南海域	140
	6月03日~6月09日	浙江省舟山东福山岛附近海域	100
	6月22日~6月24日	浙江省朱家尖岛东北部海域	200
2012	5月23日~6月08日	浙省省温州南麂列岛附近海域	40
	5月24日~6月03日	浙江省温州洞头岛附近海域	40
	6月3日~6月07日	浙江省舟山嵊泗海域	240
2011	5月13日~6月04日	浙江省温州苍南石坪附近海域	200
	5月17日	浙江省舟山东极海域	100
	7月26日~7月27日	浙江省象山港西户港口至乌沙山电厂附近海域	160
	8月23日~8月25日	浙江省嵊泗东部海域	200
	9月23日~9月26日	江苏省海州湾连岛东部和北部海域	200

注：本表仅列出最大面积超过100平方千米（含）的赤潮过程。

（三）海浪灾害

海浪是指由风产生的海面波动，其周期为 0.5~25 秒，波长为几十厘米至 100 米。一般波高为几厘米到 20 米，在罕见的情况下波高可达30米。由强烈大气扰动，如热带气旋（台风、飓风）、温带气旋和强冷空气大风等引起的海浪，在海上常能掀翻船只，摧毁海上工程和海岸工程，造成巨大灾害，称之为灾害性海浪。灾害性海浪在近海常能掀翻船舶，摧毁海上工程，给海上航行、海上施工、渔业捕捞等带来危害①。

长三角近年海浪灾害如表5-4所示，其中最为典型的有：（1）2015年4月14日，受150414冷空气与气旋配合浪共同影响，东海部分海域出现3~5米的中浪和大浪，造成一艘江苏籍货船在浙江省小衢山南侧海域沉没，死亡（含失踪）5人，直接经济损失250万元。（2）2011年国家海洋局组织沿海各省、自治区、直辖市海洋部门紧密协作，科学部署，成功应对了2010/2011年冬季海冰灾害，3·11日本地震海啸，超强台风"梅花""纳沙"等22次风暴潮、37次灾害性海浪灾害，有效保障了沿海居民生命财产安全。据统计，国家、海区和省三级海洋预报机构全年共发布灾害预警信息3300多期，传真11万余份，短信1760多万条，远远超出2010年全年总和。

表5-4　　　　　　　　长三角近年来海浪灾害过程及损失

年份	致灾原因	发生时间	受灾地区	死亡（含失踪）人口（人）	直接经济损失（万元）
2015	150112 冷空气与气旋配合浪	1月12日	浙江	4	220
		1月14日	浙江	7	30
	150407 冷空气浪	4月7日	江苏	1	5
	150414 冷空气与气旋配合浪	4月14日	浙江	5	250
	151109 冷空气与气旋配合浪	11月9日	江苏	0	15

---

① 黄发明，欧阳芳. 福建沿海主要海洋灾害与防灾减灾对策 [J]. 福建地理，2002
（2）：15-18.

续表

年份	致灾原因	发生时间	受灾地区	死亡（含失踪）人口（人）	直接经济损失（万元）
2014	140301 冷空气浪	3 月 1 日	浙江	1	50
	140425 冷空气与气旋配合浪	4 月 25～27 日	江苏	0	410
	1410 "麦德姆"台风浪	7 月 24 日	浙江	1	48
	140814 气旋浪	8 月 14 日	浙江	0	18
	1416 "凤凰"台风浪	9 月 22 日	浙江	3	3
	141009 冷空气与气旋配合浪	10 月 12 日	浙江	0	210
	141102 冷空气浪	11 月 2 日	浙江	1	0
	141203 冷空气浪	12 月 4 日	浙江	6	30
	141216 冷空气浪	12 月 16 日	浙江	1	35
2013	130320 冷空气浪	3 月 20 日	浙江	1	0
	130428 气旋浪	4 月 28 日	江苏	0	105
	130702 气旋浪	7 月 2 日	浙江	1	2
	130716 冷空气浪	7 月 16 日	浙江	2	35
	1324 "丹娜丝"台风浪	10 月 8 日	江苏	10	1120
	131013 冷空气浪	10 月 15 日～16 日	浙江	1	75
	131110 冷空气浪	11 月 10 日	浙江	1	0
	131124 冷空气浪	11 月 24 日～25 日	浙江	14	519
2012	冷空气浪	2 月 11 日	浙江	0	20
	冷空气与气旋配合浪	4 月 3 日	浙江	6	15
	气旋浪	4 月 9 日	浙江	2	100
	气旋浪	5 月 30 日	浙江	2	8.5
	冷空气与气旋配合浪	5 月 31 日	浙江	0	15
	气旋浪	7 月 11 日	浙江		69
	1210 "达维"台风浪	8 月 1 日～3 日	江苏	0	932
	1211 "海葵"台风浪	8 月 5 日～8 日	浙江	0	293
	台风浪	8 月 10 日	浙江	0	12

年份	致灾原因	发生时间	受灾地区	死亡（含失踪）人口（人）	直接经济损失（万元）
2012	1216 "三巴" 台风浪	9 月 14 日～9 月 17 日	浙江	1	30
	冷空气浪	11 月 23 日～11 月 24 日	浙江	1	0
	冷空气浪	12 月 14 日	浙江	1	0
2011	冷空气浪	1 月 4 日	浙江	6	40
	冷空气浪	1 月 12 日	浙江	1	48
	冷空气浪	2 月 10 日	浙江	1	0
	冷空气浪	2 月 14 日	上海	0	300
	冷空气与气旋配合浪	5 月 21 日	上海	5	250
	1106 "马鞍" 台风浪	7 月 18 日	上海	0	100
	冷空气浪	8 月 16 日	浙江	0	130
	冷空气与气旋配合浪	9 月 4 日	上海	2	825
	冷空气浪	11 月 2 日～11 月 3 日	浙江	3	80
	冷空气浪	11 月 11 日	上海	0	100
	冷空气浪	11 月 16 日	浙江	0	150

（四）海洋溢油污染

长三角地区在过去30多年带动着我国经济快速发展的同时，也走上了"先污染后治理"之路。第一，水环境氮、磷、有机物复合污染严重，水质性缺水普遍。除长江和钱塘江干流水质保持良好外，其余长三角区域的河流均污染严重，特别是有机物污染问题，水质标准远远达不到 V 类标准（主要适用于农业用水区及一般景观要求水域），黑水、臭水现象频现。第二，空气污染加剧，酸雨、雾霾出现频率明显增加。密集的大型火力发电厂，排放出大量的二氧化硫，造成长三角地区酸雨频发。在石化工业中，塑料、橡胶、轮胎等制造业，都产生大量的挥发性有机物，仅 2013 年，南京、合肥、杭州这 3 个城市的霾日都超过 250 天。第三，生物资源衰退，农、水产品污染物超标严重。农作物中农药残留、硝酸盐和重金属含量严重超标，水体富营养化导致海产品和淡水产品中的重金属、生长激素、有机污染物已超过国家食品卫生标准多倍。第四，地下水过量开采导致地质环境恶劣。地下水位漏斗已成区域连接，且呈逐年下降的态势。长三角地区内已基本处于疏干型的开采状态，地面沉降引发地质灾害的情况时有发生，沿海部分地区出现海水倒灌，土壤盐碱化严重的现象。

（五）海岸侵蚀

长江三角洲区域包括上海市岸线、江苏省境内的长江口北部岸线和浙江省北部杭州湾岸线，北起江苏吕四，南抵钱塘江北岸。该地区位于我国东海的西岸，海岸类型大多为淤泥质平原海岸，发育有广阔而典型的潮滩，部分潮滩分布着丰富的海岸湿地。长江每年入海径流量达 9000 亿立方米，每年入海泥沙量约为 3 亿吨。本区沿岸潮汐多为正规和不正规半日潮，潮差大多超过 2 米，长江口两翼是中国沿岸潮流作用最强的海域，潮汐是本区最为重要的海岸动力因子。长三角现有 30% 的岸段为侵蚀海岸，长江口以北的吕四海岸和以南的南汇嘴南侧海岸及杭州湾北侧海岸多为侵蚀岸段。其中，杭州湾北岸的芦潮港长约 25 千米的岸段近 30 年来以大约 40 米/年的速率在后退[①]。

长江三角洲海岸受海平面上升和径流泥沙减少等影响，海岸侵蚀明显加剧，如表 5 - 5 所示。长江三角洲沿岸是高强度开发的重要地

---

① 刘曦，沈芳. 长江三角洲海岸侵蚀脆弱性模糊综合评价 [J]. 长江流域资源与环境，2010（S1）：196 - 200.

带，拥有众多大型工程和设施。海岸侵蚀直接导致土地资源损失、工程毁坏、海堤安全性降低甚至失效、风暴潮威胁加剧，这将制约长三角的社会经济持续发展。

表5-5　　　　　　长三角近年来重点监测海岸侵蚀情况

年份	省（直辖市）	重点岸段	侵蚀海岸类型	监测海岸长度（千米）	侵蚀海岸长度（千米）	平均侵蚀速度（米/年）
2015	江苏	振东河闸至射阳河口	粉砂淤泥质	60.4	37.9	14
	上海	崇明东滩	粉砂淤泥质	48	2.7	7.9
2014	江苏	振东河闸至射阳河口	粉砂淤泥质	61.6	35.3	14.1
	上海	崇明东滩	粉砂淤泥质	48	2.9	4.4
2013	江苏	振东河闸至射阳河口	粉砂淤泥质	62.9	36.7	26.4
	上海	崇明东滩	粉砂淤泥质	48	2.5	10.1
2012	江苏	连云港至射阳河口	粉砂淤泥质	267.2	90.2	10.4
	上海	崇明东滩	粉砂淤泥质	48	3.4	22.1

三、长三角城市海洋灾害防治管理合作现状与问题

海洋是长三角地区发展的重要战略增长空间，更是海洋灾害频发场所。随着海岸海域环境与灾害问题日益显著，各级政府日益重视海洋灾害治理工作。长三角地区政府借鉴国际海洋灾害防治合作经验，搭建了重点海洋灾害预防的府际合作平台，如2013年5月上海市、江苏省、浙江省、安徽省环保部门签署了《长三角地区跨界环境污染事件应急联动工作方案》，通过建立跨界污染纠纷处置和应急联动工作机制，共同打击环境违法和生态破坏行为。

（一）中国海洋灾害管理的发展历程

进入 21 世纪以来，我国在加大海洋防灾减灾工作的同时，逐步把海洋灾害应急管理工作提升到重要位置①。2001 年 1 月，国家海洋局印发《中国海洋环境监测系统——海洋站和志愿船观测系统建设项目管理办法》。对中国海洋环境监测系统——海洋站和志愿船观测系统建设项目的管理进行了规范。明确项目实施实行"统一领导、统一管理、统计设计、统筹规划、分步实施"的原则。2001 年，国家海洋局下发《关于加强海洋赤潮预防控制管理工作的意见》，对于切实加强赤潮预防控制管理工作、有效减轻赤潮灾害造成的损失提出要求。2002 年，国家海洋局印发《赤潮信息管理暂行规定》，加强对海洋赤潮信息的管理，充分发挥赤潮信息在赤潮防治工作中的作用，规范赤潮发布行为。2003 年 5 月，国家海洋局印发《全国海洋经济发展规划纲要》，提出要提高海洋防灾减灾能力，完善海洋服务体系；建设海洋立体观测预报网络系统，开展大范围、长时效、高精度预报服务，形成有效监测、评价和预警能力，完善沿海防潮工程，减少风暴潮、巨浪等海洋灾害损失。完善海上交通安全管理和应急救助系统，不断提高航海保障、海上救生和救助服务水平。

2005 年是我国海洋应急管理发展历史上非常重要的一年。2005 年 5 月，国家海洋局下发《关于加强海洋灾害防御工作的意见》明确了海洋灾害防御工作的指导思想和工作目标，指出如何加强海洋灾害管理，减轻海洋灾害对经济建设和人民生活的影响，让海洋防灾减灾事业成果惠及全国人民。文件对建立健全海洋灾害监测预警体系、组织制定当地海洋灾害应急预案，组织开展海洋灾害区划及警戒水位核定工作，做好海洋灾害灾情收集、发布及评估工作、加大海洋防灾

---

① 孙云潭. 中国海洋灾害应急管理研究［D］. 青岛：中国海洋大学，2010.

减灾投入和加强公众教育宣传等方面提出明确要求。2005 年 5 月，国务院批准建立了由交通部牵头的国家海上搜救部际联席会议制度，切实加强对全国海上搜救和船舶污染应急反应工作的组织领导，设在交通部的中国海上搜救中心是联席会议的办事机构，负责联席会议的日常工作。2005 年 11 月，国家海洋局出台《关于进一步加强海洋灾害应急管理工作的通知》，强调加强海洋灾害应急管理工作，全面提升海洋防灾减灾能力，是关系到沿海地区社会经济发展和人民群众生命财产安全的一件大事，是落实党中央、国务院指示精神和构建社会主义和谐社会的必然要求，也是各级海洋管理部门履行行政职能的重要体现，对不断提升海洋管理工作实力，促进海洋事业整体发展具有重大而深远的意义。文件对制定完善海洋灾害应急预案，抓紧建立健全海洋灾害应急管理体系、尽快完善海洋灾害预报预警网络、大力开展海洋灾害风险评估、进一步加大抵御海洋灾害的培训及宣传教育力度等方面提出了具体要求。2005 年 11 月，国家海洋局发布《风暴潮、海啸、海冰灾害应急预案》和《赤潮灾害应急预案》。2006 年 1 月，国务院发布《国家海上搜救应急预案》。2006 年 6 月，国家海洋局印发《关于进一步加强海洋赤潮防灾减灾工作的通知》，对加强赤潮监测预警工作、规范赤潮灾害事故报告制度、制定和完善赤潮灾害应急预案，加强公众教育与宣传等方面提出明确要求。自 2001 年起，我国开始在各级推行海洋灾害应急管理体系建设。2007 年国家海洋局印发《关于海洋领域应对气候变化有关工作的意见》，提出要切实提高海洋环境观测预警和监测能力，逐步建立国家海区、省、地、县四级海洋灾害预警报业务化体系，重点加强风暴潮、海浪、赤潮、海平面上升等海洋灾害的观测、预报和预警工作。国家海洋局印发《关于贯彻落实国家环境保护"十一五"规划的意见》将"建立重点海域海洋环境灾害应急响应系统，有效防治溢油、赤潮、外来种入侵、海岸侵蚀等海洋灾害"作为重要的工作目标。国务院批复同意《国家海洋事业发展规划纲要》提出要建立健全海洋灾害应急体系，建立海洋灾害会商制度，强化海洋灾害的监测、监视、预警，制定和完善海啸、风暴潮、赤潮及化学品泄漏、油泄漏、核泄漏、海难、工程设施损毁等应急预案，整合海洋应急力量，建设海洋应急科技支撑平台，加强应急处置的基础设施建设和海洋灾害应急演练，规范海洋灾害新闻发布，强化海洋灾害后评估和恢复工作。

2008 年在新一轮国务院机构改革中，国家海洋局增设了海洋预报与减灾司，这标志着海洋灾害应急管理步入了新的发展阶段。2009年 11 月，国家海洋局印发新修订的《风暴潮、海浪、海啸和海冰灾害应急预案》，进一步加强了海洋灾害应急预案管理，健全完善应急工作机制，提高海洋灾害防御能力和服务水平。

（二）国家层面海洋灾害防治管理法规体系

中共中央在党的十六届六中全会提出的"全面提高国家和全社会的抗风险能力"的战略目标和十七届五中全会提出的"加强生态保护和防灾减灾体系建设，增强可持续发展能力"的要求，成为指引沿海城市提升防御重大海洋灾害能力的指导思想。国家层面陆续出台了《中华人民共和国突发事件应对法》《中华人民共和国海洋环境保护法》《中华人民共和国海域使用管理法》《中华人民共和国海岛保护法》《中华人民共和国海上交通安全法》《海洋观测预报管理条例》等涉海灾害防治法律，《对外合作开采海洋石油资源条例》《海洋石油勘探开发环境保护管理条例》《防治船舶污染海洋环境管理条例》《海洋倾废管理条例》等配套法规，《国家综合防灾减灾规划（2011～2015 年）》《国家海洋事业发展规划纲要》《全国海洋观测预报业务体系发展规划纲要（2008～2015 年）》等相关规划，以及国家海洋局制定的《赤潮灾害应急预案》《风暴潮、海浪、海啸和海冰灾害应急预案》等基本形成了国家层面海洋灾害观测、预防、应急的法律法规与行动体系，海洋灾害减灾防灾工作进入了有法可依的良性轨道，有力地促进了海洋经济管理的规范化、制度化与科学化。

（三）长三角海洋灾害防治管理行政体系

如表5-6所示，长三角海洋减灾防灾行政体系向上涉及国家层面与东海区层面，向下涉及江浙沪的滨海市与县/区，总体可归为公务运行机构——预报减灾司/处/科，相应的事业机构——国家/海区海洋环境监测中心与预报中心、省与市海洋环境信息中心等，形成了国家海洋局及其垂直管理的相关事业编制单位负责海洋灾害观测、预报、应急处置等体系；以及滨海地级市——县/市的海洋资源环境与海洋经济活动监管审批机构。显然，海洋灾害处置过程中，中央政府利用国家海洋局海区分局的直属事业机构监测/预报能力和国家海洋局海洋减灾中心互动，形成海洋防灾减灾、海洋应急指挥平台运行管理。然而，省及以下地方海洋渔业管理部门，未能高效嵌入海洋减灾防灾的预警体系之中，只承担中央政府海洋灾害预报的宣传、应急处置及相关海洋灾害救援的组织实施。

在政府相关机构中，国家海洋环境预报中心承担我国海洋环境预报、海洋灾害预报和警报的发布及业务管理，提供的海洋预报服务主要包括海洋灾害预警报（海浪、风暴潮、海冰、海啸预警报以及赤潮、绿潮等）、海洋环境预报（海流、海温、盐度、海洋气象预报、海洋气候、厄尔尼诺等）和海上突发事件（海上搜救、溢油、污染物等制作发布漂移轨迹、扩散路径等）应急预报。此外，预报中心还开展海洋灾情调查与评估、预报业务系统运行与管理、预报警报发布、标准规范制定、技术开发、专业培训与咨询服务等工作。

表 5－6　　　　　　　长三角海洋减灾防灾相关行政体系

	国家层面	海区层面	地方层面		
公务员编制	国家海洋局预报减灾司	国家海洋局东海分局海洋预报减灾处	浙江省海洋与渔业局预报减灾处 上海市水务/海洋局 江苏省海洋与渔业局	连云港、盐城、南通、嘉兴、宁波、舟山、台州、温州市海洋与渔业局	县农业局海洋渔业科/县水利局建设科,县海洋渔业局
事业编制	国家海洋局海洋减灾中心 国家海洋环境预报中心 国家海洋环境监测中心	国家海洋局东海预报中心 国家海洋局东海环境监测中心 国家海洋局南通海洋环境监测中心站 国家海洋局宁波海洋环境监测中心站 国家海洋局温州海洋环境监测中心站 中国海监第四、五、六支队	浙江省海洋监测预报中心 江苏省海洋渔业指挥部	宁波市海洋与渔业信息监测中心 南通市海洋环境监测预报中心 舟山市海洋与渔业信息中心 台州市海洋环境监测预报中心	象山县海洋与渔业行政执法大队

（四）长三角滨海城市海洋灾害应急处置运作

　　长三角滨海城市政府依据国家相关法规与规划,编制地方海洋灾害应急方案,如浙江省、宁波市研制了《浙江省海洋灾害防御十二五规划》《宁波市灾害防御十二五规划》《宁波市人民政府办公厅关于加强海洋灾害防御工作的意见》等。

　　国家海洋局东海分局编制的《风暴潮、海浪、海啸和海冰灾害应急预案》将海洋灾害分为 5 级或 4 级,根据灾害级别启动相应的应急预案。应急处置过程存在:第一,非常重视技术预报及其时效性,以及灾情预报和面向社会发布机构的权威性,往往采用中央或省级行政机构发布新闻通稿。第二,注重海洋灾害宣传力度,提升海洋预警报社会影响力，使全社会公众的防灾减灾意识增强。第三，应急处理过程，开始丰富和细化海洋灾害预警预报类型，如上海海洋环境监测中心站进行大面场浪、海洋预警（风暴潮预警、海浪预警）、专项预报（航线预报、上海沿海预报、城市近岸预报、渔场预报）、生态灾害预报（赤潮预报、绿潮监测预报）、南通区域精细化预报，在预警预报覆盖的空间范围针对重要人类活动海洋场所，如南通区域精细化预报覆盖了南通市水利设施、港口及港道、重大涉海工程、滨海旅游度假、滨海工业园区、海洋养殖渔场等的全部海洋物理指标；如国家海洋局东海分局宁波海洋环境监测中心站观测站点体系，也覆盖职责区域的重点海洋国土，并采用多样化监测站观测海洋物理指标。

（五）长三角滨海城市海洋灾害管理合作存在的问题

陆源污染严重，近岸海域赤潮和重大污染事件逐年递增，海岸侵蚀、地面沉降、海洋灾害影响日益加重。《2015~2015年中国海洋环境质量公报》显示，长三角近岸湾区海域劣于第四类海水水质标准的海域面积呈增加趋势，以至于部分沿海城市采用修订近岸海域环境功能区划等手段，促成功能转换降低标准而达标。

海洋灾害综合管理体制仍不健全。目前，长三角涉及海洋灾害预报权，被限制在国家海洋局垂直管理的东海分局及其直属中心站、海洋站、自动站，海洋救灾应急处置却是基层乡镇和县的主要职能，双方逆向交互海洋灾害信息，存在行政审批时间成本导致的基础信息获得滞后，但基层海洋灾情救援责任重大的尴尬局面。

现有的涉海救灾法律体系尚不完善。随着海洋管理形势的快速变化，现有涉海法律一方面难以解决实际管理中的所有问题，如《中华人民共和国突发事件应对法》在海域自然灾害、人为灾害等方面未作具体规定，导致国家海洋局不得已制定部门条例《海洋观测预报管理条例》以及各类海洋灾害观测标准与应急预案等，显然这些现有海洋灾害行政管理行为无法支撑快速增长的中国海洋经济活动，亟待形成、颁布《海洋灾害观测、预警、预报、应急法》，废除当前专项性的、行业性的、缺乏综合性海洋灾害处置规章，形成有效、统筹管理①的海洋国土法律体系。

长三角滨海城市政府间海洋灾害合作治理机制尚未形成。一是长三角海洋灾害的影响都是整体性的，存在一个完整的灾害链，故海洋灾害监测与预警并非是一个城市或者某些城市的责任，而是长三角沿海地区各个城市都应该重视并付诸行动的要事。二是海洋预警体制繁杂，预警信息滞后。海洋环境及海洋灾害监测结果是由地方监测部门及国家海洋局监测部门汇集到国家国家海洋局，国家海洋局垂直上报给中央的减灾委。减灾委下达预警信息给地方政府，这个体系会形成预警和应急时间的滞后性，不利于海洋防灾减灾工作的实施。三是在目前的这种行政管理体制下，海洋灾害的监测体系以中央投资为主的，缺乏地方政府和涉海企事业单位、个人等其他渠道的投入，因而监测站点少，监测仪器自动化水平低。而地方政府作为最大的受灾承载体，需要有效的垂直管理体系并直接投入海洋灾害监测事宜当中。四是部门间的信息交流不畅通，主要表现在数据交流不畅，互相索要高价数据费，使本来就有限的海洋信息资源变得更为匮乏。

四、支撑长三角海洋经济的灾害监测、预警、应急的合作机制建设

（一）长三角海洋灾害观测、预警、应急的合作思路

海洋防灾减灾作为一项既复杂、牵涉面又广的系统工程，加强长

---

① 杨荫凯. 强化海洋资源环境管理的基本思路与对策措施［J］. 海洋开发与管理，2013（9）：11–15.

三角沿海地区海洋灾害的监测、预警、应急能力建设尤为关键。为此，亟待围绕海洋灾害链，强化国家海洋局东海分局监测台站网络直报体系，构建央—地（省—市—县）互动的海洋灾情预警制度，提升跨行政区的应急衔接指挥，形成海洋灾害监测、预警与应急的三位一体、链式反应长效合作机制。

（二）长三角海洋灾害观测、预警与应急合作模式

1. 长三角海洋观测合作模式：强化东海分局中心站—海洋站—自动站观测及属地直报制度

长三角沿海地区海洋致灾因子具有多样性的特点，海洋灾害往往形成复杂的灾害链，如风暴潮—海浪灾害链等，对海洋缓发性灾害和次生灾害的抵御也十分关键。因此，长三角沿海地区海洋灾害监测应建立区域性海洋灾害信息共享平台，加强各市间的协作；完善各市灾害应急预案编制工作，建立分级的海洋灾害预报、预警和应急响应系统。灾害监测是海洋灾害防灾减灾的基础。第一，引进新方法、新技术，进一步增加对海洋灾害监测设施及其智能成网的投入，加强和完善海洋台站和浮标观测系统。第二，充分利用3S技术连续获取海洋灾害监测信息，瞬时传递海洋灾害的发生、发展过程等。第三，加强海洋局直属观测站位与出海作业渔船相关信息的交换，及时监控海洋动态变化过程，提高灾害观测的精度与提早预见期。重点合作建设任务：一是着力开展海洋观测布局和规划研究，加密观测站点、增加观测要素、提高观测精度、增强离岸观测手段，建立岸基、海底、海上平台、浮标、潜标、船舶、雷达、卫星、遥感等多种手段相结合的海洋灾害立体观测网络；二是推进目标性海洋灾害观测能力建设，围绕台风等灾害链，提高观测网络运行技术保障，提升数据获取率，确保观测数据质量及可靠性，为海洋预警工作提供稳定、可靠、具有代表

性的基础数据。

2. 长三角海洋预警合作模式：构建央—地（省—市—县）互动的海洋灾情预警制度

建立长三角"央—地（省—市—县）互动"海洋灾情预警合作模式主要考虑两个方面：第一，要严格各级海洋预报机构管理，现有海洋预报机构以多种形式并存——国家层面国家海洋预报台、海区层面上海区预报中心，主要是国家海洋局垂直建设投入；省、市、县地方政府分享海区中心站的预报机构，个别地方政府出资购买预警服务。为此，应加速推进国家海洋局直属垂直监测台网预报机构认定监督制度、预报员资格认证及预报检验评估考核等制度，规范预报机构管理，同时应根据《海洋预报业务管理规定》明确各级预报机构的分工及责任预报海域，确定各级预报精度，形成"国家—海区—省"海洋预警保障体系，并主动对接滨海地级市和滨海县的海洋灾情预警预报需求，建设不同尺度的预警工作网格、解决"上下一般粗"的问题。第二，建立县级政府涉海部门（海洋、气象、水利、海事等）的海洋灾害会商制度，主动要求海区海洋环境监测中心站服务辖区海洋预警体系，构建资源共享、信息互通、应急会商的灾害预警纵、横联动的海洋灾害预警工作机制。

3. 长三角海洋灾害应急合作模式

（1）按照国家相关规定，构建各县市区相对一致的海洋灾害应急处置程序、处置标准与人、财、物保障，重点推进先期处置、应急响应（分级响应、预案启动及条件）、信息共享和处理（多源头及时直报、多渠道校验核实、上报制度）、紧急处置、应急结束等程序性应急体系的规范化与智慧化建设。

（2）推动东海区观测、预警体系为依托的长三角海洋灾害应急指挥中心建设，着重建设灾害链影响陆域的跨行政区信息共享、紧急处置的县级政府沟通渠道与相互协作体系，尤其是邻近县市紧急救援机制建设。

（3）围绕重要海洋设施、海岛旅游景区，推动东海区不同部门直属海警、渔政、海关、海巡、海监等海上执法部门互动成网，实时同步应急，提升近海、大洋的海洋灾情应急能力。

（三）长三角海洋灾害观测、预警、应急的合作路径建设

1. 攻关海洋灾害损失评估与预测技术，服务海洋灾害监测与预警决策

做好灾害评估、预测和成本效益分析，攻坚东海区重要海洋灾害——台风、风暴潮、赤潮等的观测技术与设施研发。准确有效评估与预测灾害损失，提升防灾预警、管理决策的科学性与公众参与。为应对未来长三角地区高风险性情景，尤其是上海地区、苏北地区、舟山海岛，准确合理地设置观测站，加密海洋环境观测与自动预警网络，为最优化的可行性决策提供参考依据。

2. 应用先进手段、模型和技术，实现科学安全的预警预报手段和机制

长三角地区的海洋安全预警预报工作需要投入更多的科研和科技手段，提升预警预报的准确性和有效性。

（1）利用现代卫星通信技术和计算机技术，把海洋灾害信息及必要的其他信息迅速集中到专业分析预报机构；推广已有数值模式并使之业务化、产品多样化的同时，使用国际先进的现代信息科学技术发展长三角各城市海洋灾害分析预报机构的能力，使之能客观准确地预报灾害现象的发生、发展、运移和消亡，形成主动的海洋灾害防御救助技术体系。

（2）建立海洋灾害预报及预警的分布式服务系统。建设和完善专门的无线网络和电话询问系统，保障海上作业渔民、海洋设施的安全；建立公众广播电台、电视台、公众通信网电传、服务于近岸旅游业务安全；构建全局的海洋灾情应急电讯组织方案，形成海洋灾情信息共享、预警通报及时、处置信息能够迅速上传下达的现代海洋灾害预警预报信息保障体系。

3. 成立长三角地区海岸带减灾防灾委员会

目前，因部门分割，导致管理职能边界有限和跨地区部门衔接效率低下的海洋灾害应急现象较为常见。为此，可通过成立长三角地区的减灾防灾委员会，其核心职能之一便是从事海岸带区域的海洋减灾防灾的规划统筹、跨区协调、应急处置监督工作，以保障海洋防灾减灾工作顺利而有效的开展。

第六章 长三角海洋资源—科教—
经济多尺度协调计量

2015 年，我国海洋经济增加值已经占国内生产总值的近 10%，成为国民经济的重要组成部分和新的经济增长点。但是由于海洋资源的丰富性和多样性、开发环境的艰巨性和复杂性、开发方式的综合性和高技术性等因素，决定了海洋经济的发展必须要建立在依靠科技进步的基础上。比较优势理论告诉我们：一个地区的竞争优势的存在取决于它本身所拥有的资源要素禀赋，要想在竞争中立于不败之地，就要充分发挥自身的资源优势，并不断依托深化开发该种资源①，因此海洋科教资源的丰裕与否对海洋经济发展有着举足轻重的影响力。另外，海洋科学技术与海洋经济发展之间具有越来越密切的联系。一方面，海洋科学技术已成为海洋经济可持续发展的主要动力和决定性制约因素。另一方面，海洋经济的可持续发展为海洋科技进步奠定了必要的经济基础和物质条件，从而使海洋科学技术进步速度更快、质量更高。因此，资源、科教、经济是区域合作发展过程中的重要支撑要素，同时也是区域不协调性最突出的要素之一。然而，这种不协调性也为实现优势互补的区域发展路径带来可能。因此，不仅要认识到城市间资源—科教—经济的不协调问题，更要意识到城市间不协调的资源—科教—经济是一种矛盾体，即区域一体化发展的动力来源。故对海洋资源—经济—科教之间的协调性进行研究，对解析其内在关系，并充分发挥海洋科技的作用，破解海洋资源有限性及空间分布不均衡性等问题，进而推动海洋经济的可持续发展具有重要作用②。

长江三角洲城市群位于长江入海之前的冲积平原，是中国经济最具活力、开放程度最高、创新能力最强、吸纳外来人口最多的区域之一，在我国社会经济以及海洋经济发展中具有举足轻重的作用；加之其临海的天然地理优势，使得长三角历来都是中国海洋科教资源相对

---

① 杨蕗，宋丽. 基于科教资源优势的南京市自主创新模式探讨 [J]. 华东经济管理，2007（8）：73 - 76.

② 冯晓波. 海洋科学技术与海洋经济可持续发展的关系研究 [D]. 青岛：中国海洋大学，2008.

丰富的地区。是我国重要的海洋科教研发中心和重要的海洋产业实践基地。目前，长三角海洋经济正处于转型发展的阶段，长三角海洋经济面临区域海洋经济产业结构与空间组织不合理，区域间以及城市间的海洋经济摩擦加剧，海洋公共资源管理缺失，海洋生态环境退化，区域海洋经济综合竞争力下降等诸多问题。因此，从省/市尺度对长三角海洋资源—科教—经济发展过程中的协调问题进行研究，具有重要的理论和实践意义。

本章主要研究了以下内容：在省域尺度层面，一是回顾了海洋科教与海洋经济关联的研究进展情况；二是对长三角海洋科教资源的分布进行详细的刻画，识别海洋科教资源分布存在的问题，并解析长三角海洋科技的孵化环境；三是系统性定量评估长三角海洋科技能力与海洋经济的空间协调性；四是构建促进长三角海洋科技合作的模式与实现路径，提出长三角海洋科教资源与海洋经济协调的政策建议。在城市尺度层面，一是借助 Citespace 软件定量化长三角海洋经济协调发展研究文献，识别其研究热点及趋势，并诊断我国学界在该研究领域所存在的问题；二是借助协调度来定量描述长三角海洋产业发展过程中资源—科教—经济的不协调现象；三是从行政区划、部门孤立、路径依赖等三个方面来阐述了不协调现象的根源。

一、省域尺度下长三角海洋科教资源与海洋经济匹配性及其优化路径

（一）海洋科教与海洋经济关联研究进展

自 20 世纪下半叶以来，科技创新的发展是学术界的研究热点，对于海洋科技创新与海洋经济发展的相关研究主要集中于三个方面。

1. 科技创新对经济协调发展的作用研究

黄英、沈飞①对区域自主创新与城市经济可持续发展进行了互动研究；洪银兴②从创新投入的动力和协调机制入手，研究发展创新型经济所需要的体制和机制安排；罗晖③分析了美国依靠科技创新发展的经验教训以及近年经济科技政策的调整趋势，进一步深刻认识科学技术对协调发展的关键作用；罗亚非、王海峰④从微观主体科研机构研发投入现状的角度，以协同学为基础，利用复合系统整体协调度模型，研究测算了我国1992~2006年科研机构研发投入与经济发展之间的协调度。

2. 从科技政策角度提出政策建议

张榭榭等⑤认为，提高海洋科技进步对海洋经济发展的贡献一方面需要发挥海洋科技人才集聚对海洋经济增长的技术效应、协同效应与综合效应，另一方面也要健全海洋科技推广体系，使海洋科技成果及时转化为现实社会生产力；刘强等⑥认为，科技进步与海洋经济增长之间存在着一种相互促进又相互制约的辩证关系。科技进步是推动海洋经济结构调整、提高海洋经济效益、加快海洋经济发展的重要动力和手段，也是衡量海洋经济增长质量的重要标志，

---

① 黄英，沈飞. 区域自主创新与城市经济可持续发展互动研究 [J]. 经济地理，2009 (8)：1256 - 1260.

② 洪银兴. 自主创新投入的动力和协调机制研究 [J]. 中国工业经济，2010 (8)：15 - 18.

③ 罗晖. 充分认识科技创新在协调发展中的关键作用 [J]. 中国软科学，2009 (4)：70 - 74.

④ 罗亚非，王海峰. 基于系统论的科研机构研发协调度评价国际比较 [J]. 科学学与科学技术管理，2010 (3)：10 - 13.

⑤ 张榭榭，朱庆林. 海洋科技人才集聚促进山东半岛蓝色经济增长的效应研究 [J]. 东岳论丛，2011 (27)：143 - 147.

⑥ 刘强，陈韶阳，余亭. 广东省市级海洋经济综合发展评价指标体系构建 [J]. 经济研究导刊，2012 (27)：160 - 162.

并将海洋科教创新子系统分为科技发展基础水平、海洋科技成果产出能力、海洋科技转化能力三个要素层将其纳入广东省市级海洋经济综合发展评价指标体系；卢国林①对河北省海洋经济与海洋科教资源进行了分析，认为海洋经济的发展，离不开海洋人才智力、海洋科技开发与海洋投入三大支撑。作为提供科技与智力支持的海洋教育，地位显得越来越重要；朱坚真，师银燕②对广东及沿海主要省份的海洋科技教育竞争力和海洋经济的发展状况进行综合评价，指出广东海洋经济的发展受制于海洋科技教育资源的相对滞后，并提出相应的政策建议。

3. 海洋科技与海洋经济的定量测度

刘凤朝、潘雄锋、施定国③运用主成分分析法初步评价了辽宁省经济、科技系统 1995～2002 年的综合发展状况；殷克东④通过构建海洋科学技术与海洋经济可持续发展的评价指标体系，运用主成分分析方法分别对海洋科学技术与海洋经济可持续发展的综合水平进行了测度与评价，并构建了海洋科学技术和海洋经济可持续发展的协调关系模型，表明海洋科学技术与海洋经济可持续发展的内在关联性及其互动关系研究，为沿海地区制定海洋科技与海洋经济发展规划提供了科学的理论依据；王泽宇⑤运用层次分析、综合指数法对我国沿海地区海洋科技创新能力和海洋经济发展协调性进行了评价，运用协调度

① 卢国林，曾昭春. 以"海洋科教"振兴河北海洋经济［N］. 光明日报，2006 – 09 – 30007.

② 朱坚真，师银燕. 略论广东海洋科技教育与海洋经济发展［J］. 广东经济，2008 (5)：49 – 53.

③ 刘凤朝，潘雄锋，施定国. 辽宁省经济：科技系统协调发展评价与分析［J］. 研究与发展管理，2006，18（5）：94 – 97.

④ 殷克东，王伟，冯晓波. 海洋科技与海洋经济的协调发展关系研究［J］. 海洋开发与管理，2009（2）：107 – 112.

⑤ 王泽宇，刘凤朝. 我国海洋科技创新能力与海洋经济发展的协调性分析［J］. 科学学与科学技术管理，2011（5）：42 – 47.

模型，对海洋科技创新能力与海洋经济发展的协调度进行了度量；翟仁祥[①]认为，加大海洋科技投入、促进海洋科技进步和创新是加快转变海洋经济发展方式的重要举措。通过对我国 11 个沿海地区年海洋经济面板数据的计量分析表明：海洋资本、海洋科技和海洋劳动的弹性系数均为正数，而海洋科技的经济增长贡献度最小，我国沿海地区海洋经济增长仍然表现为资本、劳动双要素投入驱动型；王玲玲[②]选取沿海地区 11 个省（市）2006～2011 年的面板数据，运用 C－D 生产函数和索洛余值法，测算了海洋科技进步、海洋资本投入、海洋劳动投入对沿海地区 11 个省（市）海洋经济增长的贡献率，并对测算结果进行了分析与评价。

（二）长三角海洋科教资源分布特征及科技孵化环境

1. 长三角海洋科教资源分布特征

近年来，海洋经济发展从传统的依赖海洋自然资源逐渐向依赖技术资源和人才资源转化，海洋科学与技术日益成为推动国家海洋经济发展的重要因素。海洋科教资源对沿海地区的本土化创新越来越重要，是本土创新的核心动力源泉。

海洋科教资源分为海洋科技资源和海洋教育资源，是推动沿海地区经济转型发展的重要力量。科研机构和高校是科教资源的两大重要阵地。至 2015 年底，长三角拥有普通高等院校 300 多所，国家工程研究中心和工程实验室等创新平台近 300 家，人力人才资源丰富，年研发经费支出和有效发明专利数均约占全国 30%。其本身拥有的丰

---

① 翟仁祥. 海洋科技投入与海洋经济增长：中国沿海地区面板数据实证研究 [J]. 数学的实践与认识，2014（4）：75－80.

② 王玲玲. 海洋科技进步对区域海洋经济增长贡献率测度研究 [J]. 海洋湖沼通报，2015（2）：185－190.

富科教资源不仅在其本地区的发展中具有重要影响力，而且在全国的科技自主创新中具有举足轻重的影响作用。

（1）海洋科技资源分布。

海洋科技是海洋经济发展的重要力量，是区域海洋经济社会发展的核心与关键。随着区域一体化和新一轮蓝色经济的迅速发展，海洋竞争日益加剧。海洋科技作为支撑海洋经济发展的重要力量，已进入世界科技竞争的前沿，成为国家和地区综合实力较量的焦点。长三角是我国三大海洋经济区之一，地处长江与东海的交汇口，区位优势突出，是长江三角洲、长江流域以及东海黄金区域的结合部，我国南北海运大通道的枢纽点，也是"一带一路"和长江经济带的战略基点。区内海洋资源丰富、基础设施完善、社会经济发达。同时，批准实施《江苏省沿海地区发展规划》和《浙江海洋经济发展示范区规划》，设立舟山群岛新区、连云港国家东中西区域合作示范区等一系列海洋经济区域布局规划，进一步巩固了区域内海洋发展基础实力，为完善区域海洋科技创新体系、推动海洋科技进步、促进海洋经济发展方式转变和海洋事业协调发展打下坚实基础。

长三角经济区科研机构众多，人才荟萃，具有较强的科技创新能力。据统计资料显示：2013年，长三角海洋科技资源总量明显高于珠三角地区，但是次于环渤海地区。长三角海洋科研机构数占全国的24%；海洋科研机构经费投入总额占全国总数的23%；长三角专利授权数有803件，占全国的23%。

长三角的科学研发活动情况：2013年，长三角有海洋专业技术人员8798人，占全国的23%，获得海洋类科研课题有2662项，占全国的22%；发表海洋科技论文2662篇，占全国的16%；专利申请1360，占全国的25%；拥有海洋机构42个，占全国的24%，如表6-1所示。

表6-1　　　　　　　　　　长三角海洋科教资源

地区	海洋科研机构数量（个）	专业技术人员数量（人）	海洋科研机构经费投入总额（亿元）	海洋类科研课题（项）	发表论文数（篇）	专利申请数（件）	授权专利数（件）
浙江	18	1800	13.34	588	588	115	79
上海	14	4039	30.72	1127	1105	1073	625
江苏	10	2959	20.85	1889	969	172	99
长三角	42	8798	64.91	3604	2662	1360	803
珠三角	24	3250	19.61	1864	1889	327	226
环渤海地区	52	8617	59.33	2743	3400	1143	782
全国	175	38754	265.56	16331	16284	5340	3430
长三角占全国的比重/%	0.24	0.23	0.24	0.22	0.16	0.25	0.23

资料来源：中国海洋统计年鉴（2014年）。

　　长三角拥有众多与海洋科学研究、海洋经济发展有关的涉海高等院校、研究所几十所，学科门类齐全，科技实力雄厚，如国家海洋局极地研究中心、国家海洋局东海海洋工程勘察设计研究院、国家海洋局第二研究所、上海交通大学、复旦大学、华东师范大学河口海岸研究院、上海水产大学、南京大学地理与海洋科学学院、河海大学、浙江大学、浙江海洋学院等一大批涉海国家研究机构、重点实验室以及多个海洋科学试验基地，如表6-2所示。长三角在海洋地质、海洋极地考察、海洋工程与设备、大型船舶制造、海洋生物医药等领域，具有较强的研发创新能力①。

---

① 向云波.区域海洋经济整合研究——以长三角为例［D］.上海：华东师范大学，2009.

表 6-2　　　　　　　长三角主要涉海高等院校和科研院所

地区	院校与科研院所
浙江省	浙江大学、浙江工业大学、浙江海洋学院、国家海洋局第二研究所、国家海洋局水处理技术研究开发中心等
上海市	上海交通大学船舶海洋与建筑工程学院、同济大学海洋与地球科学学院、复旦大学生命科学学院、华东师范大学河口海岸研究院、上海海洋大学、上海海事大学、上海海关高等专科学校、中国船舶工业集团公司第七〇八研究所、国家海洋局极地科学研究中心、上海海洋生物研究中心、上海海洋石油局技术研究所、上海船舶及海洋工程研究所、上海海洋水下工程科学研究院、上海东海海洋程勘察设计研究院、中美海洋遥感及渔业信息研究中心等
江苏省	南京大学地理与海洋科学学院、河海大学、南京师范大学地理科学学院、江苏科技大学船舶与程学院、淮海学院等、江苏省海洋研究所、江苏省海洋资源开发研究院等

资料来源：教育部及相关网站。

　　长三角海洋科技资源主要由海洋科研机构的数量、海洋机构专业技术人员数量、海洋机构经费投入总额、海洋类科研课题数、海洋类专利授权数等指标构成。其中，海洋机构的数量是衡量海洋科技资源较为重要的一项指标。截至 2015 年末，上海市拥有海洋科研机构 22 个，江苏省 20 个，浙江省 28 个，如表 6-3 所示。

表 6-3　　　　　　长三角海洋科研机构（研究院）数量

省 （直辖市）	浙江省						上海市	江苏省					
市	宁波	舟山	杭州	温州	嘉兴	台州	上海	南京	连云港	镇江	南通	盐城	扬州
科研机构	9	8	7	1	2	1	22	8	8	1	1	1	1
总计	28						22	20					

　　长三角海洋机构主要分布于沿海地区，呈现出上海、宁波、舟山、连云港等地区集聚分布特征；另外，南京和杭州也是海洋机构集中分布的区域。前者主要是因为近海地区进行海洋类科研较为方便，后者是因为省会城市科技人才集聚，政府资金充裕以及相关配套设施

较为完备等有利条件。与行政级别和资源优势相匹配，与其历史积累相关联。

（2）海洋教育资源分布。

海洋教育资源是海洋科技资源的基础储备力量，在一定程度上反映了海洋科技资源的丰裕度。浙江省海洋类高等教育学位点以及学生人数明显低于上海市和江苏省，而从海洋类教职工情况来看，上海市稍弱于浙江省和江苏省，如表6-4所示。总体而言，江苏省的海洋教育资源是长三角地区最具优势的。2013年，长三角地区的海洋教育资源相比于其他沿海城市属于中上水平，如表6-5所示。长三角海洋教育资源与环渤海沿海省份相差无几，两者明显优于珠三角沿海省份。其中，长三角拥有海洋类博士专业点34个，拥有博士在校生948人，分别占全国的25%和24%；拥有海洋类硕士点80个，硕士在校生2867人，分别占全国总量的23%和28%；拥有海洋类本科生专业点72个，海洋类本科生在校生14620人，分别占全国的30%和22%；拥有海洋类专科专业点122人，拥有专科生人数23864人，分别占全国的24%和25%，如表6-4和表6-5所示。

表6-4　　　　2013年长三角沿海城市海洋类高等教育
（本科及以上）学生数

地区	博士		硕士		本科		专科		合计	
	专业点数（个）	在校生（个）	专业点数（个）	在校生（个）	专业点数（个）	在校生（个）	专业点数（个）	在校生（个）	专业点数（个）	在校生（个）
浙江	5	81	26	581	29	3631	32	5842	92	10135
上海	16	408	30	1166	14	5084	32	5932	92	12590
江苏	13	459	24	1120	29	5905	58	12090	124	19574
长三角	34	948	80	2867	72	14620	122	23864	308	42299
珠三角	10	242	26	721	16	4403	33	6345	85	11711
环渤海	32	1474	71	2672	64	20248	115	29109	282	53503

续表

地区	博士		硕士		本科		专科		合计	
	专业点数（个）	在校生（个）	专业点数（个）	在校生（个）	专业点数（个）	在校生（个）	专业点数（个）	在校生（个）	专业点数（个）	在校生（个）
全国	137	4031	345	10170	241	65668	505	93990	1228	173859
长三角占全国的比重(%)	0.25	0.24	0.23	0.28	0.30	0.22	0.24	0.25	0.25	0.24

表6-5　　　　　2013年中国沿海地区高等教育教职工情况

地　区	学校（机构）数（个）	教职工数（人）	专任教师数（人）
上海	16	21262	10440
江苏	44	67757	43686
浙江	22	28984	17328
北京	4	5689	3450
天津	12	15865	10688
辽宁	23	20319	12630
福建	20	20824	13133
山东	45	52382	35016
广东	23	32818	20796
广西	16	14108	9930
海南	6	6600	3732

（3）长三角海洋科教资源特征与问题。

① 长三角海洋科技整体实力优势显著。一方面，海洋经济为海洋科技发展奠定了良好的基础。2012 年，长三角海洋经济区海洋经济总产值突破 1.5 万亿元，占沿海地区海洋经济总产值的 31.2%，占长三角区域经济总量的 14.3%，海洋科技基础实力雄厚、经济教育发达、科技人才优势明显。其中，上海海洋经济布局逐步从黄浦江两岸向长江口和杭州湾沿海地区转移，基本形成以洋山深水港和长江

口深水航道为核心，以临港新城、崇明三岛为依托，与江浙两翼共同发展的区域海洋经济格局。江苏海洋经济发展主要依托沿海、沿江两大区域，利用沿江产业基础和科教研发优势，培育发展海洋高技术产业。浙江海洋经济以宁波—舟山港海域、海岛及其依托城市为核心区，以环杭州湾产业带及其近岸海域为北翼，以温州、台州沿海产业带及其近岸海域为南翼，利用杭州、宁波、温州3大沿海都市圈，发展海洋高技术产业和现代服务业。

②区域涉海科技研发和教育实力较强。长三角拥有众多涉海高校、科研机构和企业研发机构，如国家海洋局极地研究中心、国家海洋局东海海洋工程勘察设计研究院、上海海事大学、江苏海洋开发研究院、浙江大学舟山海洋研究中心等。2014年长三角海洋科研机构70家，海洋科技人才储备和科技投入产出逐年增加，海洋科技影响力不断加强。同时，长三角海洋科技活动突出，海洋产业创新不断推进，深海科技、海洋工程、河口海岸等领域领跑全国，在海洋高新技术领域、海洋公益服务领域和海洋科技创新体系等方面取得较大突破性成效。区域内部差距呈缩小态势。长三角加快海洋科技协调发展，区域不平衡发展有所缓解。从海洋科技实力综合排名来看，上海保持优势领先地位，江苏稳步提升，浙江后发优势明显，区域内部差距逐渐缩小。其中，上海与山东、广东等海洋大省处于同一能级，海洋科技实力较强，开展了海洋防灾减灾、海洋资源利用、海洋环境治理、船舶制造、海洋工程装备等相关基础理论和应用技术研究，在海洋开采探测、自主研发和生物医药等海洋高新技术领域优势明显。江苏实力与天津相当，海洋科教研发实力较强，海洋生物、海洋化工、海洋可再生能源等应用科技水平大幅提升，在南黄海辐射沙脊群海域潮流、泥沙运动机理研究和辐射沙洲促淤并陆工程试验研究方面颇有成效。浙江海洋科技整体实力提升迅猛，基本达到与天津、江苏持平，中国海洋科技创新引智园区、温州海洋研究院等各类海洋科研机构和海洋研究与开发平台建设工作取得较大进展。

③ 区域海洋科技发展存在挑战。长三角地区科技资源丰富，海洋科技较为发达，但与发达海洋国家相比，海洋科技总体水平还有较大差距。从区域层面看，存在海洋科技创新能力不足、海洋产业科技含量和附加值低、海洋科技人才缺乏、海洋科技成果转化较难等问题；同时，两省一市海洋科技发展尚未形成合力，海洋科技资源缺乏有效整合。从省市层面看，上海在海洋科学技术和产业攻关方面具备较强优势，但协同创新能力不足，海洋科技研发的系统性、协同性和集聚性有待进一步加强。江苏海洋专业在校生人数和海洋科技活动人员总数较多，海洋科技产出，特别是论文和课题产出较高，但因相应的海洋科研机构数量较少，难以留住高水平科研人才，面临人力资源基数大，人才质量有待提高的问题。浙江在海洋科技基础和影响力两方面发展迅速，但海洋专业人才和海洋科技活动人员较少，科技投入产出都偏低，海洋经济层级较低，总体科技影响力亟须提升①。

2. 长三角海洋科技孵化环境

（1）长三角海洋科技孵化环境的国情背景。

科技孵化是世界各国提高科技初创企业成活率的成功经验，西方发达国家主要采用民营或民办官助的模式。我国的科技孵化始建于改革开放初期，经济体制刚开始转轨，政府自然而然成为科技孵化的主导力量。中国政府官方科技局设有生产力促进中心，专门统筹区域高校的专利，将专利持有人和企业的需求对接。过去 20 多年，由于我国市场机制仍然不完善，科技孵化的市场力量不足，同时科技创新的需求又非常紧迫，因而政府主导的模式不断增强。最近几年，虽然市场化的科技孵化快速发展，但政府主导的思维惯性仍然在发挥作用。随着我国经济转型的压力日益增加，全国各地更加重视科技成果转化

---

① 刘靖，李娜. 长三角海洋科技实力地区比较与评价 ［J］. 海洋开发与管理，2015（11）：67－73.

和战略性新兴产业的发展。另外，由于形势的变化，政府职能在科技孵化中的错位和缺位的问题也亟待解决。错位现象主要表现是：政府直接入股投资初创企业，但缺乏风险投资管理的相应机制；政府通过奖励、贴息、补助等各种名目，给入驻企业提供"撒胡椒面"式的补贴，既存在不公平竞争嫌疑，又降低了财政资金的使用效率①。缺位现象主要表现是：产业创新的共性服务不足，如中试、检验检测等技术平台不足，成为科技成果转化的瓶颈；创新的中介服务不足，大量初创企业和中小企业缺乏技术服务等。在新形势下，应逐步调整政府职能，从部分市场可以解决的领域中退出，集中力量解决市场不能解决的问题。这样就需要科技孵化的中介机构——即科技孵化公司。将科技专利技术转化为企业生产技术或者生产工艺。

（2）长三角海洋科技孵化的地方政府间合作。

在2004年东方科技论坛上，浙江省、上海市和江苏省两省一市正式签订协议。成立我国首个科技中介联盟"长三角科技中介联盟"。江苏省、浙江省和上海市将吸纳区域内的各级科技中介组织加盟，最终形成一个区域性的科技中介服务的组织和运行网络。这不仅反映了区域内谋求发展科技合作的迫切要求，也是经济发展的必然要求，更是科技中介服务在组织机构、服务手段上的创新。

（3）长三角海洋科技孵化的市场主体地位贡献不足。

长三角地区是我国最大的技术聚集中心，每年产出近万项科研成果，约占全国总数的20%。但是每年有一半左右的科技成果找不到合适的"婆家"，近70%的创业投资基金找不到合适的项目和技术进行投资，由此导致大量科技成果"沉淀"在高校和科研机构中。在长三角区域内部构建科技与经济中介服务功能的中间转化机制，如创立工程技术研究中心、生产力促进中心、创新中心、孵化器等。有利

---

① 袁东明，马骏，王怀宇. 充分发挥市场在科技孵化中的作用 [J]. 中国发展观察，2014（5）：27－29.

于形成中介机构技术交易联动机制，扩大科技合作交流渠道，推动异地技术经济活动的开展，促进区域联合攻关科技项目。同时广开融资渠道，充分采用风险投资、战略投资和孵化投资等方式，使科技成果能够快速实现产业化①。

同时，上海应该建设以上海技术交易所为中心、以长江三角洲区域性中心城市为技术转移次中心、以企业为服务对象的长三角技术扩散网络，以提高长江三角洲科技成果转化效率、推动创新型区域建设。支持技术转化企业的发展，提高科技成果的产业化率科技成果的产业化是影响科技创新成败的重要因素。目前，我国很多来自高校和科研机构的科技成果不能满足市场需求，产业化程度不高。根据市场需求，需要对来自高校和科研机构的创新成果进行了二次创新，大幅度提高科技成果的市场针对性，从而提高了科技成果的转化率。如上海张江高科技园区已有为数不多、具有德国研究协会类似功能的生物科技企业。此类技术中介、转化企业的发展，大幅度提高我国科技成果的产业化率。建立技术评估机构，促进技术供方与受方的技术合作科技型中小企业对区域发展的贡献越来越大。随着科学发展观日益深入人心，长江三角洲区域内科技中小企业发展很快，对技术创新成果的需求愈来愈迫切②。

（三）长三角海洋科技能力与海洋经济的空间协调评估

海洋科技能力的强弱直接影响到海洋经济的发展问题。而海洋科技能力的强弱是由科技资源配置的效率决定的，科技资源配置是指各类科技资源在不同科技活动主体、领域、过程、空间、时间上的分配

①　李俊. 打造长三角科技中介服务一体化联盟［J］. 安徽科技，2005（7）：24-26.
②　曾刚，丰志勇. 德国巴登——符腾堡地区科技中介服务机构对创新型区域建设的影响［J］. 中国高校科技与产业化，2006（10）：29-31.

和使用的方式会产生不同的投入产出（即效率的不同）。因此，如何优化配置海洋科技资源，形成符合市场经济要求和科技发展规律的新体制，进一步解决科技与海洋资源开发实践相脱节的问题，加强关键技术和共性技术的攻关力度，集中精力发展海洋高新技术，提高科技进步贡献率，推动长三角海洋高新技术产业的形成和发展，已成为当前迫切需要解决的重大课题。

现有研究的观点主要集中于科技资源配置的效率、问题、对策和海洋产业的发展等方面，关注的视角较为局限，将海洋科技资源配置与海洋经济发展结合起来的研究尚处于初步发展阶段，且涉及长三角海洋科技资源与海洋经济空间协调的研究少之又少。因此，有必要对长三角的海洋科技能力与海洋经济的空间协调性进行评估，并在此基础上提出优化长三角海洋科技资源空间配置的政策建议，应用于指导提高长三角海洋经济的效益，以利于找出科学开发海洋的一般规律。使对这一问题的认识更深刻、更全面，对实际工作更具指导意义①。

1. 长三角海洋科技能力与海洋经济协调度模型

（1）指标体系的构建。

目前在关于海洋科技能力综合评价的研究中，主要有利用沿海各省市海洋科研机构数量、海洋科研机构人员数量以及海洋科技课题数等评判省域和其他沿海省市科技创新能力的状况；综合海洋科技投入支撑力、产出支撑力、效率支撑力衡量海洋科技支撑力；从海洋科技发展基础水平、海洋科技投入水平、海洋科技产出水平、海洋科技成果转化、海洋科技对社会经济和技术发展的影响力五个方面评价各省市的海洋科技综合实力②。借鉴已有指标体系，根据客观、科学、操

---

① 叶向东. 科技资源配置与提高福建海洋经济效益的研究［J］. 网络财富，2010（1）：63－64.

② 马仁锋，许继琴，庄佩君. 浙江海洋科技能力省际比较及提升路径［J］. 宁波大学学报（理工版），2014（3）：108－112.

作性强的指标遴选原则，重点选取刻画区域海洋人力资源、海洋财力资源和海洋科技成就三方面的指标评价沿海八省市海洋科技水平及其差异；海洋经济发展主要由海洋经济实力和海洋经济结构两个层面进行刻画，如表6-6所示。

表6-6　　　海洋科技能力与海洋经济协调性评价体系

目标层	准则层	指标层
海洋科技能力	海洋人力资源	海洋科研机构数量（个）
		海洋科研机构专业技术人员数量（个）
		海洋专业在校人数（人）
	海洋科技投入	海洋科研机构经费投入总额（千元）
		科研费用占海洋生产总值的权重（%）
		海洋类科研课题数（个）
	海洋科技成就	发表论文数（篇）
		受理专利数（个）
		授权专利数（个）
海洋经济发展	海洋经济实力	人均海洋生产总值（元）
		海洋相关产业总值（亿元）
	海洋经济结构	海洋生产总值占沿海地区生产总值比重（%）
		海洋产业中第二产业的比重（%）
		海洋产业中第三产业的比重（%）

（2）数据源。

沿海八省市海洋科技水平的人力资源、财力资源、科技成就相关指标数据均源于《中国海洋统计年鉴（2007～2014年)》，行政区划的选择以长三角两省一市为主，另外考虑到数据的可获得性和可比性，将辽宁、天津、山东、福建、广东等沿海省市划入研究范围。

（3）协调度测量方法。

区际海洋科技能力和海洋经济发展水平的评价方法经常采用灰色关联度法、主成分分析法、熵值法、层次分析法等，本书采用熵值法对沿海八省市进行时空序列的评价与比较。以避免主观赋值的影响偏差。其主要步骤如下：首先需对初始数据做标准化处理；然后计算出指标的权重；最后根据熵值法所得权重的大小来计算各个单项指标的得分以及综合得分数据。最后运用模糊数学测量海洋科技能力与海洋经济发展之间的协调状态。

① 数据标准化处理：首先需对初始数据做正规化处理。指标值越大对系统发展越有利时，采用正向指标计算方法；指标值越小对系统发展越好时，采用负向指标计算方法处理。

正向和负向指标计算方法依次为：

$$X'_{ij} = (X_{ij} - minX_{ij})/(maxX_{ij} - minX_{ij}) \tag{1}$$

$$X'_{ij} = (maxX_{ij} - X_{ij})/(maxX_{ij} - minX_{ij}) \tag{2}$$

② 指标权重 w_j 计算。

$$e_j = -k \sum_{i=1}^{m} (Y_{ij} \times lnY_{ij})$$

$$(Y_{ij} = X'_{ij}/\sum_{i=1}^{m} X'_{ij}; k = 1/ln \quad m; 0 \leqslant e_j \leqslant 1) \tag{3}$$

$$w_j = (1 - e_j)/\sum_{j=1}^{n} (1 - e_j) \tag{4}$$

③ 综合实力得分 T_{score} 为：

$$T_{score} = \sum_{j=1}^{n} W_{ij} \times X'_{ij} \tag{5}$$

其中，$maxX_{ij}$ 和 $minX_{ij}$ 表示指标的最大值和最小值。m 为研究区数量，n 为指标数。

海洋科技能力综合得分为 T_{score}；同理可得，海洋经济发展综合得分为 E_{score}。

④ 建立协调度函数 D。

$C(T_n, E_n)$ 表示 H_n 系统相对于 E_n 系统的协调度状态，E'_{score} 表示 H_n 系统对 E_n 系统要求的协调值，S^2 表示 H_n 系统的实际方差。两

个因素决定 E'_{score} 的大小：一是 T_{score} 的大小，二是两个系统之间综合得分的比例关系。两系统关系 E'_{score} 可通过线性回归模型 $Y = a + bX$（a、b 为拟合模型的参数模拟），同理可得出 T'_{score}。

$$C(Tn, En) = e^{-(E_{score} - E'_{score})^2/S^2} \tag{6}$$

$$D = \min[C(E_n/T_n), C(T_n/E_n)]/\max[C(E_n/T_n), C(T_n/E_n)] \tag{7}$$

2. 海洋科技能力与经济发展协调评价结果

（1）海洋科技能力与海洋经济发展综合评价。

运用公式（1）~公式（5），计算得出主要沿海省市海洋科技能力与海洋经济发展的展综合得分，如图 6-1 和图 6-2 所示。可知：①2006~2011 年沿海省市海洋科技能力综合得分呈较大幅上升趋势，表明沿海省市科技均正向发展，科研水平状况渐好。2006~2008 年沿海省市均呈现平稳发展态势，2008~2010 沿海城市的海洋科技能力陡然上升，接下来平稳发展一年后于 2011 年出现下滑，2012 年才逐渐抬升；②整体来看，浙江省海洋科技能力前期发展最为缓慢平稳，2012 年之后发展速度跃升为沿海省份的首位。与之相反，上海市海洋科技能力的发展前期一直处于优势地位，2010 年之后开始下滑，并于 2013 年落到各省份之后；③江苏省海洋科技能力整体较强，虽 2011 年出现短暂下滑但又迅速跃升上来。④除了上海市，其他沿海 6 省市 2006~2013 年沿海城市海洋经济发展水平整体呈现逐渐上升趋势，且经济发展轨迹相对集中、经济发展水平呈较强一致性。上海市海洋经济发展水平呈现出平稳、下降再上升的趋势，其中下降年份为 2008~2009 年，大概是受国际金融危机的影响，导致海洋经济发展严重受阻，呈现出剧烈下降状态。有意思的是，与此同时，2008~2009 年其他沿海省份的海洋经济发展水平均呈现快速上升状态。原先被上海市所垄断的海洋贸易逐渐分散给其他省市。

海洋科技能力综合得分

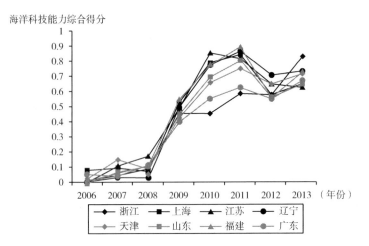

图 6-1　2006~2013 年主要沿海省市海洋科技能力综合得分轨迹

海洋经济发展综合得分

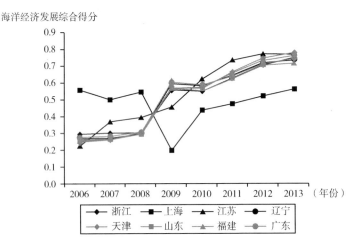

图 6-2　2006~2013 年沿海城市海洋经济发展综合得分轨迹

（2）海洋科技能力与经济发展协调度的时空分异。

根据公式（6）和公式（7）计算沿海省份海洋科技能力与经济发展的协调度 D，如表 6-7 所示。为刻画沿海省份海洋科技能力与经济发展协调度发展的程度，建立模糊协调等级和划分标准，如表 6-8 所示。

表6-7　　　　沿海省市海洋科技能力与经济发展的协调度

年份	浙江	上海	江苏	辽宁	天津	山东	福建	广东
2006	0.9716	0.0009	0.9771	0.9697	0.9583	0.9252	0.9352	0.9954
2007	0.9994	0.0005	0.7140	0.9931	0.9596	0.9925	0.9991	0.9492
2008	0.9796	0.0007	0.8631	0.9567	0.8998	0.9992	0.9941	0.9938
2009	0.9996	0.5321	0.6941	0.7483	0.8714	0.9582	0.8713	0.9824
2010	0.9985	0.0015	0.1877	0.3422	0.6744	0.4835	0.3677	0.6605
2011	0.9851	0.0001	0.8370	0.4264	0.7350	0.4544	0.2784	0.7988
2012	0.7376	0.2573	0.7761	0.8255	0.9282	0.7457	0.3763	0.8774
2013	0.8569	0.0098	0.6808	0.7680	0.9732	0.8545	0.9137	0.9634

表6-8　　　　沿海省市海洋科技能力与经济发展的协调评价

年份	浙江	上海	江苏	辽宁	天津	山东	福建	广东
2006	高度协调	濒临失调	高度协调	高度协调	高度协调	高度协调	高度协调	高度协调
2007	高度协调	濒临失调	良好协调	高度协调	高度协调	高度协调	高度协调	高度协调
2008	高度协调	濒临失调	高度协调	高度协调	高度协调	高度协调	高度协调	高度协调
2009	高度协调	中级协调	良好协调	良好协调	高度协调	高度协调	高度协调	高度协调
2010	高度协调	濒临失调	濒临失调	初级协调	良好协调	中级协调	初级协调	良好协调
2011	高度协调	濒临失调	高度协调	中级协调	良好协调	中级协调	初级协调	良好协调
2012	良好协调	初级协调	良好协调	高度协调	高度协调	良好协调	初级协调	高度协调
2013	高度协调	濒临失调	良好协调	良好协调	高度协调	高度协调	高度协调	高度协调

二、城市尺度下长三角资源—科教—经济不协调刻画与剖析

(一) 文献计量表达的长三角海洋资源—科教—经济协调研究回顾

借助中国知网检索平台，以"'海洋经济'并含'协调'并含

'资源'并含'经济'或含'科教'"为检索主题、"1990~2016年"为检索期限、"核心期刊"为检索刊源,检索出145篇文章。

1. 基于关键词图谱的研究热点及趋势分析

在20世纪90年代以及21世纪初,国内学界呈现以"海洋资源开发""海洋产业"为主的海洋经济研究特征;在2003年左右出现了一个研究高潮,即"可持续发展",究其原因,主要是新一届国家政府上台,新的大政方针"可持续发展观"得到学界的高度重视,此外也迎合国内大的经济发展环境;在2013年以后,"可持续发展"主题仍然得到学界高度重视,并开始从"协调系统"角度开始探讨海洋经济的可持续发展,以及定量化研究海洋经济的协调性,如"经济—社会—生态系统""综合评价指标体系""资源成本""双指数模拟""面板向量自回归"等。由此可见,国内相关学界转向以"系统论"为理论支撑、"定量化"为分析方法,研究资源集约科学利用,实现海洋经济协调发展的研究阶段。

2. 基于作者群和研究机构图谱的权威识别

国内该领域的研究学者之间的合作网络比较稀疏,且合作网络节点基本为两个作者;另外,每个合作团队的研究成果也较少,发文量基本在3篇以下。可见,我国海洋经济协调研究的交流程度有待提高,一定程度限制了该研究领域的创新。该领域单个学者的研究工作缺乏时间上的连续性,仅在某个时间段进行研究,这也在一定程度上阻碍了该领域的研究深度和质量。另外,该领域形成两个核心研究机构:中国海洋大学管理学院、辽宁师范大学海洋经济与可持续发展研究中心,然而,上海、江苏、浙江、福建等沿海省份在该领域的研究机构较为薄弱,不利于我国整体海洋经济的发展。

（二）长三角海洋产业发展中资源—科教—经济不协调现象计量

长三角海洋经济发展过程中，资源—科教—经济是否也存在一种不协调现象。本节为了搞清楚这个问题，拟采用一种定量值—协调度，来量化长三角及其沿海城市海洋经济发展过程中的资源—科教—经济协调情况。

1. 数据来源与处理

首先，在各政府官方网站查找了2015年各城市的海洋经济生产总值制成表6-9，因此，各个数值的比值就可以看作各城市海洋经济得发展水平之比。然后，查询各城市的科研院校的官方网站，以与海洋相关的研究生（专业型硕士、学术型硕士以及博士）为计数标准；另外，由于一些城市（如温州、台州等）的科研院校没有与海洋相关的研究生，计数标准则换成政府或研究机构公布的"高级技术人才"等（查询的时期为2015年），总结得表6-10。同理，各城市科研人数的比值就可以视为各城市科教水平的情况。最后，采用各沿海城市的海岸线长度之比来衡量各自的资源发展水平之比。

需要作出说明的是：在衡量各沿海城市的科教水平时主要选用海洋专业相关的研究生（包括学术/专业型硕士研究生、博士研究生）为主要统计对象，一些没有海洋专业研究生的城市则以代表性的海洋研究院所的在职人数作为统计对象。原因如下：大多海洋型研究机构的人员与高校内海洋专业的师生重叠，为了减小数据误差以及获取难度，加之以各城市统计数据之比作为衡量各城市海洋科教水平的相对高低，因此采用以上所述的统计口径。

表 6 – 9　　　长三角各沿海城市近两年的海洋生产总值统计

城市	统计指标	数值	亚类数值	数值源自年份
盐城	海洋生产总值/(亿元)	847.00	415.17 *	2015 年
			431.83 **	
南通	海洋生产总值/(亿元)	1684.00	512.00 *	2015 年
			1172.00 **	
连云港	海洋生产总值/(亿元)	650.00	425.00 *	2015 年
			575.00 **	
苏州	海洋生产总值/(亿元)	10434.65		2015 年
上海	海洋生产总值/(亿元)	6217.00	3704.00 *	2015 年
			2513.00 **	
嘉兴	海洋生产总值/(亿元)	500.00		2015 年
杭州	海洋生产总值/(亿元)	1043.54		2015 年
宁波	海洋生产总值/(亿元)	2653.00		2015 年
舟山	海洋生产总值/(亿元)	730.50		2015 年
温州	海洋生产总值/(亿元)	850.00		2015 年
台州	海洋生产总值/(亿元)	443.11		2015 年
绍兴	海洋生产总值/(亿元)	820.08		2015 年

注：＊表示主要海洋产业增加值；＊＊表示海洋相关产业增加值。

表 6 – 10　　　长三角各沿海城市科教水平统计情况

城　市	统计口径	人　数	总人数
盐城	盐城工学院/教师	33	33
南通	南通大学/研究生	32	32
连云港	淮海工学院/研究生	68	68
苏州	苏州大学/研究生	9	9
上海	同济大学/研究生	44	1974
	华东师范大学/研究生	116	
	上海交通大学/研究生	9	
	上海海事大学/研究生	965	
	上海海洋大学/研究生	760	
	上海海关学院/研究生	80	

续表

城　市	统计口径	人　数	总人数
嘉兴	嘉兴海洋研究机构/科技人才	30	30
杭州	浙江大学/研究生	330	660
	浙江工业大学/研究生	30	
	国家海洋局第二研究所/研究员	300	
宁波	宁波大学/研究生	234	234
舟山	浙江海洋大学/研究生	401	401
温州	海洋科技创业园/科技人才	40	40
台州	海洋药物研究所/研究员	20	20
绍兴	水利局/高级工程师	41	41

2. 协调度计算方法

资源系统、科教系统以及经济系统间存在着紧密的内在联系，也就是说三者之间或者两者之间存在耦合。本书借鉴容量耦合系数模型与耦合度函数建立协调度模型[①]，来定量分析长三角及其各沿海城市海洋资源系统、海洋科教系统及海洋经济系统之间的协调性。

协调度模型如下：

$$C_A = \left[(F_1 \times F_2 \times F_3) \div (F_1 + F_2 + F_3)^3 \right]^{1/3} \text{或}$$

$$C_B = \left[(F_1 \times F_2) \div (F_1 + F_2)^2 \right]^{1/2} \text{或}$$

$$C_C = \left[(F_1 \times F_3) \div (F_1 + F_3)^2 \right]^{1/2}$$

其中，F_1代表海洋经济系统发展水平，F_2代表海洋资源系统发展水平，F_3代表海洋科教发展水平。C为协调度，取值在 $[0, 1)$，当 C 趋向 1 时，耦合度最大，系统将趋向新的有序结构；当 C = 0 时，耦合度极小，系统之间或系统内部要素之间处于互相无关状态，系统

---

① 赵媛，沈璐. 江苏省能源与经济系统协调发展评价 [J]. 地理科学，2012，32 (5)：557 - 561.

将向无序发展。

3. 长三角海洋资源、海洋科教、海洋经济的协调度分析

通过计算得到长三角及其各沿海城市海洋经济系统与海洋资源系统的协调度 C_C、海洋经济系统与海洋科教系统的协调度 C_B 以及三个系统间的协调度 C_A，如表 6 – 11 所示。

表 6 – 11　　　　长三角及其各沿海城市三系统间的协调度

协调度	长三角	盐城	南通	连云港	苏州	上海	嘉兴	杭州	宁波	舟山	温州	台州	绍兴
C_A	0.24	0.17	0.12	0.23	0.07	0.16	0.19	0.15	0.21	0.31	0.19	0.17	0.14
C_B	0.37	0.19	0.14	0.29	0.09	0.43	0.23	0.49	0.27	0.48	0.21	0.20	0.21
C_C	0.37	0.50	0.32	0.43	0.19	0.17	0.39	0.15	0.42	0.45	0.47	0.50	0.25

从表 6 – 12 可知，长三角及其各沿海城市的海洋经济、资源、科教之间的协调度 C_A，基本都小于 0.3，即长三角及其各沿海城市的海洋经济、资源、科教之间均存在不协调现象。另外，由长三角的 C_B、C_C 值可以看出，长三角海洋经济系统分别与海洋科教和海洋资源也都存在不协调现象且不协调程度差别不大，只是两者不协调程度要比三个子系统之间的不协调程度相对小一些。

表 6 – 12　　　　海洋科技能力与经济发展协调模糊等级及划分

划分标准	协调等级
0. 0006 ~ 0. 2000	濒临失调
0. 2006 ~ 0. 4000	初级协调
0. 4006 ~ 0. 6000	中级协调
0. 6006 ~ 0. 8000	良好协调
0. 8006 ~ 1. 0000	高度协调

为了更加详细的搞清楚长三角内部这种不协调现象，就需要对长三角内各沿海城市的 C_B、C_C 值进行比较分析：

（1）C_B 中可以看出，长三角各沿海城市的海洋科教系统与海洋

经济系统的协调度都小于0.5，即长三角各沿海城市的海洋科教系统
与海洋经济系统存在不协调现象。另外，上海、杭州、舟山三市的
C_B值相对较大，接近0.5，即长三角各沿海城市的海洋科教系统与海
洋经济系统的不协调程度相对较低；究其原因，主要是因为上海市、
杭州市分别为直辖市或省会城市，内部拥有比较多的高校机构，从而
导致海洋专业的研究生数量比较多，科研能力较强，其次，舟山市有
一所专门性的海洋大学，为城市的海洋经济发展提供一定的科技支
撑。值得指出的是，苏州的C_B值比较小，主要是因为苏州距离上海
较近，即使本地没有较多的海洋高校机构，但是上海的科教优势对苏
州产生较大影响，一定程度上促进了苏州海洋经济的发展，从而导致
苏州出现本地海洋科教力量薄弱，但海洋经济实力较强的现象。

（2）C_C中可以看出，盐城、连云港、宁波、舟山、温州、台州
的C_C值相对较大，即这几个城市的海洋经济系统与海洋资源系统之
间的不协调性相对较小一些，究其原因，主要是因为这几个沿海城市
的海岸线资源相对较丰富，与海洋经济的发展形成匹配。相反，苏
州、上海、杭州等城市的C_C值比较小，主要是因为这些城市的海岸
线尤其是深水岸线资源较少，与城市的海洋经济发展不相匹配。

三、长三角海洋经济不协调：格局、根源及对合作机制构建的启示

（一）长三角省/市尺度海洋资源—科教—经济不协调格局

1. 长三角省域尺度海洋资源—科教—经济不协调格局

根据计算所得协调度结果，如表6－7所示及划分标准如表
6－8、表6－12所示可知：第一，2006～2013年，浙江、江苏、

天津和广东整体处于高度协调状态，其中浙江省海洋科技能力与经济发展的协调度最好。第二，上海整体处于濒临失调状态，只有2009年和2012年为中级协调和初级协调，主要原因可能是上海市海洋经济发展在2008年出现一次陡降，之后虽有抬升但发展依然很慢，导致上海市海洋经济发展一直跟不上其海洋科技能力发展的步伐，直到2013年，上海市海洋经济发展呈现良好状况而其海洋科技能力却呈现下降状况，故上海市海洋科技能力与海洋经济发展的协调度一直处于濒临失调和初级协调状态。第三，区域间比较而言，长三角海洋科技能力与海洋经济协调度低于环渤海地区，而珠三角海洋科技能力与海洋经济的协调度最优。

省域层面总体而言，海洋科技能力与经济发展具有局部波动，整体协调的关系，且海洋科技能力的进步基本是先于海洋经济发展的速度，这表明科技能力是经济发展的基础。

（1）上海市海洋科技—经济协调度受金融危机影响严重。关键事件经常在区域经济发展中发挥重要影响。受国际金融危机的影响，上海市经济发展水平在2008年出现严重下滑，但是上海市在自身较强的海洋科技能力的支撑下，仅用了一年就挽回衰退的局势，海洋经济逐渐复苏并快速发展。

（2）浙江省的海洋科技—经济发展前期缓慢，后来居上。因历史积累原因，2010年之前浙江省海洋科教能力并不具有竞争优势，海洋经济发展缓慢。2010年以后，随着国家对海洋蓝色经济的重视，舟山群岛和宁波港的地域优势越来越显著。2013年后，浙江省的海洋科技能力逐渐攀升，海洋经济发展态势越来越好。

（3）江苏省海洋科技—经济发展协调度最优。江苏省借助自身优越的海洋科教资源，培育了较强的海洋科技能力。海洋经济的发展水平稳中有升，且在2010年之后跃居沿海省市的首位。

因此，破解省域层面的不协调性需要注意两点：一是提升浙江省海洋科技能力。优化海洋科技政策，整合科技资源。当前国家和浙江省对海洋科技经费投入、人力资本管理是自上至下的围绕项目、部门拨款，使海洋科技经费分散且有限，对各海洋产业投入力度不均、产业指向模糊等问题显著。为此必须优化海洋科技政策，建立合理的海洋科技投入供给结构，按照科技创新活动的行业紧迫性、地区需求及时性和投入产出收益及辐射效应进行资源分配。与此同时，完善科技市场投融资体制，鼓励和引导各种资本、各类科研机构对海洋产业与海洋事业投入，将现实与潜在的资本、法人科研活动引向海洋科技创新，制定有效的海洋科技创新推广与贸易机制，提高资源利用率和产出率；二是打破地方行政壁垒，合理配置海洋科技资源。长三角海洋科技合作存在着由于地方行政壁垒、互不往来的科技资源分割现象导致海洋科技资源在地区之间的不合理配置。因此，长三角地区可以在国际化科技合作的大环境中，通过有效的海洋科技合作方式，利用外部技术资源获得海洋战略性新兴产业发展所需要的短缺要素。目前长三角各城市已经认识到要改变海洋科技资源分散布局、联动效果差的分割现象，就需要改变双方自成体系的现状，需要进行跨行政区域的海洋科技合作与交流，需要集中有限的海洋科技资源，联合攻关，集中力量办大事。

2. 城市尺度长三角海洋资源—科教—经济不协调格局

在城市尺度层面，长三角海洋经济系统与资源系统、科教系统的协调程度形成一定的分布格局。海洋经济与岸线资源的协调度在长三角沿海城市带中，大体呈现"两端高，中间低"的格局；海洋经济与科教的协调度的分布格局基本与资源—经济协调度相反，即大体呈现"两端低，中间高"的格局；然而资源—科教—经济协调度没有显示出明显分布差异，仅在舟山、宁波两市呈现稍高态势。

综上所述，长三角各沿海城市的海洋经济发展与海洋资源、海洋科教的不协调现象可以总结如表 6 - 13 所示。

表6-13　　　　长三角各沿海城市海洋资源与科教的相对丰缺性

	盐城	南通	连云港	苏州	上海	嘉兴	杭州	宁波	舟山	温州	台州	绍兴
海洋科教	+	+	++	+	+++	+	+++	++	+++	+	+	+
海洋资源	+++	++	+++	+	+	++	+	+++	+++	+++	+++	+

说明：+的多少代表科教/资源的相对丰富度。

因此，长三角海洋经济发展过程中海洋资源—科教—经济之间存在明显的不协调现象，并且海洋资源与科教的空间不协调现象总体上制约了长三角海洋经济的发展。另外，这种不协调现象具体表现为：首先除上海、杭州、舟山三个城市以外，其他沿海城市的海洋科教实力十分薄弱，加重了长三角内部城市间资源不协调性；其次苏州、上海、杭州等城市的海洋经济虽然有了一定发展，但是海岸线尤其是深水岸线资源十分匮乏，严重阻碍了这类城市的长期发展，相反一些岸线资源相对丰富的沿海城市的海洋经济却没能发展好，成为未来长三角海洋经济实现突破的关键点，如南通、盐城、温州、台州等。

（二）长三角海洋经济发展中资源—科教—经济不协调根源

1. 行政区划——人为固化岸线资源不平衡格局

（1）长三角海洋经济发展过程中资源—科教—经济不协调现象看似是"天灾"，实质是"人祸"。首先，长三角沿海城市海岸线的天然分布不均等，例如，南通、盐城、温州、台州等城市的海岸线较为丰富，上海、苏州、杭州等城市的海岸线资源较为匮乏。虽然这些城市海岸线的拥有量难以发生较大的改变，但是可以通过城市之间的合作实现整个长三角内岸线资源的共有以及整合。然而，各城市间的行政区划分割，导致城市政府形成一种利益封闭体，城市政府为了实现各自利益的最大化或政绩的突出化，将城市内部的资源牢牢地封锁，甚至通过冠冕堂皇的上级政府文件，直接占有其他城市的资源。对于岸线资源，各政府之间为了自身利益，在岸线共有、共用方面竖起高高的藩篱，严重阻碍了区域海洋经济的合作发展。另外，由于历史和行政等级体系的原因，行政等级越高的城市，所获得的发展资源或重大项目就越多。财力向大城市倾斜的政策偏好，不仅使大城市的补贴多，而且发展机会也更多。

（2）行政区划导致的各城市的行政等级加剧了科教资源的不均衡性分布。在一些行政等级较高的城市内拥有较多的科研高校，进而吸引了各类人才集聚，如上海、杭州等城市，分别凭借直辖市、省会等头衔获得了较为丰富的科教资源。相反，行政级别一般的城市的科研高校则十分匮乏，各类人才逐渐流失，如盐城、温州、台州等地级市都缺乏研究实力强的科研院校。另外，由于行政区划的阻隔作用，导致了不同行政区内人才资源的"流动"，从而进一步加剧了区域内科教资源的不平衡性。

（3）同样是因为各沿海城市的行政等级不同，导致他们发展的起步点具有较大差距，进而逐渐拉大了各城市的经济实力差距。然而，行政区划带来的追求本市利益最大化行为，导致各城市政府的经济合作无法实现实质性的突破，从而使得行政级别高的城市与行政级别低的城市之间的藩篱逐渐升高。

综上所述，自然因素虽然一定程度上决定了各城市资源的分布状况，然而，我国特有的行政区划因素加剧了这种资源分布的不均衡性，同时行政区划所形成的行政级别使得城市有了"身份"差异，这种差异导致了科教分布的不均衡以及经济发展的不同步，行政区划所形成的政府趋利效应延续并加剧了这种不均衡和不同步，最终导致长三角海洋产业发展中资源—科教—经济不协调现象。另外，缺乏与国家级规划和各省市相衔接的统一的长三角区域海洋发展规划，海洋产业恶性竞争一直难于有效遏止，缺乏宏观海洋区域规划引导。由于处于规划的分割局面，没有综合性的海洋经济发展规划来指导各省市海洋专项规划编制，在涉及地方利益时，与地方海洋规划的衔接问题比较突出。

2. 部门之间的各自为政——缺乏统一规范，降低科研成果转换率

（1）部门之间的各自为政导致海洋区域合作体制机制缺乏实效和规范。不同部门所注重的利益点有所不同，甚至是相冲突的。如海洋渔业局、环保局、国土局等会以城市海洋资源的保护为政策目的，经信委、规划局在制定政策时会以城市海洋资源的利用以及海洋经济发展为参考。这种部门之间的利益矛盾无论是对海洋资源的保护，还是合理利用都形成一种长期威胁。如前文所述，各地不仅在各自行政区划范围内不断整合资源，统筹协调，分别形成了不同的协调机制与平台，而且各部门之间缺乏一个统一的协调机制和平台。比较而言，江苏与浙江在组织领导方面均由主要领导直接负责，行政规格与协调能力均强于上海，另外整个长三角及其各沿海城市缺少一个统一的海洋经济管理委员会，对岸线和海洋经济园区进行有效管理，从而形成省市之间，城市之间，城市政府部门之间相互融通的合作机制与平台。

（2）长三角沿海城市政府各部门之间缺乏沟通，极大限制了"产学研一体化"进程。换言之，由于部门之间的孤立状态，海洋科技部门的科研成果无法有效的为其他部门所用，例如，海洋科研院所的科研成果的转化率一直比较低，不能很好地与海洋产业、海洋环境保护等部门的需求对接，严重阻碍了以海洋科学促进海洋经济发展的战略，进而加剧了城市资源—科教—经济之间的不协调性。

综上所述，如果将行政区划对海洋经济合作发展的影响定义为纵向的阻隔作用，那么城市内部各部门之间的相对孤立状态对海洋经济合作发展产生了横向的阻隔作用，然而，无论是行政区划的纵向影响还是部门间的横向阻隔，对于长三角海洋经济的合作化发展路径的影

响都将是根深蒂固的，毫无疑问这也将是未来各级政府部门重点转变对象。

3. 历史政策路径依赖作用——阻碍制度创新

行政区划影响下的行政级别差异导致了不同级别的沿海城市获得不同的优惠政策，从而拥有了不同的发展光景，例如，行政等级越高的城市，所获得的发展资源或重大项目就越多。财力向大城市倾斜的政策偏好，不仅使大城市的补贴多，而且发展机会也更多。重要的是，这种政策所发挥的效应具有关联性、长期性，不仅会影响到城市发展的方方面面，而且对城市的发展形成一种路径依赖作用，正是路径依赖使得城市在发展过程中发展路径缺乏创新，加剧沿海城市间资源—科教—经济的不协调现象。两者的相互作用机制是政策的历时关联机制，具体而言，是由于制度是在历史发展过程中由人类行为逐渐积累的产物，即历史结构对它的形成有影响，由此制度变迁受到历时关联机制的作用，它强调制度变迁历史的重要性，成为制度自身在动态变迁过程中不同时期的内容之间所构成的依存关系，从而产生了制度变迁单一路径依赖的特征。因为沿着既有的路径进行变迁总比路径创造要方便许多，既节约了变迁成本还省略了制度重新设计的过程，再加上既有利益集团（政府官员、得益企业）总是力图巩固现有制度而阻碍变迁，以及与旧制度相适应的非正式制度具有强大的生命力，总是不时地与制度创新产生冲撞，于是历时关联机制对制度变迁产生强大的影响作用[1]。

对于长三角海洋资源—科教—经济的不协调现象，正是由于沿海城市政策的路径依赖作用导致的。例如，上海港凭借其优势区位，新中国成立以来就受到中央政府和地方政府优惠政策的持续倾斜如图

---

① 时晓虹，耿刚德，李怀．"路径依赖"理论新解 [J]．经济学家，2014（6）：53 - 64.

6-7 所示，"一五"时期，由于资金投入有限，上海港把发展重心放在充分利用港口现有条件，通过开展生产改革、改善工作条件、添置各类设备，提高港口装卸的机械化程度。1949 年 10 月，以接管的上海航政局为基础，在华东区财政经济委员会运输部领导下，成立"华东区航务管理局"（自 1950 年 5 月起改称为"上海区航务管理局"）。1950 年 10 月撤销"上海区航务管理局"，成立"上海区港务管理局"，为中央人民政府交通部的直属机构。从 1954 年起，对港口各装卸作业区道路进行修建，港区内和港区间基本连成一片，浮码头改建成钢筋混凝土固定码头，推动上海港的运输效率提高 110.9%，港口装卸效率提高 184.3%。1958 ~ 1960 年，上海港基本建设形成第一次高潮，投资额达 7020 万元，为"一五"计划时期的 3 倍，新建一批泊位和水陆联运码头。自 1973 年起，根据周恩来关于"三年改变港口面貌"的指示，上海港掀起第二次建设高潮，三年中共新建、改建 22 个泊位（其中万吨级泊位 9 个），为全国同期最多。在港口发展的管理上，建立统一机构作为组织保障。20 世纪 80 年代中期以后，处于改革开放"后卫"位置的上海，开始重新思考自身的发展方向，先后制定《上海经济发展战略汇报提纲》《上海市城市总体规划方案》。1995 至今实现在创新中发展，1996 年 1 月，国务院正式启动以上海深水港为主体，浙江、江苏的江海港口为两翼的上海国际航运中心建设。2001 年 5 月，国务院批复原则同意《上海市城市总体规划（1999 ~ 2020 年）》，明确要"把上海市建设成为经济繁荣、社会文明、环境优美的国际大都市，国际经济、金融、贸易、航运中心之一"，该年开始在空运提货时间、快件递送时间、电子报关系统、风险管理制度、一站式服务、电子商务网络、电子商务立法等 7 个方面开展试点，并于 2002 年底提前实现"大通关"目标。洋山港二期工程从 2005 年 6 月正式开工，至 2006 年底建成开港、投入运营。继洋山深水港一、二期工程投入使用后，三期工程于 2008 年投入运行。到 2010 年，上海港集装箱吞吐量超过新加坡港，首次成为世界第一大集装箱港，上海港的货物年吞吐量也已连续 5 年位居世界第一①。

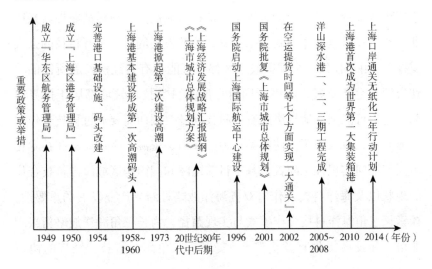

图 6-3 新中国成立以来上海港政策历程

可见，制度具有自我强化作用。在制度变迁"正反馈机制"的作用下，制度的初始选择会形成一组相应的制度集合，从而为制度的长期发展刻画了路径依赖。人的有限理性使得制度变迁决策受到偶然性因素或微小历史事件的影响，而较高的制度转换成本的存在又使得路径创造是不经济的，从而加固了这种锁定。

（三）长三角海洋合作发展机制启示：模式与实现路径

区域科技合作是实现区域经济可持续发展的重要举措，促进长三角海洋科技合作对长三角海洋科技—经济的协调发展具有重要的推动作用。

海洋科技主导着新一轮世界海洋竞争的话语权和主动权，海洋科

---

① 张励. 新中国成立以来上海港的发展历程 [J]. 上海党史与党建，2014 (3).

技决定着一个国家在开发利用海洋上的深度和广度。近年来，我国提出了发展海洋战略性新兴产业，海洋战略性新兴产业作为新兴产业的重要组成部分，已经成为各国争夺的科技制高点。海洋战略性新兴产业首要特征就是海洋高新技术，其快速的发展同样离不开科技的强大支撑①。由于任何一个国家或地区都不可能具有其经济发展所需的一切资源和生产要素，不可能同时在所有科学技术领域都居于世界前列，也不可能独立地解决所有的科技问题，因而需要通过科技合作来互通有无、取长补短，使各类智力、知识、资源、生产要素和技术在不同区域间实现优化配置。基于目前国际和国内跨区域海洋科技合作的现状以及海洋科技合作对双方海洋战略性新兴产业发展的重要性，探索长三角海洋科技合作模式与实现路径，为长三角海洋战略新兴产业培育和发展提供有益借鉴②，实现长三角海洋科技—经济的协调发展。

1. 长三角海洋科技合作的必要性

（1）有利于开展大型化和复杂化的现代海洋科学研究以及满足巨量的资金需求。

海洋战略性新兴产业往往需要稳定的巨额资金作为持续发展的后盾。随着技术的日益复杂化，科学研究的规模、科研经费和人力的投入也越来越大，开发的成本越来越高。单个组织很难承担大规模的现代科学研究，这都迫使研发者积极寻求海洋技术合作。

（2）有利于分散研究者的研发风险。

由于技术创新具有不确定性、融合性和溢出效应这三种特性，使得对新技术的研发充满了风险，包括技术风险、需求风险以及市场风

---

① 孙志辉. 撑起海洋战略新产业［N］. 人民日报，2010 - 01 - 04，第 20 版.
② 卢秀容. 粤琼两省海洋科技合作模式及对策研究［J］. 生态经济，2013（2）：263 - 266.

险。如果与其他地区政府、企业（机构）合作，就可以缩短创新周期，缩短开发与商业化之间的时间间隔，使每个研究者的承担风险相对减小。同时，日益竞争的市场要求研究者在多个行业中和相当大的规模上进行联合研究、生产，以实现最大的规模和范围经济①。

2. 模式借鉴与长三角选择

目前，针对区域科技合作的相关研究已经开展，但是有关海洋科技合作的研究鲜有，故归纳并整理跨行政区域科技合作的模式类型，为长三角海洋科技合作提供借鉴。跨区域科技合作的模式主要有三种：共性技术开发合作、效率型科技合作、技术梯度转移科技合作，如表6－14所示。

表6－14　　　　　　　　　区域科技合作模式的类型

模　　式	内　　容	案　　例
共性技术开发合作	资源同质，具有共性技术攻关联系的区域科技合作。特别是大规模资源开发区、大规模环境保护与生态修复区。也称为可持续发展型合作模式	流域性环境保护区。如长江流域、黄河流域和珠江流域等开展大规模环境污染的科技合作与交流
效率型科技合作	在大范围存在同质或互补性产业且经济联系密切，并需要联合进行重大技术开发的区域科技合作	如珠江三角洲经济区和京津唐经济区的科技合作
技术梯度转移科技合作	由于技术梯度差异而存在紧密供求联系的区域科技合作。这类合作也可称为社会公平型合作模式	如在中央政府的倡导下，东西部科技对口支援与合作区

共性技术开发合作和效率型科技合作，尤其是效率型科技合作模式的力量主要以市场为主，且科技与经济结合度高，发展势头强劲；

---

① 陈健雄，徐翔. 国际技术合作的动因及其理论解释 [J]. 国际经济合作，2009（12）：19－23.

而后一类科技合作交流主要依赖于中央扶持的力度、相关地方政府配合的程度，缺乏内在的动力，还有待于进一步发展。另外，前二种模式中的区域具有地理接近性、区内相似性和区外差异性特点，从技术扩散的角度看，以近邻扩散为主；而后一种模式中地理跨度大，甚至带有随机性，从技术扩散的角度看，属于跃迁扩散。

长三角科技合作的模式应是第二种模式，经济互动发展并注重效率型的科技合作模式。长江三角洲科技合作与交流，它们在经济、科技、教育和文化等方面的交流源远流长，近年来，两省一市共同建立了经济合作与发展座谈会制度，通过经济交流与合作，使科技合作与交流领域不断扩大。长三角地区之间科技合作已由最初单一的一次性科技成果转化，发展到目前全方位的科技合作与交流，合作领域不断扩大，合作内容逐步丰富。一是开展科技成果转化、技术咨询、技术服务、委托开发、合作研究开发等多种形式的科技合作；二是联合创办研发机构等；三是合资合作建厂，实行科技成果转化。如东华大学与浙江化纤联合集团有限公司合作成立了浙江东华纤维材料技术有限公司，共同开发新产品，近几年都有大量的新产品试制成功。

长三角海洋科技合作是其综合型科技合作的一种类型，从属于长三角科技合作，但又具有海洋科技合作的自身特殊性。鉴于此，长三角海洋科技合作亦是选择效率型科技合作模式，并形成适合自身的发展路径。

3. 长三角海洋科技合作的路径选择

（1）采用政府协调路径。

即由政府整合长三角两省一市的海洋科技资源，发挥主导作用，组织和协同相关主体开展相互科技合作，引导本省科研机构或企业参与科技合作，逐步推动科研机构或企业间主动谋求科技合作。政府主导型模式强调政府应牵头开展海洋科技合作，突出政府目标，提升本省发展的竞争力。

① 政府间联合资助设立海洋科技合作计划。

根据当前的新任务和新特点，长三角的政府相关部门可以通过海洋科技合作协定等联合设立两省海洋科技合作主题计划，紧紧围绕两省海洋经济和社会发展目标，把与国民经济和社会发展息息相关的重大海洋科技问题、重点海洋科技主题计划纳入到双边或多边的国际科技合作计划下，积极借助双方资源提升主体的创新能力①。如利用相互已有的设备和实验条件完成重大实验项目。可以在海洋工程装备制造、海洋可再生能源利用、海洋生物制药、海水利用等海洋高新技术领域专项攻关，并加强海洋防灾减灾、海洋生态环境保护与修复等领域优先开展合作。为保证合作的顺利开展，长三角地区可以在对方设立相应的海洋科技机构的代表处等，积极推动双方的海洋科技合作，通过这些机构的窗口功能，推动长三角地区难以直接联系的合作方式和科技资源。

② 政府间开展海洋人力资源计划。

长三角可以通过海洋科技考察、人才引进、学术会议、人才培养、信息交流、科技展览等交流合作方式，开展海洋人力资源合作计划，促进海洋科技人才的流动。可以采用专家互访的形式，支持研究人员的培训和职业发展。专家互访是实现技术交流的最有效形式，可以推动互惠互利的研究合作。

③ 加强科技兴海的组织和领导，制定长三角科技兴海总体战略和发展方向。

发布科技兴海年度项目指南，支持科技兴海计划实施。同时，研究建立科技兴海监督机制。加强海洋科技创新政策的研究建设，推进海洋科技知识产权、海洋科技成果转化、海洋科技人员权益、海洋科技税收政策、产学研政策等领域法律法规的修订和建立。充分发挥陆

---

① 欧阳峣，罗会华. 金砖国家科技合作模式及平台构建研究［J］. 中国软科学，2011（8）：103－110.

域合作组织作用。构建区域层面的，具有权威性和高效性的海洋科技协调机构，制定海洋科技协同创新政策体系，解决海洋科技跨省市及地区边界的重大问题。

④ 积极引导长三角涉海单位参与双方海洋科技合作。

长三角双方政府应该积极引导省内的企业、科研机构、大学和科技专家把合作的视角转向对方：在与其他海洋经济发达省份进行海洋科技合作的同时，加强双方的海洋科技合作。双方应该充分利用海洋科技合作平台给对方海洋科技发展带来的新机遇，把同对方的海洋科技合作放在重要位置进行规划和部署，加大与对方的海洋科技合作与交流，努力增强海洋科技合作的综合效益①。双方政府可以根据海洋科技工作的目标和需求，寻求符合各方共同利益和需要的新的合作领域和形式，制订双方海洋科技合作计划，引导海洋科技合作的发展方向。

⑤ 引导民间或官办海洋研发与企业需求互动。

建立以市场为导向的海洋科技研发成果管理—评估—鉴定—奖励机制，以市场经济效益、前景、竞争力作为评价院所或企业海洋科技投入的重要依据。同时，推动企业、高校、科研院所等机构走新型产学研战略联盟之路，实现海洋产业市场与海洋科技创新之间的更好结合，提高海洋科技市场转化率及其对经济增长的贡献度②。

（2）采用市场主导路径。

① 建立健全适应海洋战略性新兴产业发展需要的人才培养机制和人才资源配置体系。

充分发挥市场调节作用，建立健全适应海洋战略性新兴产业发展需要的人才培养机制和人才资源配置体系，建设海洋人才开发和人才

---

① 魏守华，吴贵生. 我国跨行政区科技合作的成因、模式与政策建议［J］. 中国软科学，2004（7）：100－105.

② 叶向东. 科技资源配置与提高福建海洋经济效益的研究［J］. 网络财富，2010（1）：63－64.

流动体系等，加快海洋知识、技术、信息的扩散与转移。制定制约地方封闭保护的措施，促进长三角海洋科技要素及其他生产要素的自由流动。加强高校和科研院所的建设，强化本土海洋关键技术和前沿领域人才的教育培养和引进，同时，也要积极加强海洋类职业院校和专业建设，加快培养海洋应用型和技能型人才。

②　构建长三角多元化、多层次的海洋科技成果转化和公共技术服务平台。

长三角有着发展海洋经济的共同利益和共同意愿，其中上海市是全国海洋经济强市，在促进长三角海洋科技合作方面有条件也有实力发挥重要作用，将长三角建设成为我国海洋科技成果交易中心的条件也成熟。双方应该积极倡导海洋科技合作及平台建设，以统筹海洋科技资源改革实验区建设为切入点，整合科研院所资源，支持重点企业工程技术中心升级提档。创建留学人员创业园、博士创业园、大学生创业就业中心、专利转化服务中心、科研院所技术产业化平台、院士成果转化产业化平台，加强孵化体系的建设。同时，主动与对方进行磋商，尽快建立海洋科技合作管理委员会，作为双方实施海洋科技合作平台建设的协调组织机构，并在一方设立海洋科技合作平台秘书处，负责处理双方海洋科技合作中的各类事务，每年组织海洋科技合作交流高层论坛，组织开展海洋科技政策、海洋法律服务及海洋科技统计等。

第七章　长三角海洋经济合作的
新形势与推进机制

20 世纪 80 年代以来，在各有关方大力推动下长三角地区经济合作稳步发展，区域一体化水平快速提升，合作成效显著。梳理长三角城市协调会相关合作议程及其实施进展，发现海洋经济的某些要素合作最早于 2000 年前后就引起相关城市政府的重视。2000 年前后，交通部就主导城市政府协调推动海洋岸线港口合作利用机制建设、海洋局东海分局推动沿岸城市合作进行陆源减排与海域治污，如今长三角面临国家深入实施长江经济带、海上丝绸之路战略等新的合作形势，尤其是上海创建面向全球科创中心、舟山创建江海联运服务中心与国家级群岛新区、宁波创建港口经济圈与"中国制造 2025"试点示范城市等亟待通过沿海城市的新型合作机制予以保障，从而全面提升长三角海洋经济的区域创新与国际竞争力。

一、长三角海洋经济合作面临的新形势与新起点

（一）践行国家长江经济带与海上丝绸之路战略

"一带一路"战略和长江经济带战略是新时期国家实施的三大战略之二，对新常态下的长江三角洲地区经济社会发展具有十分重大的意义。长三角地区滨海城市带位于长江经济带和 21 世纪海上丝绸之路交汇点，也是中国"T"形国土空间结构的重要濒海前沿地带。长三角滨海城市带既同享国家海洋战略带来的机遇和便利，也面临海洋国土被工业化、城市化带来的海洋资源环境恶化、海洋科技创新乏力、海洋经济增长不均衡等新挑战。

因此，在国家海洋战略与海上丝绸之路实施进程中推进海洋经济合作建设，协调长三角滨海城市带内海洋资源、海洋科教、海洋经济的可持续发展与协调发展，既是长三角地区响应国家发展战略转型发展的必然要求，也是落实"党的十八届六中全会精神，推进

长三角海洋经济健康发展"的必然举措，还是提升长三角地区陆海经济统筹与协调发展，推动"人—海"和谐发展的重要机遇。

海洋经济是长三角区域经济合作中的重要组成部分，在国家新一轮区域战略谋划中，海洋集聚占有重要地位，特别是在一路一带大背景下，整合长三角区域内沿海城市的资源与环境优势，使海洋经济成为长三角区域经济合作发展的重要增长极，已然成为目前长三角经济发展亟须解决的重大课题。

（二）集约利用海洋资源、提高海洋科技创新是长三角海洋经济合作共同目标

随着中央政府与长三角地方政府自"十一五"规划以来对发展海洋经济重视程度逐年提升，沿海各市滩涂围垦规划和岸线利用规划均以每 5 年增长 20% 的速率向海扩张。陆源污染物排放与海岸带开发活动对近岸局部海域海洋生态环境带来较大压力，赤潮、绿潮、岸滩侵蚀、海水入侵与土壤盐渍化等环境问题依然存在，部分近岸典型生态系统健康受损，生境退化，近岸监测典型海洋生态系统（如浅滩、河口、海湾等）仍处于亚健康或不健康状态。为此，2013 年以来国家海洋局东海分局组织沿岸城市开展海岸海域生态功能修复试点，控制人类海洋活动过载造成的海洋资源环境恶化问题。

但是，在新常态下长三角海洋经济增长将成为陆域经济增长转向中高速增长的重要补充。同时，海洋经济增长动力将从依靠直接利用海洋资源的增量扩能型为主，转向主要依靠科技创新深层次、多方位利用海洋资源为主，海洋科技创新将成为海洋经济发展的主要动力。在江苏、上海、浙江及沿海城市的"十三五"国民经济和社会发展规划中，均将海洋科技创新与海洋管理体制革新作为推动区域海洋经济健康发展的重要动力和奋斗目标。其中，两省一市尤其重视海洋船

舶制造转向海洋装备制造的科技创新支持，以及海洋生物医药、海洋物高效健康养殖业的科技创新，计划地方科技专项支持海洋新兴产业创新企业。

（三）推进海洋资源—科教—经济的协调与协同提升长三角海洋经济全域创新窗口期

国家海洋战略持续关注长三角地区的舟山、宁波和上海，中央政府期望上海建成国际航运中心、舟山建成国家级群岛新区、宁波建成国家海上丝绸之路战略节点等。国家期望对长三角滨海城市海洋事业与海洋经济建设提出了新高度，着眼于通过发挥市场机制优化配置海洋资源、海洋科教提升区域海洋经济国际竞争力。显然，如何整合、优化长三角海洋资源、科教，实现海洋科技创新流动提升海洋资料综合利用效率成为促推长三角海洋经济整体提升的掣肘。

资源、科教、经济是区域合作过程中的重要因素，同时也是区域不协调性最突出的要素。然而，这种不协调性也为实现优势互补的区域发展路径带来可能。因此，不仅要认识到长三角城市间资源—科教—经济的不协调问题，更要意识到城市间不协调的资源—科教—经济是一种矛盾体，是长三角海洋经济一体化发展的动力来源。这预示着海洋经济合作将成为长三角参与全球竞争的新的经济制高点。如何抢抓海洋资源—科教—经济的协调与区域合作先机，谁就将在未来处于战略竞争优势地位。长三角地区经过多年的区域合作与实践探索，区域合作已经进入新阶段，积极探索海洋经济合作，尤其是以海洋科技合作为核心的滨海城市海洋资源—科教—经济的协同利用与整体提升，在实践国家海洋战略与海上丝绸之路战略的同时，认真走好科技创新驱动海洋经济发展之路，任重道远。

二、长三角海洋经济合作的战略目标

（一）提高长三角海洋经济的国际竞争力

长三角海洋经济合作机制首先要根据整个区域内的优势海洋资源环境（岸线港口）及发展潜力进行设计。上海港、宁波—舟山港的吞吐量长期以来都居于国内首位，对长三角甚至我国海洋经济的发展起到至关重要的作用。当然，苏州港、南通港、温州港、台州港等都成为长三角海洋经济的发力点，并在与上海港、宁波—舟山港合作的基础上共同推进长三角海洋经济发展的国际竞争力。因此，长三角海洋经济合作机制的总体目标要定位在融入全球性海洋经济产业链，并提高长三角海洋经济的国际竞争力为核心目标。

（二）加速长三角海洋经济"产—学—研"一体化

要实现面向国际的海洋竞争力，部门之间要形成一种有效的合作机制。其中比较重要的部门就是城市内的产业发展部门和高校、科研院所等部门。一个国际性的港口群不仅需要港口岸线资源以及腹地经济的支撑，更重要的是技术创新。技术创新会实现资源的高效利用，将海洋国土的经济空间充分挖掘。简而言之，海洋产业持续发展需要技术创新，技术创新的突破需要资金支撑，两者形成一种合则两利，分则俱伤的逻辑。因此，长三角海洋经济合作发展机制目标设计需要考虑科研机构与产业部门之间有效的互动，打造一个"产学研"高度一体化的格局。

（三）提升长三角海洋可持续性发展能力与合作发展的高效性

一方面，资源短缺已是全球普遍性问题，同时严重限制经济可持续发展。对于岸线资源来说，随着沿海城市的不断发展，其有限性成为城市未来发展的重要瓶颈。除此之外，不科学的开发模式和低效的产业结构也成为影响沿海城市可持续发展的重要因素。因此，各港口应转变独立发展模式，积极寻求合作，实现自身和整个区域可持续发展，另外，积极转变生产经营模式，注重生态环境的合作化保护。另一方面，合作发展要讲求长久性。合作发展之初由于各种设施、机构等的建设，合作主体可能受益较少，影响其合作积极性；合作发展中，各行为方间的利益矛盾无法避免，以及责任和义务如何协调都成为区域合作发展的困境。因此，长三角海洋经济合作发展要构建一种有效协调机制来促进各主体间的沟通交流，同时各主体要构建一种自信心，共同推进长三角港口合作的长久性。

三、长三角海洋经济合作的总体思路、重点与实施路径

（一）长三角海洋经济合作机制的总体思路

长三角海洋经济合作机制应该以提高区域海洋经济国际竞争力为战略指引，通过构建"三衔接一协调"式的横纵向政府部门发展规划和"利益共享、责任共担"式的行为标准，促推市场化条件下的海洋资源环境、海洋科教创新、海洋经济升级的政府间一体化监管与空间联动。

（二）长三角海洋经济合作机制的重点领域：海洋产业联动

1. 优化布局实现产业联动发展

围绕产业联动发展优化布局合作需要做到：坚持产业布局统筹，提升长三角海洋经济综合竞争力，建立由政府为主导，长三角沿海工业园区和企业为主体的产业联盟，通过产业园区品牌延伸，实现上海在长三角产业发展中的辐射与带动作用。建立以港口为主体的港口联盟，围绕上海国际金融中心和国际航运中心建设、中国上海自由贸易试验区建设、浙江舟山群岛新区建设、连云港东中西示范区建设等，充分发挥各地比较优势，做到陆、海、江、湾（杭州湾）、湖（太湖）统筹，合理分工，错位互动，形成相对完整的海洋产业链。因此，长三角海洋经济合作机制的实质是通过构建以产业网络关系为支撑的城市合作发展路径，实现运行有序、紧密协作的长三角海洋产业群。

2. 围绕优势海洋产业谋划资源整合利用

围绕优势产业谋划资源整合利用首先应该做到：各地在发展海洋经济的过程中，充分利用自身的海洋资源特点，地区之间错位发展，加强产业整合。如江苏沿海以滩涂为主，风力资源丰富，可优先发展海洋渔业、滩涂农业，其次是海洋制造业和滨海旅游业。为避免港口间的恶性竞争，积极推进上海港与宁波—舟山港的融合，在经营上体现错位特色，管理上口径统一，以提升港口对两地临港工业的带动力。各地可结合自身特点，加强地区间协调规划和管理。简而言之，长三角产业谋划应做到港口的错位发展，即港口群内的各港口根据自身的条件和所处的环境，有意识地选择一种与群内其他港口不同的方式和路径来谋求自身的发展。具体来说，就是要给港口群内不同的港口予以不同的港口功能、定位及分工，使港口群发展成为一个布局合理、功能齐全、分工明确、优势互补、整体协同的有机整体。

另外，长三角区域的各港口要统一思想，树立起全局观念和大局观念。尤其是各港在制定港口发展规划与政策时，要扬长避短、突出优势，准确把握自己的定位；在具体业务的开拓上要有所进、有所退，有所拓展、有所放弃，努力找到适合自己发展的方向和重点；各港的功能和业务应各有侧重、发展目标和规模应有大有小。

从政府层面来看，要加强长三角区域港口群发展的整体规划以及规划的贯彻力度；研究制定相关的政策和法规，建立起有效的行政协调机制，以促进三角区域港口的分工与合作、保证长三角区域港口错位发展的顺利进行。

从宁波—舟山港层面来看，要利用好国家推进建设上海两个中心战略提供的发展机遇。要有分工合作、互相融合、共同发展的理念；要摒弃行政区划意识，积极融入上海两个中心建设中去，主动地与上海港错位发展。以集装箱运输为例，在宁波—舟山港与上海港的错位发展中，根据各自特点、地理位置、综合条件以及两港集装箱运输的现状，两港在集装箱运输上的港口级别的错位应该是：上海港是我国集装箱运输的枢纽港，在已经是我国集装箱干线港的基础上，应逐步发展成为国际集装箱运输的中转枢纽港。宁波—舟山港是集装箱运输的干线港，作为长三角南翼地区集装箱运输的重要港口，可争取开辟更多的国际集装箱班轮的干线航线。

3. 以海洋产业升级统筹海洋科技合作

围绕新兴产业与传统产业改造统筹海洋科技合作需要做到：充分发挥上海、杭州、宁波以及舟山等沿海城市的海洋科教资源丰富优势，重点发展海洋养殖品种培育、海洋生物医药、海洋工程装备海洋信息服务、海洋新能源等海洋战略性新兴产业，引领长三角海洋产业向高端发展，升级传统性的海洋产业。新兴产业的发展离不开科教资源的投入和参与。一方面要加快海洋科研机构的建设和海洋科技人才的引进、培养和储备；另一方面要切实加强对"科技兴海"的投入，尽快落实一批海洋科技攻关项目，支持海洋企业走科技型发展的道路。设立长三角"科技兴海"专项资金，全额用于资助海洋科技攻关，如海洋生物工程技术、海水综合利用技术、海岸工程技术、海洋环境监测技术、海岛与海岛带资源综合与评价、深海工程技术、海洋信息服务等领域。例如，浙江省各沿海城市依据自身新兴产业特色可以做出以下定位：船舶运输、港口服务的核心枢纽；大宗商品贸易平台；航运金融南翼中心；海事运营服务集聚区；航运科技创新与教育培训基地；航运文化中心。江苏在发展和完善沿海三市和近海区域的海洋渔业、海洋种植业以及优质农产品种植加工、海洋船舶业、海盐和海洋化工业、海洋电力和海洋水利用业、海洋油气业、海洋矿砂业、海洋交通运输业、滨海旅游业、海洋医药业等产业的基础上，还可以凭借沿海地区较好的自然资源，重点发展风电、核电、液化天然气发电和生物质能发电等新能源产业。

（三）长三角海洋经济合作推进路径与政策建议

长三角海洋经济合作机制毕竟是一个包括政府、企业、科教、中介、环境等多元主体参与的发展路径，必须有一个与各主体相对应的行为标准，从而共同行成一个整体框架作为行为参考。其中，主要涵盖：优化管理制度与机构设置；寻找比较优势，坚持错位发展；积极对接产业发展瓶颈，提高科技转化率；创新金融产品，大力拓展信贷市场；资源环境一体化，如图7－1所示。

1. 政府部门："合作化监管"理念下实现路径创造

根据长三角海洋经济一体化发展要求，政府部门应本着"合作

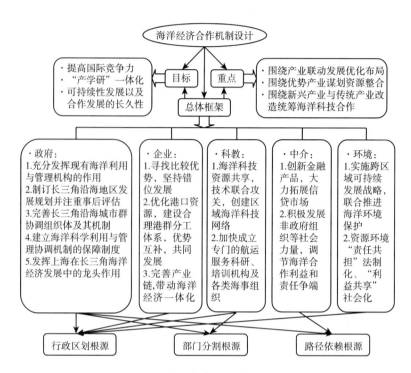

图 7-1　长三角海洋经济合作机制

化监管"理念，积极构建具有长三角特色的海洋经济合作发展与管理协调体制机制，并设立必要的协同管理机制予以落实和保障，实现路径创造。为此，根据长三角现阶段发展情况，特提出长三角海洋经济合作发展与管理协调机制 5 条建议：

第一，充分发挥现有海洋利用与管理机构的作用。充分发挥各省市和国家派驻机构在本省市以及跨省市的协调机制，与现有长三角地区合作框架以及机制进行有效衔接。目前，长三角区域政府间合作以"二省一市省市长会议""沪苏浙经济合作与发展座谈会""长江三角洲城市经济协调会"，以及长三角各城市政府职能部门之间的不定期协调会为基础，形成了决策层、协调层和执行层三级协调机制。

第二，制订长三角沿海地区发展规划并注重事后评估。长三角各地密切合作，由长江三角洲城市经济协调会牵头，在国家指导下共同起草制订长三角沿海地区发展规划，积极推动该发展规划上升为国家战略，倾力打造长三角沿海城市群。对长三角沿海地区城镇发展、产业布局、生态环境保护等作出全面规划，提高国际竞争力与影响力。努力实现长三角海洋发展规划要与长江三角洲地区区域规划、国家海洋事业发展"十二五"规划、全国主体功能区规划等衔接；与江苏省沿海地区发展规划、浙江省海洋经济发展示范区规划、舟山群岛新区规划等衔接；与两省一市的"十二五"国民经济社会发展规划以及江苏沿江规划、浙江杭州湾规划相衔接。特别要注重对已有出台规划落实的阶段性评估。

第三，进一步完善长三角沿海城市群协调组织体及其机制。由长三角发展办公室进行业务指导，长江三角洲城市经济协调会负责主管，充分发挥长江三角洲城市经济协调会的作用。由于区位不同、发展层次参差不同，各城市发展需要不同，未来统筹协调发展的难度不断加大，对此应建立若干不同的专题组，设立长三角沿海城市专题工作组、环太湖城市专题工作组和环杭州城市专题工作组等，并建立相应的常设机构。长江三角洲沿海城市市长联席会议，作为长江三角洲城市经济协调会所属的一个区域协调发展部门，应充分体现长三角沿海城镇、产业和环保等特点，同时为长江三角洲城市经济协调会扩容后的分层次开展工作作出探索。长三角沿海城市群协调体制内要专门设立长三角沿海城市群发展办公室，负责日常运行，由相关城市牵头。结合长江三角洲城市经济协调会市长联席会议，每年举办一次长三角沿海城市群市长联席会议，为长三角沿海城市群协调最高决策机构。切实打破行政区划分割，根据地区资源禀赋差异建立多个海洋经济专属区，成立专门的长三角海洋经济管理委员会，对岸线资源和海洋经济园区进行协调管理。

第四，建立海洋科学利用与管理协调机制的保障制度。财政保障：一是建立以财政资金为主的长三角沿海发展基金；二是以市场经济为导向，分别建立国家资金、外资和民资相结合的混合型发展基金，以民资为主体的投资发展基金，引导和支持沿海城镇建设和产业发展。建立长三角沿海城镇公共文化供给以及社区服务等公共服务体系，建立长三角沿海城镇人口数据平台，试行流动人口居住制度，实现养老保险关系转移衔接和异地就医费用联网结算，逐步实现社会保障一体化。宣传保障：借助各种现代传播手段，全方位提升长三角沿海经济发展的国内外影响力，形成长三角沿海区域发展品牌，不断吸引人才以及国内外投资。

第五，充分发挥上海在长三角海洋经济发展中的龙头带动作用。应明确上海在未来长三角海洋发展中的重点：一是充分发挥上海国际大都市的经济中心优势，重点发展海洋金融、海事服务、海洋现代航运服务业等海洋服务性产业，辐射带动周边城市发展；二是抓住国家重大海洋项目，积极争取中央国有企业在上海落地海洋产业项目，向深海、远海发展，成为国家实施深海大洋战略的前沿基地；三是充分发挥中国上海自由贸易试验区以及张江国家自主创新示范区的作用，实现与舟山群岛新区以及连云港东中西示范区的对接，在彰显浦东龙头作用的同时，充分实现上海对长三角海洋经济发展的集聚力与辐射力①。

2. 企业："比较优势"理论下实现错位发展

企业要寻找比较优势，坚持错位发展战略。区域分工合作、联动发展，是长三角地区海洋产业经济发展的主旋律。相对拥有众多岛屿和港口资源的浙江和具有沿江沿海双重优势且拥有广袤滩涂资源的江苏而言，上海尽管海岸带资源十分有限，却坐拥长江河口的区位优势以及雄厚的海洋科技实力及经济基础。因此，如何站在长三角区域整体发展的角度思考和定位上海海洋经济发展战略，进一步加强长三角两省一市的合作分工和联动发展，取江浙之长，补上海之短，优势互

---

① 加强长三角海洋科学利用与管理协调机制．职合时报，2014 - 1 - 14，第 003 版．

补，互促共赢，是长三角各沿海城市实现海洋经济历史性跨越的关键所在。

第一，要找准自身比较优势。港口的错位发展体现了一种在发展上求异思维和差异化战略理念，其目的就是为了培育各港口自身的优势。在某港口群内，对某一具体的港口来讲，其错位发展的含义是相对于港口群内其他港口而言的。因此，各港口短期内需要在长三角港口群范围内明确自身相对其他港口的优势所在。

第二，优化港口资源，建设合理港群分工体系，优势互补，共同发展。长江三角洲地区港口众多，形成了以洋山港为主体的上海港群、以北仑港为主体的宁波—舟山—嘉兴港群和以南京港为主体的江苏内河港群等三大组合港群。各港口港群之间应打破行政壁垒，建立港口协调机制，实现功能互补，扬长避短，发挥各自的比较优势和特色，形成有分有合、合作竞争、布局合理的组合港群体系，整体提高长三角港口的国际竞争力。因此，应把上海港作为国际航运中心和东北亚国际集装箱枢纽港来建设；宁波北仑港作为上海国际航运中心组合港的副中心，重点承担长三角乃至华东地区大宗干散货和液体化工的中转运输；南京港应以承担长江中上游货物运输为主；其他长江内河港口应主要承担本地区的货物集散，根据各自特色形成比较优势，并作为上海国际航运中心的内支线港和喂给港。

第三，高层面合作，错位协调发展。三省市应建立高层面的合作机制，共同协商建立"长三角海洋经济发展联席会议领导小组"，负责长三角海洋经济发展中有关重大问题的组织协调；在规范市场和促进竞争的基础上进行错位协调，通过培育具有国际竞争力的区域海洋产业群落来促进共同发展①。

---

① 整合区域资源发展海洋经济——长三角海洋经济发展理论研讨会论文摘要．浙江日报，2010 年 12 月 17 日，第 017 版．

3. 涉海科教院所：构建科技创新和共享网络/组织

海洋科技资源共享，技术联合攻关，创建区域海洋科技网络。具体内容包括三省市共同编制区域海洋发展规划，创建区域海洋科技创新服务平台；鼓励和支持三省市涉海高等院校、科研机构、企业深化产学研合作，围绕关键、共性技术开展联合攻关；联合开展海洋专业人才培训，培养海洋科技优秀人才；共同举办各种形式的海洋科技论坛，加强区域间海洋人才与海洋学术交流，促进区域海洋科技网络的形成。另外，科研高校的研究方向应该积极对接产业发展瓶颈，提高科技转化率。产业发展具有一定的周期性，当达到产业发展的瓶颈阶段，如果长期不能实现创新，产业效益就会出现明显的下滑，甚至出现停滞现象。因此，科研院所的研究方向在一定程度上，根据产业的发展瓶颈要有所针对，尤其是在产业的技术创新方面。另外，还要推进知识产权市场一体化，不仅注重技术合作，联手突破和发展产业关键核心技术，而且加速创新成果的大规模商业化运用，形成一体化的产权市场。加快实现劳动力市场一体化，实现人才的合理流动。

加快成立专门的航运服务科研、培训机构及各类海事组织，打造现代航运服务体系发展坚实的科技、人才支撑。现代海洋航运服务产业，作为一种新兴产业，在海洋经济中所占的地位逐年攀升。然而，从事现代海洋航运服务业相关的人才却非常匮乏，专门的培育机构更是少之又少。这种产业人才供需不平衡现象大大抑制了航运服务业的发展，从而对海洋经济的发展产生不良影响。因此，在科教层面，各沿海城市，尤其是经济、科教较为发达城市，如上海、杭州等应该打开视野，努力走在产业发展的前端，不仅要打造完整的产业链，还要为整个产业链提供优质的专业科技人才。

4. 其他群体：构建面向 PPP 的海洋资本"法制化"与"社会化"试点

一些商业银行应该创新金融产品，大力拓展信贷市场。商业银行将结合区域发展水平，制订和实施好差别化区域政策。一方面，对区域类别较高的一级（直属）分行，实行相对宽松的区域政策，扩大信贷业务授权与转授权，给予一定的最高综合授信额度调整权、信用贷款决策权和信贷政策执行浮动权，鼓励其在风险可控的前提下，创新金融产品，大力拓展信贷市场。对于区域类别较低的分支机构，实行相对偏紧的区域政策，控制贷款发放总量，指定新发放贷款领域，提高客户准入门槛和行业准入标准，进一步严格信贷风险管理，切实控制区域性信贷风险。另一方面，积极建立要素市场一体化的生态系统。加强财务资源的整合，打造长三角的金融产品交易和资金集散中心、金融产品定价中心以及金融信息服务中心①。

实施跨区域可持续发展战略，联合推进海洋生态环境保护。具体内容包括联合三省市的有关政府部门共同重点治理水环境污染；加强各地海洋环境监测信息平台建设；建立促进长三角海洋生态环境保护的联动机制，多渠道筹集环保资金，并制定鼓励发展海洋生态环境保护产业的相关政策；积极贯彻执行"长三角海洋生态环境保护与建设合作"的协议，加强各城市政府间的组织协调与合作。另外，坚持海洋资源的综合开发利用和可持续发展。长三角海洋经济发展，在统筹协调规划的基础上，需要考虑海洋资源与环境保护的立法与可持续发展，避免对海洋造成严重污染和对海洋资源的无限制攫取。这就要求我们在开发和利用海洋资源的同时，做好海洋环境保护工作，提高海洋资源利用效率。

---

① 杨荇. 商业银行如何对接长江经济带战略. 上海证券报，2016 年 1 月 9 日，第 006 版.

　　总之，政府层面可以实施跨区域可持续发展战略，长三角各地在进一步加强本地区生态环境保护力度的同时，应加强与中上游地区合作，减少污染物排放，在国家相关部门统一指导下，形成长三角内部以及长三角与其他省市之间的跨界海洋污染治理机制。需要注意的是，在该环节下各城市间的非政府力量可能会发挥较明显的作用。因此，各城市应积极发展社会机构，并积极借助其力量构建利益分享机制和环境责任的共担机制，避免各沿海城市间的利益纠纷以及责任推脱，促进长三角海洋经济合作机制的可执行性以及可持续性。

　　综上所述，未来发展中，长三角需要加强陆海统筹、城市联动支撑长江经济带和舟山江海联运服务中心建设，促进长三角城市转型、产业升级发展，形成新优势。一是处理好沿海各城市海洋经济的关系。要明确沿海各城市海洋经济结构与布局，形成优势互补、分工明确的产业和城镇体系；二是处理好江、海、湾之间的关系。推进长江黄金水道—黄金海岸—杭州湾海域综合发展与管理。长三角沿海地区应充分发挥比较优势，坚持错位竞争，在未来新兴产业领域合理布局，正确区分产业分工与产业同构，形成一批具有世界竞争力的新的产业集群；三是处理好经济发展与社会发展之间的关系。特别是经济与新型城镇化发展的关系；四是处理好经济发展与环境容量的关系。长三角沿海产业布局中相当一部分属于重化工产业，对环境污染影响较大，在未来长三角沿海产业布局中，应慎重考虑升级或退出机制。

参考文献

A

Asheim，A. I. Regional Innovation Systems：The Integration of Local
"Sticky" and Global "Ubiquitous" Knowledge ［J］. The Journal of Tech-
nology Transfer，2002 (1)：77 –86.

C

曹有挥．长江沿岸港口体系空间结构研究 ［J］．地理学报，
1999, 54 (3)：233 –240.

曾刚, 丰志勇．德国巴登——符腾堡地区科技中介服务机构对创新
型区域建设的影响 ［J］. 中国高校科技与产业化, 2006 (10)：29 –31.

曾小彬, 包叶群．试论区域创新主体及其能力体系 ［J］. 国际经
贸探索, 2008, 24 (6)：12 –16.

陈本良．论海洋开发与区域合作 ［J］. 广东海洋大学学报,
2000, 20 (1)：45 –48.

陈德宁, 沈玉芳．区域创新系统理论研究综述 ［J］. 理论参考,
2005 (9)：71 –73.

陈健雄, 徐翔．国际技术合作的动因及其理论解释 ［J］. 国际经
济合作, 2009 (12)：19 –23.

陈莉莉．论长三角海域生态合作治理：缘起及策略 ［J］. 生态经

济, 2011（4）：168 - 171.

陈适宜. 构建我国重大灾害应急救助机制的初步设想［J］. 重庆科技学院学报社会科学版, 2010（7）：100 - 101.

程娜. 可持续发展视阈下中国海洋经济发展研究［D］. 长春：吉林大学, 2013.

储建国. 试论沿海灾害及减灾的技术对策［J］. 海洋技术, 1996, 15（1）：35 - 39.

D

Dong-Wook Song, Photis M. Panayides. A conceptual application of cooperative game theory to liner shipping strategic alliances［J］. Maritime Policy & Management, 2002, 29（29）：285 - 301.

董洁霜, 范炳全, 刘魏巍. 现代物流发展与港口区位合作博弈分析［J］. 经济地理, 2005, 25（1）：113 - 116.

杜军, 鄢波. 基于"三轴图"分析法的我国海洋产业结构演进及优化分析［J］. 生态经济, 2014, 30（1）：132 - 136.

段璐璐. 基于博弈论的港口群内竞争研究［D］. 杭州：浙江大学, 2014.

F

范洋, 高田义, 乔晗. 基于博弈模型的港口群内竞争合作研究［J］. 系统工程理论与实践, 2015, 35（4）：955 - 964.

封学军. 从博弈论看港口物流联盟的必要性［J］. 水运管理, 2003（4）：4 - 6.

冯晓波. 海洋科学技术与海洋经济可持续发展的关系研究［D］. 青岛：中国海洋大学, 2008.

G

Gianfranco F，Claudia P，Patrizia S，et al. Port Cooperation Policies in the Mediterranean Basin：An Experimental Approach Using Cluster Analysis［J］. Transportation Research Procedia，2014（3）：700–709.

葛兆帅. 中国海岸带自然灾害系统研究［J］. 徐州师范学院学报（自然科学版），1996，14（2）：56–61.

顾波军，张祥. 港口物流系统的合作投资博弈分析［J］. 管理现代化，2014，34（3）：93–98.

郭明霞，扶庆松. 国外灾害社会救助制度对中国的启示［J］. 社科纵横，2009，24（4）：56–58.

H

韩爽，张华兵. 盐城市沿海滩涂湿地生态服务价值研究［J］. 特区经济，2010（6）：44–45.

韩志明. 街头官僚的行动逻辑与责任控制［J］. 公共管理学报，2008，5（1）：41–50.

何起祥. 我国海岸带面临的挑战与综合治理［J］. 海洋地质动态，2002，18（4）：1–5.

洪银兴. 自主创新投入的动力和协调机制研究［J］. 中国工业经济，2010（8）：15–18.

黄崇福. 自然灾害风险分析［M］. 北京：北京师范大学出版社，2001：16–20.

黄帝荣. 论我国灾害救助制度的缺陷及其完善［J］. 湖南科技大学学报社会科学版，2010，13（2）：86–89.

黄发明，欧阳芳. 福建沿海主要海洋灾害与防灾减灾对策［J］. 福建地理，2002（1）：15–18.

黄瑞芬，王燕，夏帆. 我国海洋灾害救助能力评价的实证研究——以上海风暴潮为例 [J]. 海洋经济，2011，1（2）：39 –45.

黄英，沈飞. 区域自主创新与城市经济可持续发展互动研究 [J]. 经济地理，2009（8）：1256 – 1260.

I

Imai A，Nishimura E，Papadimitriou S，et al. The economic viability of container mega-ships [J]. Transportation Research Part E Logistics & Transportation Review，2006，42（1）：21 –41.

J

Jankowski W B. The development of liner shipping conferences：a game theoretical explanation [J]. International Journal of Morphology，1989，30（2）：656 –660.

季子修，施雅风. 海平面上升、海岸带灾害与海岸防护问题 [J]. 自然灾害学报，1996，5（2）：56 –64.

姜宏瑶，温亚利. 我国湿地保护管理体制的主要问题及对策 [J]. 林业资源管理，2010（3）：1 –5.

K

柯菡. 我国自然灾害管理与救助体系研究 [D]. 武汉：武汉科技大学，2007.

L

Lam J S L，Ng A K Y，Fu X. Stakeholder management for establishing sustainable regional port governance [J]. Research in Transportation Business & Management，2013（8）：30 –38.

Lee H，Boile M，Theofanis S，et al. Game theoretical models of the cooperative carrier behavior [J]. Ksce Journal of Civil Engineering，

2014，18（5）：1528 – 1538.

李彬. 资源与环境视角下的我国区域海洋经济发展比较研究 [D]. 青岛：中国海洋大学，2011.

李俊. 打造长三角科技中介服务一体化联盟 [J]. 安徽科技，2005（7）：24 – 26.

李燕，张玉庆. 环渤海港口合作机制研究 [J]. 北京行政学院学报，2012（3）：81 – 84.

梁凯. 区域创新体系行为主体的分析研究 [J]. 苏州大学学报，2005（4）：114 – 118.

刘凤朝，潘雄锋，施定国. 辽宁省经济：科技系统协调发展评价与分析 [J]. 研究与发展管理，2006，18（5）：94 – 97.

刘靖，李娜. 长三角海洋科技实力地区比较与评价 [J]. 海洋开发与管理，2015（11）：67 – 73.

刘明. 我国海洋经济发展潜力分析 [J]. 中国人口资源与环境，2010，20（6）：151 – 154.

刘强，陈韶阳，余亭. 广东省市级海洋经济综合发展评价指标体系构建 [J]. 经济研究导刊，2012（27）：160 – 162.

刘曦，沈芳. 长江三角洲海岸侵蚀脆弱性模糊综合评价 [J]. 长江流域资源与环境，2010（S1）：196 – 200.

刘志菲，张勋. 长三角20年浮沉史 [J]. 中国投资，2003（7）：46 – 48.

卢国林，曾昭春. 以"海洋科教"振兴河北海洋经济 [N]. 光明日报，2006 – 09 – 30，第007版.

卢文芳. 上海地区热带气旋灾情的评估和灾年预测 [J]. 自然灾害学报，1995，4（8）：40 – 45.

卢秀容. 粤琼两省海洋科技合作模式及对策研究 [J]. 生态经济，2013（2）：263 – 266.

鹿守本，艾万铸. 海岸带综合管理——体制如何运行机制研究

[M]. 海洋出版社，2001.

罗晖. 充分认识科技创新在协调发展中的关键作用 [J]. 中国软科学，2009（4）：70 - 74.

罗亚非，王海峰. 基于系统论的科研机构研发协调度评价国际比较 [J]. 科学学与科学技术管理，2010（3）：10 - 13.

M

马仁锋，许继琴，庄佩君. 浙江海洋科技能力省际比较及提升路径 [J]. 宁波大学学报（理工版），2014（3）：108 - 112.

蒙少东. 上海洋山港港口物流的市场博弈分析 [J]. 地域研究与开发，2008，27（4）：52 - 55.

孟庆武. 海洋科技创新基本理论与对策研究 [J]. 海洋开发与管理，2013，30（2）：40 - 43.

苗长虹，魏也华，吕拉昌. 新经济地理学 [M]. 北京：科学出版社，2011.

N

Nicholls R J, Hoozemans F M J, MarchandM. Increasing flood risk and wetland losses due to global sea-level rise：regional and global analyses [J]. Global Environmental Change，1999，19（9）：69 - 87.

倪芬. 俄罗斯政府危机管理机制的经验与启示 [J]. 行政论坛，2004（11）：89 - 90.

牛海燕. 中国沿海台风灾害风险评估研究 [D]. 上海：华东师范大学，2012：28 - 60.

O

欧阳峣，罗会华. 金砖国家科技合作模式及平台构建研究 [J]. 中国软科学，2011（8）：103 - 110.

P

Paul Benneworth, Lars Coenen, Jerker Moodysson & Bjorn Asheim. Exploring the Multiple Roles of Lund University in Strengthening Scania's Regional Innovation System: Towards Institutional Learning? ［J］. European Planning Studies, 2009, 17 (11): 1645 – 1664.

Q

齐平. 我国海洋灾害应急管理研究海洋环境科学 ［J］. 海洋环境科学, 2006, 25 (4): 81 – 87.

S

Saeed N, Larsen O I. An application of cooperative game among container terminals of one port ［J］. European Journal of Operational Research, 2010, 203 (2): 393 – 403.

沈玉芳. 长江三角洲一体化进展态势和产业发展的前景预测 ［J］. 上海综合经济, 2003 (11): 43 – 46.

施雅风. 我国海岸带灾害的加剧发展及其防御方略 ［J］. 自然灾害学报, 1994, (32) 5: 3 – 15.

时晓虹, 耿刚德, 李怀. "路径依赖" 理论新解 ［J］. 经济学家, 2014 (6): 53 – 64.

舒昶, 张林波. 基于博弈视角的港口岸线资源代际配置分析 ［J］. 生态经济, 2015, 31 (6): 118 – 121.

孙成权, 林海, 曲建升. 全球变化与人文社会科学问题 ［M］. 北京: 气象出版社, 2003: 16 – 19.

孙云潭. 中国海洋灾害应急管理研究 ［D］. 青岛: 中国海洋大学, 2010.

孙志辉. 撑起海洋战略新产业 ［N］. 人民日报, 2010 – 01 – 04,

第 20 版.

锁利铭，张朱峰. 科技创新、府际协议与合作区地方政府间合作——基于成都平原经济区的案例研究 [J]. 上海交通大学学报（哲学社会科学版），2016，24（4）：61 - 71.

T

谭丽荣，陈珂，王军等. 近 20 年来沿海地区风暴潮灾害脆弱性评价 [J]. 地理科学，2011，31（9）：1111 - 1117.

V

Verhoeff J M. Seaport competition：some fundamental and political aspects [J]. Maritime Policy & Management，1981，8（1）：49 - 60.

W

汪传旭，张苏. 考虑风险和贡献因素的港口合作收益分配模型 [J]. 交通运输工程学报，2009（1）：113 - 119.

王艾敏. 海洋科技与海洋经济协调互动机制研究 [J]. 中国软科学，2016（8）：40 - 49.

王东武，张俊. 高校融入区域创新体系建设探析 [J]. 武汉理工大学学报，2008（4）：583 - 585.

王锋印. 泉州海岸带资源环境问题及对策 [J]. 福建地理，2001，16（4）：10 - 13.

王缉慈. 创新及其相关概念的跟踪观察——返璞归真、认识进化和前沿发现 [J]. 中国软科学，2002（12）：31 - 35.

王玲玲. 海洋科技进步对区域海洋经济增长贡献率测度研究 [J]. 海洋湖沼通报，2015（2）：185 - 190.

王玉图，王友绍，李楠. 基于 PSR 模型的红树林生态系统健康评价体系 [J]. 生态科学，2010，29（3）：234 - 241.

王泽宇，刘凤朝．我国海洋科技创新能力与海洋经济发展的协调性分析［J］．科学学与科学技术管理，2011（5）：42－47.

王振耀，田小红．中国自然灾害应急救助管理的基本体系［J］．经济社会体制比较，2006（5）：28－34.

王志凯．渔业权制度与渔民权益保护［J］．中国渔业经济，2005（5）：10－13.

魏守华，吴贵生．我国跨行政区科技合作的成因、模式与政策建议［J］．中国软科学，2004（7）：100－105.

文世勇，赵冬至，张丰收等．赤潮灾害风险评估方法［J］．自然灾害学报，2009，18（1）：106－111.

吴新燕．城市地震灾害风险分析与应急准备能力评价体系的研究［D］．北京：中国地震局地球物理研究所，2006.

X

向云波，彭秀芬，张勇．长三角海洋经济发育现状及其综合实力测度［J］．热带地理，2010，30（6）：644－649.

向云波．区域海洋经济整合研究——以长三角为例［D］．上海：华东师范大学，2009.

谢子远．沿海省市海洋科技创新水平差异及其对海洋经济发展的影响［J］．科学管理研究，2014（3）：76－79.

熊贵彬．美国灾害救助体制探析［J］．湖北社会科学，2010（1）：59－62.

徐丛春，董伟．海洋经济统计指标体系研究［J］．海洋经济，2012，2（4）：13－19.

徐钢，陈吉余．海岸带灾害预警系统的构想［J］．华东师范大学学报（自然科学版），1997（1）：77－82.

Y

颜慧超. 科技中介组织在区域创新体系中的作用 [J]. 统计与决策, 2007 (17): 124-126.

杨成骏, 时平. 长三角区域海洋产业发展变动对比研究——以苏浙沪为中心 [J]. 科技与经济, 2015, 28 (3): 96-100.

杨蓣, 宋丽. 基于科教资源优势的南京市自主创新模式探讨 [J]. 华东经济管理, 2007 (8): 73-76.

杨荇. 商业银行如何对接长江经济带战略 [N]. 上海证券报, 2016年1月9日第006版.

杨亚非. 论国家经济安全与我国自然灾害救助应急体系建设 [J]. 经济与社会发展, 2009, 7 (11): 1-9.

杨荫凯. 地球系统科学现行研究的最佳切入点——试论海岸带研究框架的创立 [J]. 地理科学进展, 1999 (1): 73-79.

杨荫凯. 强化海洋资源环境管理的基本思路与对策措施 [J]. 海洋开发与管理, 2013 (9): 11-15.

叶向东. 科技资源配置与提高福建海洋经济效益的研究 [J]. 网络财富, 2010 (1): 63-64.

殷克东, 王伟, 冯晓波. 海洋科技与海洋经济的协调发展关系研究 [J]. 海洋开发与管理, 2009 (2): 107-112.

游志斌. 当代国际救灾体系比较研究 [D]. 北京: 中共中央党校, 2006.

余明珠, 山峻. 区域港口群中竞合关系的博弈研究 [J]. 运筹与管理, 2014 (5): 93-100.

袁东明, 马骏, 王怀宇. 充分发挥市场在科技孵化中的作用 [J]. 中国发展观察, 2014 (5): 27-29.

袁象, 孙玉美. 基于产业联动理论的长三角海洋产业发展研究 [J]. 现代管理科学, 2016 (4): 78-80.

佚名. 整合区域资源发展海洋经济——长三角海洋经济发展理论研讨会论文摘要 [N]. 浙江日报, 2010 – 12 – 17, 第017 版.

Z

翟仁祥. 海洋科技投入与海洋经济增长: 中国沿海地区面板数据实证研究 [J]. 数学的实践与认识, 2014, 44 (4): 75 – 80.

张华. 海平面上升背景下沿海城市自然灾害脆弱性评估 [D]. 上海: 上海师范大学, 2011.

张环宙, 黄克己, 吴茂英. 基于博弈论视角的滨海文化旅游可持续发展研究 [J]. 经济地理, 2015, 35 (4): 202 – 208.

张俊香, 卓莉, 刘旭拢. 广东省台风暴潮灾害社会经济系统脆弱性分析——模糊数学方法 [J]. 自然灾害学报, 2010, 19 (1): 116 – 121.

张励. 新中国成立以来上海港的发展历程 [J]. 上海党史与党建, 2014 (3).

张樨樨, 朱庆林. 海洋科技人才集聚促进山东半岛蓝色经济增长的效应研究 [J]. 东岳论丛, 2011 (9): 143 – 147.

张晓霞. 辽宁海洋灾害风险分级及评价方法研究 [D]. 大连: 大连海事大学, 2013: 12 – 26.

张岩. 区域一体化背景下的长江三角洲地区城镇化发展机制与路径研究 [D]. 华东师范大学, 2012.

张焱. 辽宁沿海地区主要海洋灾害风险评价 [D]. 大连: 辽宁师范大学, 2014.

张耀光. 中国海洋经济地理学 [J]. 南京: 东南大学出版社, 2015.

章文光, 王晨. 外资研发与区域创新系统互动——机制分析和实证检验 [J]. 北京师范大学学报, 2014 (2): 147 – 156.

赵领娣. 中国灾害综合管理机制构建研究——以风暴潮灾害为例

[D]. 青岛：中国海洋大学，2003：15 - 28.

赵喜仓，李冉，吴继英. 创新主体与区域创新体系的关联机制研究 [J]. 江苏大学学报，2009，11（2）：68 - 72.

赵媛，沈璐. 江苏省能源与经济系统协调发展评价 [J]. 地理科学，2012，32（5）：557 - 561.

周慧，严以新. 港口企业双寡头价格质量博弈分析 [J]. 河海大学学报（自然科学版），2004，32（4）：470 - 473.

周鑫，季建华. 港口竞争合作策略的演化博弈分析 [J]. 中国航海，2008，31（3）：293 - 297.

朱坚真，师银燕. 略论广东海洋科技教育与海洋经济发展 [J]. 广东经济，2008（5）：49 - 53.